普通高等教育"十三五"规划教材

建筑工程经济

JIANZHU GONGCHENG JINGJI

夏才安　等编著

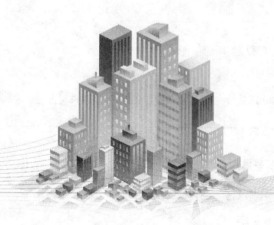

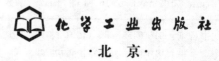

化学工业出版社

·北京·

《建筑工程经济》针对工程建设的整个过程，系统地介绍了建筑工程经济的基本理论、方法与实践，主要内容包括工程建设程序、现金流量与资金时间价值计算、建设项目经济效果分析、建筑项目经济评价的不确定性分析、建设项目资金筹措、建设项目财务评价、建设项目的国民经济评价、价值工程、设备更新的经济分析等。本书可作为高等院校土木工程专业、工程管理专业等专业的教材使用，还可供土建类相关电大、夜大、函授大学等作为教材使用，同时可供施工技术人员、企业管理人员参考阅读。

图书在版编目（CIP）数据

建筑工程经济/夏才安等编著. —北京：化学工业出版社，2017.8
普通高等教育"十三五"规划教材
ISBN 978-7-122-29554-5

Ⅰ.①建… Ⅱ.①夏… Ⅲ.①建筑经济学-工程经济学-高等学校-教材 Ⅳ.①F407.9

中国版本图书馆 CIP 数据核字（2017）第 126371 号

责任编辑：满悦芝　　　　　　　　　　文字编辑：吴开亮
责任校对：边　涛　　　　　　　　　　装帧设计：史利平

出版发行：化学工业出版社（北京市东城区青年湖南街 13 号　邮政编码 100011）
印　　刷：北京市振南印刷有限责任公司
装　　订：北京国马印刷厂
787mm×1092mm　1/16　印张 16¼　字数 398 千字　2017 年 8 月北京第 1 版第 1 次印刷

购书咨询：010-64518888（传真：010-64519686）　售后服务：010-64518899
网　　址：http://www.cip.com.cn
凡购买本书，如有缺损质量问题，本社销售中心负责调换。

定　　价：48.00 元　　　　　　　　　　　　　　　　　　　版权所有　违者必究

前言
FOREWORD

  本书根据高等学校土建学科教学指导委员会所编制的全国高等学校土建类专业本科教育培养目标和培养方案及主干课程教学基本要求，并结合我国注册建造师考试大纲要求编写。

  建筑工程经济是由技术科学、经济学与管理科学等相互融合渗透而形成的一门综合性科学，具有理论面宽、实践性强、政策性要求高等特点，基本任务是研究土木工程业的基本经济规律及工程项目经济效果的分析原理和方法。本书针对工程建设的整个过程，系统地介绍了建筑工程经济的基本理论、方法与实践，主要内容包括工程建设程序、现金流量与资金时间价值计算、建设项目经济效果分析、建筑项目经济评价的不确定性分析、建设项目资金筹措、建设项目财务评价、建设项目的国民经济评价、价值工程、设备更新的经济分析等。在内容上吸收工程经济研究领域的最新成果，注重经济管理理论与具体的工程实践活动相结合，注重经济知识及其分析方法在建筑工程中的运用，重点突出，内容结构体系完整，有较强的实用性和可读性。本书可用于土建类、工程管理类及相关专业本科教学，也可作为成人高等教学用教材，并可供土木工程技术人员和经济管理工作者参考。

  本书为浙江工业大学2017年度重点建设教材资助项目（项目编号：JC1709），由浙江工业大学夏才安等人编著，夏才安负责全书的撰写、校核并统稿，夏明玥、黄艳红、胡丹参与了第1章、第2章、第5章、第7章、第9章的文字编辑和整理工作，陈剑军、俞立军、闫光辉参与了第3章、第4章、第6章、第8章的文字编辑和整理工作，张雅俊完成书中的插图工作。编写过程中参考了一些书刊、文献，具体不一一列出，在此向这些作者谨致谢意。

  由于编著者水平有限，书中不妥之处在所难免，敬请广大读者批评指正。

编著者
2017年6月

目录
CONTENTS

第1章 概论 1

1.1 基本建设与建筑业 1
1.1.1 基本建设 1
1.1.2 建筑业 3

1.2 工程建设程序 8
1.2.1 建设程序的客观规律性 8
1.2.2 我国的建设程序内容 8
1.2.3 世行贷款项目基本建设程序 12

复习思考题 14

第2章 现金流量与资金时间价值计算 15

2.1 现金流量 15
2.1.1 现金流量的概念 15
2.1.2 现金流量的构成 15
2.1.3 现金流量图的绘制 21

2.2 资金时间价值 22
2.2.1 资金时间价值的概念 22
2.2.2 资金时间价值的计算 25

2.3 建设期贷款利息的计算 33

复习思考题 34

第3章 建设项目经济效果分析 36

3.1 静态评价方法 37
3.1.1 盈利能力分析指标 37
3.1.2 偿债能力分析指标 39

3.2 动态评价方法 ·· 43
3.3 项目方案的比较和选择 ··· 53
    3.3.1 互斥方案的经济效果评价 ··· 55
    3.3.2 独立方案的经济效果评价 ··· 64
复习思考题 ·· 67

第4章 建设项目的不确定性分析　　69

4.1 盈亏平衡分析 ·· 70
    4.1.1 产量与销售收入、产品成本的关系 ··· 70
    4.1.2 独立方案的盈亏平衡分析 ··· 71
    4.1.3 盈亏平衡分析在互斥方案比选的应用 ··· 74
4.2 敏感性分析 ·· 76
    4.2.1 敏感性分析的步骤 ·· 76
    4.2.2 单因素敏感性分析 ·· 78
    4.2.3 多因素敏感性分析 ·· 80
    4.2.4 敏感性分析的局限性 ·· 82
4.3 概率分析与风险决策 ··· 82
    4.3.1 项目净现值的期望值和方差 ··· 83
    4.3.2 投资方案的概率分析 ·· 87
    4.3.3 蒙特卡罗 (Monte Carlo)模拟法 ·· 89
    4.3.4 风险决策方法（决策树） ··· 92
复习思考题 ·· 94

第5章 建设项目的资金筹措　　96

5.1 建设项目资金筹措概述 ··· 96
    5.1.1 建设项目资金筹措的概念与分类 ·· 96
    5.1.2 建设项目资金筹措的基本要求 ··· 97
    5.1.3 建设项目资本金制度 ·· 98
5.2 建设项目资金筹措的渠道与方式 ·· 99
    5.2.1 项目资本金 ··· 99
    5.2.2 负债筹资 ··· 100
5.3 项目融资模式 ·· 105
    5.3.1 项目融资的特点 ·· 105
    5.3.2 项目融资的阶段与步骤 ··· 107

  5.3.3 公共项目融资的常见模式 …………………………………………… 108
 5.4 资金成本计算与筹资决策 …………………………………………………… 114
  5.4.1 资金成本的概念 ……………………………………………………… 114
  5.4.2 资金成本的计算 ……………………………………………………… 115
  5.4.3 筹资决策 ……………………………………………………………… 118
 复习思考题 ……………………………………………………………………………… 120

第 6 章 建设项目财务评价   121

 6.1 财务评价概述 ………………………………………………………………… 121
  6.1.1 财务评价的概念 ……………………………………………………… 121
  6.1.2 财务评价的内容、目的与任务 ……………………………………… 121
  6.1.3 财务评价的作用 ……………………………………………………… 122
  6.1.4 财务评价的步骤 ……………………………………………………… 123
  6.1.5 财务评价的基本原则 ………………………………………………… 124
 6.2 财务效益与费用估算 ………………………………………………………… 126
  6.2.1 财务效益与费用估算步骤 …………………………………………… 127
  6.2.2 建设投资估算 ………………………………………………………… 127
  6.2.3 销售（营业）收入估算 ……………………………………………… 133
  6.2.4 成本费用估算 ………………………………………………………… 133
 6.3 财务分析报表编制与评价指标计算 ………………………………………… 137
  6.3.1 财务评价的辅助报表和基本报表 …………………………………… 137
  6.3.2 财务评价指标的计算与分析 ………………………………………… 144
  6.3.3 不确定性分析 ………………………………………………………… 146
 6.4 建设项目财务评价案例 ……………………………………………………… 146
  6.4.1 有关财务基础数据资料 ……………………………………………… 147
  6.4.2 财务评价 ……………………………………………………………… 155
 复习思考题 ……………………………………………………………………………… 161

第 7 章 建设项目的国民经济评价   162

 7.1 建设项目国民经济评价概述 ………………………………………………… 162
  7.1.1 建设项目国民经济评价的作用 ……………………………………… 162
  7.1.2 财务评价与国民经济评价的联系和区别 …………………………… 163
  7.1.3 国民经济评价结论与财务评价结论的关系 ………………………… 165
 7.2 效益和费用的识别与确定 …………………………………………………… 166
  7.2.1 效益与费用分析法 …………………………………………………… 166

  7.2.2 效益与费用的识别 ·········· 166
  7.2.3 直接效果 ·········· 167
  7.2.4 外部效果 ·········· 168
  7.2.5 转移支付 ·········· 169
 7.3 国民经济评价重要参数 ·········· 171
  7.3.1 社会折现率 ·········· 172
  7.3.2 影子汇率 ·········· 173
  7.3.3 影子价格 ·········· 173
 7.4 国民经济评价指标 ·········· 179
  7.4.1 国民经济盈利能力分析指标 ·········· 179
  7.4.2 外汇效果分析指标 ·········· 180
 复习思考题 ·········· 181

第 8 章　价值工程　　183

 8.1 概述 ·········· 183
  8.1.1 价值工程的产生与发展方向 ·········· 183
  8.1.2 价值工程的基本概念 ·········· 185
  8.1.3 价值工程的特点 ·········· 187
  8.1.4 价值工程的一般工作程序 ·········· 187
 8.2 价值工程的对象选择与信息资料收集 ·········· 188
  8.2.1 对象选择 ·········· 188
  8.2.2 信息资料收集 ·········· 193
 8.3 功能分析和评价 ·········· 193
  8.3.1 功能分类 ·········· 193
  8.3.2 功能定义 ·········· 194
  8.3.3 功能整理 ·········· 194
  8.3.4 功能评价 ·········· 195
 8.4 方案创新及评价 ·········· 199
  8.4.1 方案创新 ·········· 199
  8.4.2 方案评价和选择 ·········· 200
 复习思考题 ·········· 203

第 9 章　设备更新的经济分析　　204

 9.1 设备的磨损与更新 ·········· 204
  9.1.1 设备的磨损 ·········· 204

  9.1.2 设备的更新 …………………………………………………………… 206
9.2 设备的经济寿命分析 ………………………………………………………… 208
  9.2.1 经济寿命的静态计算方法 ……………………………………………… 208
  9.2.2 设备经济寿命的动态计算方法 ………………………………………… 209
  9.2.3 设备大修理的经济界限 ………………………………………………… 211
9.3 设备更新的技术经济分析 …………………………………………………… 212
  9.3.1 原型设备更新分析 ……………………………………………………… 212
  9.3.2 新型设备更新分析 ……………………………………………………… 213
  9.3.3 设备更新时机分析 ……………………………………………………… 215
  9.3.4 设备租赁的经济分析 …………………………………………………… 216

复习思考题 ……………………………………………………………………………… 217

附录　复利因子表　　　218

参考文献　　　249

第 1 章 概论

1.1 基本建设与建筑业

1.1.1 基本建设

基本建设是指建筑、购置和安装固定资产的活动以及与此相联系的其他工作，是国民经济各部门利用国家预算资金、自筹资金、国内外基本建设贷款以及其他专项基金进行的以扩大生产能力或者增加工程效益为主要目的的新建、扩建、改建、技术改造、更新和恢复工程及相关工作。它不仅是一项建设活动，更是一项投资的经济活动。国民经济各部门都有基本建设经济活动，包括建设项目的投资决策、建设布局、技术决策、环保、工艺流程的确定和设备选型、生产准备以及对工程建设项目的规划、勘察、设计和施工等活动。

基本建设是以获得固定资产为主要形式，以扩大生产能力、改善工作和生活条件为主要目标的建设经济活动，基本建设是形成固定资产的生产活动。固定资产是指在其有效使用期内重复使用而不改变其实物形态的主要劳动资料，它是人们生产和活动的必要物质条件，是一个物质资料生产的动态过程，这个过程概括起来，就是将一定的物资、材料、机器设备通过购置、建造和安装等活动转化为固定资产，形成新的生产能力或使用效益的建设工作。

无论哪个国家，固定资产都是国民财富的主要组成部分。衡量一个国家经济实力雄厚与否，社会生产力发展水平的高低，重要的一点，就是看它拥有的固定资产的数量多少与质量高低。固定资产的物质内容是生产手段，是生产力诸要素之一。

基本建设可以是扩大再生产，但它绝不是扩大再生产的唯一源泉。因为，扩大再生产分为外延与内涵两个方面，如果在生产场所方面扩大了，就是在外延上扩大，如果在生产效率方面提高了，就是在内涵上扩大了。内涵上扩大再生产的方法称为技术改造，也属于固定资产投资活动。技术改造是现有企业在现有生产力基础上，通过技术的改进，提高产品、工艺、装备水平及经营管理水平，达到企业本身和社会均获得技术进步和经济效益的目的。它涉及的范围可以是整个企业的，也可以是企业某一局部的改进；它可以包括对企业物质条件广的改造，也可以包括经营管理系统的改进。所以，提高企业的经济效益与社会总的效益，必须不断努力提高固定资产投资效益，既重视外延扩大再生产，更重视内涵扩大再生产，而不应当单纯追求基本建设投资的增加。

基本建设是促进社会生产发展和提高人民生活水平的重要手段，它为国民经济各部门新增固定资产和生产能力，对有计划地建立新兴产业部门，调整原有经济结构，合理分布生产力，采用先进技术改造国民经济，加速生产发展速度，以及为社会提供住宅和科研、文教卫生设施以及城市基础设施，改善人民物质文化生活等方面，都具有重要意义。基本建设工程建设周期长，要在较长的时间内占用和消耗大量的生产资料、生活资料和劳动力。因此，在社会主义经济建设中，要十分重视合理确定建设规模，选择投资方向，讲求效果，以充分发挥基本建设应有的积极作用。

从全社会角度来看，基本建设是由一个个的建设项目组成的。建设项目是指在一个场地或几个场地上，按一个总体设计或初步设计进行的一个或多个有内在联系的单项工程所组成的，在建设中实行统一核算、统一管理的建设单位。还可以说，建设项目是需要一定投资，经过决策和实施的一系列程序，在一定约束条件下，以形成固定资产为明确目标的一次性事业。基本建设项目的分类有多种，常见的分类有以下几种。

（1）按建设性质分类

① 新建项目　是建设新的企业或事业单位，或对原有企业进行重大扩建或迁建的建设项目。一般是指从无到有，"平地起家"，新开始建设的项目。

② 扩建项目　一般是指为扩大原有产品的生产能力或效益和为增加新的品种生产能力而增加的主要生产车间或工程项目，事业和行政单位增建业务用房等。

③ 改建项目　指现有企业、事业单位对原有厂房、设备、工艺流程进行技术改造或固定资产更新的项目，有些是为提高综合能力，充分发挥现有的生产能力，增建一些附属或辅助车间或非生产性工程。

④ 恢复项目　指企业、事业和行政单位的原有固定资产因自然灾害、战争和人类灾害等原因已全部或部分报废，而投资重新建设的项目。在恢复建设过程中，不论其建设规模是按原规模恢复，还是在恢复的同时进行扩建，都按恢复统计。尚未建成投产或交付使用的单位，因自然灾害等毁坏后，仍按原设计进行重建的，不作为恢复，而按原设计性质统计；如按新的设计进行重建，其建设性质根据新的建设内容确定。

⑤ 迁建项目　是指为改变生产力布局或由于环境保护和安全生产的需要等而搬迁到另地建设的项目。在搬迁另地建设过程中，不论其建设规模是维持原规模，还是扩大规模，都按迁建统计。

必须指出，建设项目的性质是按整个建设项目来划分的，一个建设项目只能有一种性质，一个建设项目在按总体设计全部建成之前，其建设性质是始终不变的。

（2）按建设过程分类

① 筹建项目　指尚未开工，正在进行选址、规划设计等施工前各项准备工作的建设项目。

② 在建项目　指报告期内实际施工的建设项目，包括报告期内新开工的项目、上期跨入报告期续建的项目、以前停建而在本期复工的项目、报告期施工并在报告期建成投产或停建的项目。

③ 投产项目　指报告期内按设计规定的内容，形成设计规定的生产能力（或效益）并投入使用的建设项目，包括部分投产项目和全部投产项目。

④ 收尾项目　指已经建成投产和已经组织验收，设计能力已全部形成，但还遗留少量尾工需继续进行扫尾的建设项目。

⑤ 停缓建项目 指根据现有人财物力和国民经济调整的要求，在计划期内停止或暂缓建设的项目。

(3) 按建设用途分类

① 生产性项目 指直接用于物质生产或直接为物质生产服务的项目，主要包括工业建设、基础设施建设、农业建设和商业建设等。

② 非生产性项目 指直接用于满足人民物质和文化生活需要的项目，主要包括住宅建设、卫生建设、公用事业建设等。

(4) 按行业性质和特点分类

根据工程建设项目的经济效益、社会效益和市场需求等基本特性，可将其划分为竞争性项目、基础性项目、公益性项目等。

① 竞争性项目 指投资回报率比较高、市场调节比较灵活、竞争性比较强的一般性建设工程项目。这类建设项目应以企业作为基本投资主体，由企业自主决策、自担投资风险。

② 基础性项目 指具有自然垄断性、建设周期长、投资额大而收益低的基础设施和需要政府重点扶持的一部分工业基础设施，以及直接增强国力的符合经济规模的支柱产业项目。对于这类项目，主要应由政府集中必要的财力、物力，通过经济实体进行投资，同时还应广泛吸收地方企业参与投资，有时还可吸收外商直接投资。

③ 公益性项目 指主要为社会发展服务、难以产生直接经济回报的项目。主要包括科技、文教、卫生、体育和环保等设施，公、检、法等政权机关以及政府机关、社会团体办公设施，国防建设等。公益性项目的投资主要由政府用财政资金安排。

1.1.2 建筑业

(1) 建筑业的概念

建筑业是专门从事土木工程、房屋建设和设备安装以及工程勘察设计工作的生产部门，其产品是各种工厂、矿井、铁路、桥梁、港口、道路、管线、住宅以及公共设施的建筑物、构筑物和设施。它由从事土木建筑工程活动的规划、勘察、设计、施工、管理、监督、咨询和建筑制品生产的单位和企业组成。按照国际上一般行业划分的标准，建筑业的工作范围包括：各种生产和非生产房屋及构筑物的营造；新建或改建企业的设备安装工程；房屋拆除和修理作业；与建设工程对象有关的工程地质勘探及设计。随着城市的快速发展，有些国家把房地产经营也包括在建筑业之内，有的则作为独立的行业。我国把房地产业列为国民经济中的独立行业，而勘察设计、工程管理和规划管理统一为工程技术，属于"三次产业"，列入专业技术服务业，但其行业管理仍归属于建筑行业管理部门监督、指导之下。

按照国家颁发的《国民经济行业分类》(GB/T 4754—2011)，建筑业属于第二产业，建筑业在国民经济行业分类与代码中属于第 E 类，由房屋和土木工程建筑业、建筑安装业、建筑装饰和其他建筑业四个部分组成，建筑业的四方面产业构成又可以进一步细分。

① 房屋建筑业 指房屋主体工程的施工活动，不包括主体工程施工前的工程准备活动。

② 土木工程建筑业 指土木工程主体的施工活动，不包括施工前的工程准备活动。具体分为铁路、道路、隧道和桥梁工程建筑；水利和内河港口工程建筑；海洋工程建筑；工矿工程建筑；架线和管道工程建筑。

③ 建筑安装业 指建筑物主体工程竣工后，建筑物内各种设备的安装活动，以及施工

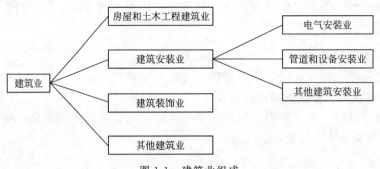

图 1-1 建筑业组成

中的线路敷设和管道安装活动，不包括工程收尾的装饰，如对墙面、地板、天花板、门窗等的处理活动。建筑业具体分为电气安装业；管道和设备安装业；其他建筑安装业，如图 1-1 所示。

④ 建筑装饰和其他建筑业　建筑装饰业是指对建筑工程后期的装饰、装修和清理活动，以及对居室的装修活动；其他建筑业分为工程准备活动（指房屋、土木工程建筑施工前的准备活动，含建筑物拆除活动和其他工程准备活动）；提供施工设备服务（指为建筑工程提供配有操作人员的施工设备的服务）；其他未列明建筑业（指上述未列明的其他工程建筑活动）。

由于建筑业有自己独特的产品和生产特点，有作为独立的物质生产部门必须具备的基本条件，为人民生活和经济发展提供必要条件，为社会创造新的财富，为国家财政增加积累，为社会提供大量就业机会，因而它与工业、农业、交通运输业和商业等并列成为五大物质生产部门，并把建筑业纳入到国民经济计划体系中进行综合平衡。

建筑业的任务主要是进行工程建设。在固定资产投资中，建筑安装工作量占有很大比重，一般约占 65% 左右。基本建设和建筑业虽有联系，但并不是等同的概念，不能混淆。建筑业的工作是物质生产活动，而基本建设则是固定资产投资中的扩大再生产部分。建筑业的生产除了基本建设投资中的那部分建筑安装活动外，还包括技术改造和维修投资活动所需要的建筑生产活动。

(2) 建筑业在国民经济中的地位和作用

建筑业能为国民经济各部门的发展和改善人民居住与文化福利生活提供物质技术基础，能为社会创造新的财富，给国家提供国民收入和提供国家财政收入。它能够容纳大量就业人口，通过建筑物资消耗促进建筑材料、冶金、化工、机械、森林等工业部门和交通运输业的发展。开展国际工程承包等综合性输出活动，可为国家创汇。由此可见，建筑业在国民经济中具有不容忽视和举足轻重的地位和作用，是国民经济的重要物质生产部门，它与整个国家的经济发展和人民生活的改善有着密切的关系，具有广泛的社会性和重要性。

① 建筑业在国民经济中占有较大的比重　建筑业在国民经济发展中的地位相当重要，随着国民经济的发展，我国的城市建设、村镇建设、住宅建设等的规模不断扩大，建筑业已成为国民经济的重要支柱产业之一。目前我国正处在大规模城市化建设阶段，作为国家主要的经济支柱产业，建筑业在国家拉动内需政策的持续实施、中心城市的建设和城镇化战略的推进下一直保持较快增长。国家统计局数据显示，2015 年末建筑业总产值达到 180757.47 亿元，复合增长率随着宏观经济进入"新常态"，随着我国建筑业企业生产和经营规模的不断扩大，建筑业总产值持续增长，建筑业增加值占国内生产总值比重持续稳步上升，进一步

巩固了建筑业的国民经济支柱产业地位，建筑业已成为国民经济中的重要产业部门。

2005～2014年国内生产总值、建筑业增加值及增速见图1-2，2005～2014年国内建筑业增加值占国内生产总值的比重见图1-3，2005～2014年国内建筑业总产值及增速见图1-4。

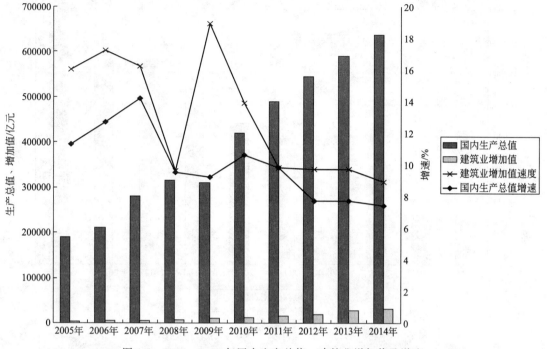

图1-2　2005～2014年国内生产总值、建筑业增加值及增速

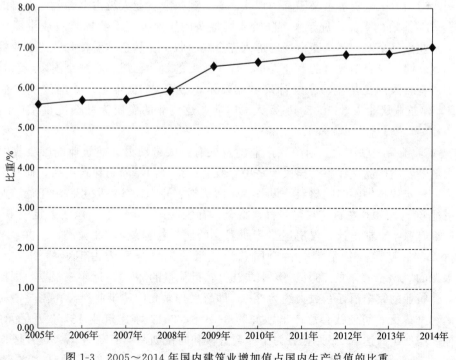

图1-3　2005～2014年国内建筑业增加值占国内生产总值的比重

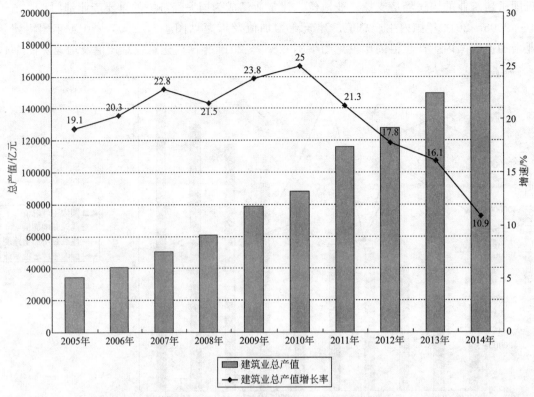

图 1-4　2005~2014 年国内建筑业总产值及增速

② 建筑业是劳动就业的重要部门　建筑业是劳动密集型的产业，它在国民经济中占有相当比例的劳动力。从资本主义国家的现状来看，建筑业就业人员占全部就业人口的比重一般为 6%~8%，有的更高。近年来，随着我国经济的快速发展，我国建筑业市场化程度较高，建筑企业数量众多，建筑业市场已进入完全竞争状态。从整体看，我国建筑业目前仍是劳动密集型部门，能容纳大量的就业人员，成为主要的就业部门，在整个国民经济就业人数的构成中占有较大的比例。国家统计局数据显示，截至 2015 年末，我国建筑业企业共有 80911 家，建筑业从业人数 5003.40 万人。因此，建筑业的发展为社会提供了广泛的就业机会。

③ 建筑业前后关联度大，对关联产业的发展有巨大带动力　建筑业能够吸收国民经济各部门大量的物质产品，在整个国民经济中，没有一个部门不需要建筑产品，而几乎所有的部门也都向建筑业提供不同的材料、设备、生活资料、知识或各种服务。由于建筑业产成品中物质消耗 60%~70% 左右，它与建材、冶金、有色、化工、轻工、电子、运输等 50 多个相关产业都有联系，据统计，仅房屋工程所需要的建筑材料就有 76 大类、3000 多个规格、2000 多个品种，建筑业物资消耗占全国总消耗量的比例分别为占钢材的 25%、木材的 40%、水泥的 70%、玻璃的 76%、塑料的 25%，运输量的 28%。近年来根据我国投入产业的分析，建筑业的完全消耗系数大约为 2.5，即每增加 1 元的建筑业产出，需要消耗其他部门的产出约 2.5 元，可使社会总产出增加约 3.5 元，2012 年建筑业 13.53 万亿元的产值，带动其他部门产出高达 33.8 万亿，为全社会直接和间接创造产值高达 47.36 万亿。因此建筑业与相关产业的影响较大，其前后关联度大，建筑业的发展能带动许多关联产业的发展。

④ 建筑业可以吸收大量的消费资金　当人民生活水平提高到一定程度时，社会消费资金会有较大幅度的增加。这时，会出现三种基本情况：一是增加消费，使消费资金转化为生产资金，从而刺激生产，使经济向良性循环的方向发展；二是在消费结构不合理，市场存在供不应求现象时，造成对市场的冲击和压力，引起通货膨胀，尤其是对那些商品供不应求的市场为甚；三是储蓄资金增加，这对市场是潜在的压力，却不能通过市场机制指导生产，若处理不当则可能引起生产萎缩。若后两种情况同时存在，问题就更为严重。许多国家的经验都表明，把社会消费资金（包括储蓄）吸引到住宅消费上来是一个两全齐美的办法。这一方面为社会消费资金提供了良好的出路，另一方面也为建筑业提供了大量的生产资金，从而达到引导消费、调整消费结构、促进生产的效果。当然，要实现这种消费资金的转移需要一些基本的条件，如住宅消费占收入的比例，住宅消费与其他基本消费的比例等。通常政府都要采取适当的优惠政策和措施，才能促进住宅建筑的消费。由于住宅是人类的基本需要，而且，在居住面积数量基本满足需要之后，还会出现对居住环境质量不断提高的需要，因而住宅建筑市场容纳社会消费资金的能力是相当巨大的，也就是说，建筑业吸收社会消费资金的能力是相当巨大的。

⑤ 建筑业对国民经济的发展有一定的调节作用　由于建筑业在国民经济中的特殊地位，在市场经济的条件下，它最能灵敏地反映国民经济的繁荣和萧条。当国民经济各个行业处于繁荣期时，全社会对固定资产和住宅消费的需求增加，建筑业自然同样处于兴旺时期；当国民经济处于萧条期时，工厂开工不足，固定资产大量闲置，私人资本投资锐减，建筑业的任务来源减少，从而处于衰落时期。而且，建筑业反映国民经济的繁荣和萧条还有个重要特征，即建筑业的萧条先于国民经济萧条，建筑业的复苏又滞后于国民经济的全面复苏，这是因为，当社会投资总额开始明显减少时，建筑业立即呈现萧条景象，而此时各部门原有的生产能力尚能维持一段时间，国民经济只是开始出现萧条的前兆；当国民经济开始复苏时，各行业先是恢复原有的生产能力，不会出现大规模的新增投资。鉴于建筑业对整个国民经济可产生很大的相关效应，因而当国民经济处于萧条期时，可以通过扩大国家对公共事业的投资，如市政工程、高速公路等，使建筑业不要衰落下去，这样也就刺激了与建筑业密切相关的行业的发展，从而引起对其他行业需求的螺旋式增长，使国民经济不出现经济萧条，至少可以缓解国民经济萧条的程度。反之，当国民经济出现过热现象时，国家可通过压缩公共投资规模，取消对住宅消费的优惠政策等措施，抑制建筑业的发展，也就抑制了其他行业的发展，使国民经济走上稳定发展的轨道。我国实行的是社会主义市场经济，建筑业对国民经济的这种调节作用是通过扩大或压缩固定资产投资规模来实现的。

⑥ 建筑业有着走向国际创收、创汇的巨大潜力　随着市场经济国际化的开拓和我国建筑业的不断发展，建筑业对外承包和劳务合作已有一定的实力，在国际建筑承包市场中也具有很大的潜力。据统计，自我国建筑业进入国际市场以来，我国已先后与世界170多个国家或地区签订了6.3万多份对外承包工程和劳务合同，合同总金额超过400亿美元，累计派出国外人员近百万人次，近年的年创汇约在6亿美元左右。建筑业为国家出口创汇工作起到了不可磨灭的贡献。

我国建筑业通过走向国际承包市场，既能发展经济，扩大影响，又可以带动资本、技术、劳务、设备及商品输出创收外汇。

1.2 工程建设程序

1.2.1 建设程序的客观规律性

把投资转化为固定资产的经济活动的横向联系和纵向联系、内部联系和外部联系比较复杂，涉及面广，环节多，是一种多行业、多部门密切配合的综合性比较强的经济活动。基本建设是现代化大生产，一项工程从计划建设到建成投产，要经过许多阶段和环节，有其客观规律性。这种规律性，与基本建设自身所具有的技术经济特点有着密切的关系。首先，基本建设工程具有特定的用途，任何工程，不论建设规模大小，工程结构繁简，都要切实符合既定的目的和需要。其次，基本建设工程的位置是固定的，在哪里建设，就在哪里形成生产能力，也就始终在哪里从物质技术条件方面对生产发挥作用，因此，工程建设受矿藏资源和工程地质、水文地质等自然条件的严格制约。基本建设的这些技术经济特点，决定了任何项目的建设过程，因此，在建设过程中，包含着紧密相连、环环相扣、有其前后顺序和阶段的过程，这些阶段和环节有其不同的工作步骤和内容，它们按照自身固有的规律，有机地联系在一起，并按客观要求的先后顺序进行。不同阶段有着不同的内容，既不容许混淆，又不允许颠倒与跳越，前一个阶段的工作是进行后一个阶段工作的依据，没有完成前一个阶段的工作，就不能进行后一个阶段的工作。因此，基本建设必须有组织有计划按顺序地进行活动，这个顺序就是建设程序。具体地讲，它是指每个建设项目从决策、勘察设计、组织施工和竣工验收直到投产交付使用的全过程中，各个阶段、各个步骤、各个环节的先后顺序。

建设程序是人们进行建设活动中所必须遵守的工作制度，是经过大量实践工作所总结出来的工程建设过程的客观规律的反映。

建设程序反映了社会经济规律的制约关系。在国民经济体系中，各部门之间比例要保持平衡，建设计划与国民经济计划要协调一致，成为国民经济计划的有机组成部分。所以，我国建设程序中的主要阶段和环节，都与国民经济计划密切相连。譬如建设项目计划任务书，要根据国民经济发展的长期规划或五年计划来编制；批准的初步设计，要经过各方面的综合平衡后，才能列入年度建设计划。

建设程序反映了技术经济规律的要求。譬如就生产性建设项目而言，由于它要消耗大量的人力、物力、财力，只要决策稍有失误，必定造成重大损失。因此，在提出项目建议书后，对建设项目首先要进行可行性研究，从建设的必要性和可能性、技术的可行性与经济的合理性、投产后正常生产条件等方面做出全面的综合论证。建设项目特点之一，是地点的固定性。无论哪类建设项目，必须先进行勘察、选址，然后才能设计。建设项目的另一个特点，是项目的个体性。对于不同的项目，由于工艺、厂址、建筑材料、气候和地质条件的不同，每项工程都要进行专门的设计和采用不同的施工组织方案与施工方法。必须先设计后施工，要严格按照程序办事。

以上都说明了建设程序是客观规律性的反映，但是，人们对于事物的认识总是在不断地深化，从而不断完善建设程序的内容。

1.2.2 我国的建设程序内容

我国的建设程序，最初是在1951年由原政务院财经委员会颁发的《基本建设工作程序暂行办法》中规定的，基本上是前苏联管理模式和方法的翻版，其侧重点对基本建设计划的核准和先设计、后施工的步骤，作了具体规定。1978 年由原国家计委、原国家建委、财政部联合颁发了《关于基本建设程序的若干规定》，规定一般要经过编制计划任务书；选定建设地点；经批准后，进行勘察设计；初步设计经过批准，列入国家年度计划后，组织施工；工程按照设计内容建成，进行验收、交付生产使用几个阶段。1991 年 12 月原国家计委下发文件明确规定，将国内投资项目的设计任务书和利用外资项目的可行性研究报告统一称为可行性研究报告，取消设计任务书的名称，规定此后所有国内投资项目和利用外资的建设项目，在批准项目建议书以后，并在进行可行性研究的基础上，一律编报可行性研究报告，其内容及深度要求与以前的设计任务书相同，经批准的可行性研究报告是确定建设项目、编制设计文件的依据。随着各项建设事业的不断发展，特别是近年来管理体制进行的一系列改革，建设程序也不断有所变化，逐步完善和走向科学化、法制化。我国现行的建设程序见图 1-5。

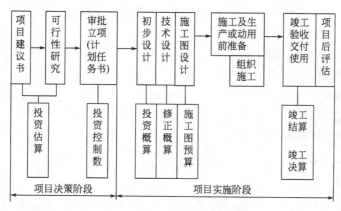

图 1-5　我国现行的建设程序

(1) 项目建议书阶段

项目建议书是由投资者（目前一般是项目主管部门或企、事业单位）对准备建设的项目提出的大体轮廓性设想和建议，主要是为确定拟建项目是否有必要建设、是否具备建设的条件、是否需要再作进一步的研究论证工作提供依据。在改革开放以前，我国的基本建设程序没有规定这一阶段，项目决策阶段的工作相对比较简单，对有些项目分析论证不足就仓促上马，造成投资损失浪费。1981 年，我国先在利用外资项目、引进技术项目的建设程序中增加了这一阶段的工作。1984 年起，国家明确规定所有国内建设项目都要经过项目建议书这一阶段，并规定了这一阶段的具体工作内容。其主要内容包括：建设项目提出的必要性和依据；产品方案、拟建规模和建设地点的初步设想；资源情况、建设条件、协作关系等的初步分析；投资估算和资金筹措设想；经济效益和社会效益的估计。

(2) 可行性研究阶段（包括可行性研究报告评估）

这一阶段的工作主要是对项目在技术上和经济上（包括微观效益和宏观效益）是否可行进行科学的分析和论证，是进行综合的、深入的项目技术、经济论证的阶段。对项目在技术上是否先进、适用、可靠，在经济上是否合理，在财务上是否盈利，做出多方案比较，提出评价意见，推荐最佳方案，作为进行建设项目立项决策的依据，也是项目办理资金筹措、签订合作协议、进行初步设计等工作的依据和基础。可行性研究阶段也是我国借鉴世界银行和西方国家的经验和惯例,从1982年起开展起来的。与这一阶段相联系的工作还有对可行性研究报告由工程咨询公司进行评估论证。

可行性研究报告需要经过审批。中央投资、中央和地方合资的大中型和限额以上项目的可行性研究报告要报送国家发改委审批。总投资2亿元以上的项目,都要经过国家发改委审核后报国务院审批。中央各部门所属小型和限额以下项目,由各部门审批。地方发改委审批地方投资2亿元以下的项目。经审批的可行性研究报告是确定建设项目、编制设计文件的依据。

可行性研究内容视不同行业的建设项目可以有不同的侧重点,但一般应有以下基本内容:

a. 项目提出的背景和依据;

b. 市场预测、产品方案和确定建设规模的依据;

c. 技术工艺、主要设备、建设标准;

d. 资源、原材料、燃料供应、运输、供水等协作配合条件;

e. 建设地点、总体布置方案、占地范围;

f. 项目设计方案、协作配套工程;

g. 环保、抗震等要求;

h. 劳动定员和人员培训;

i. 建设工期和实施进度;

j. 投资估算和资金筹措方式;

k. 经济效益和社会效益。

(3) 设计阶段

由于勘察工作是为设计提供基础数据和资料的工作,这一阶段,也可称为勘察设计阶段,是项目建设的关键阶段,也是项目决策之后进入建设实施的重要基础。设计是对拟建工程的实施在技术上和经济上进行全面而详尽的安排,是基本建设项目计划的具体化,直接关系着工程质量和将来的使用效果。设计阶段的主要工作是编制设计文件,通常包括初步设计和施工图设计,一些技术复杂的项目还要增加技术设计。这些设计文件是国家安排建设计划和组织项目施工的主要依据。

我国现行规定,对于重大工程项目要进行三段设计:初步设计、技术设计和施工图设计。中小型项目可按两段进行:初步设计和施工图设计。有的工程技术较复杂时,可把初步设计的内容适当加深到扩大初步设计。

初步设计是指编制拟建工程的方案图、说明书和总概算,实质上是一项带有规划性质的"轮廓"设计,它要解决建设项目的技术可靠性和经济合理性问题。初步设计主要内容包括:

a. 设计依据和设计的指导思想;

b. 建设规模、产品方案,原材料、燃料等的用量及来源;

c. 工艺流程、主要设备选型和配置;

d. 主要建筑物、构筑物和辅助设施的建设;

e. 占地面积和土地使用情况;

f. 施工总体布置;

g. 外部协作配合条件;

h. 综合利用、环境保护和抗震措施;

  i. 各项经济技术指标；
  j. 总概算。
  技术设计是协调编制拟建工程的各有关工种图纸、说明书和修正总概算，是初步设计的深化，使建设项目的设计工作更具体、更完善，对初步设计所采用的工艺流程和建筑结构中的重大问题做出进一步的确定，或校正设备选型与数量。技术设计应满足下列要求：
  a. 各项工艺方案逐项落实，主要关键生产工艺设备可以根据提供的规格、型号、数量订货。
  b. 为建筑安装和有关土建、公用工程提供必要的技术数据，从而可以编制施工组织总设计。
  c. 修正总概算，并提出符合建设总进度的分年度所需资金的额数，可作为投资包干的依据。
  d. 列举配套工程项目、内容、规模和要求配合建成的期限。
  e. 为使建设项目能顺利建成投产，做好各项组织准备和技术准备而提供必要的数据。
  施工图设计是根据批准的扩初设计或技术设计绘制建筑安装工程和非标准设备需要的图纸；完整地表现建筑物外形、内部空间的分割、结构体系、构造状况以及建筑群的组成和周围环境的配合，具有详细的构造与尺寸；还包括各种运输、通信、管道系统、建筑设备的设计；在工艺方面，应具体确定各种设备的型号、规格及各种非标准设备的施工图。在施工图设计阶段应编制施工图预算。
  各类建设项目的初步设计和总概算，都应按其规模大小和规定的审批程序，报相应主管部门审批；经批准后，即可列入年度基本建设计划，开始进行下阶段的设计。

  （4）建设准备阶段

  项目建设准备阶段的工作较多，涉及面较广，主要的工作内容包括：
  a. 征地、拆迁和场地平整；
  b. 完成施工用水、电、路等工程；
  c. 组织设备，材料订购；
  d. 准备必要的施工图纸；
  e. 组织施工招标，择优选定施工单位。
  这一阶段的工作质量，对保证项目一旦开工就能顺利进行，具有决定性作用。这一阶段工作就绪，即可编制开工报告，申请正式开工。
  凡需多年建成的项目，要根据批准的总概算和总工期，考虑需要与可能，做到有计划、有节奏、连续地组织施工，要合理安排各年度基本建设计划，和当年分配的资金、设备、材料相一致。配套项目亦要同时安排、保证衔接，保证施工过程的连续性。

  （5）施工阶段

  项目施工阶段，对建筑安装企业来说，是产品的生产阶段，这一阶段是周期最长、占用和耗费财力、物力和人力最多的一个阶段，各项工作要依靠参与项目建设的各个单位通力协作、共同完成。
  在开展全面施工的同时，要做好各项生产准备工作，保证工程一旦竣工，可以立即试车投产。生产准备是施工项目投产前所要进行的一项主要工作，主要内容包括：
  a. 招收和培训人员；

b. 生产组织准备，包括生产管理机构设置，制定管理制度，配备生产人员等；

c. 生产技术准备，包括设计资料的汇总，制订开车方案，编制岗位操作规程等；

d. 生产物资准备，主要是落实原材料、协作产品，组织器具、备品、备件的制造和订货。

（6）竣工验收阶段

是指为了检查竣工项目是否符合设计要求而进行的一项工作。这一阶段是项目建设实施全过程的最后一个阶段，是考核项目建设成果、检验设计和施工质量的重要环节，也是建设项目能否由建设阶段顺利转入生产或使用阶段的一个重要标志。按国家规定，基本建设项目的验收阶段根据项目规模的大小和复杂程度，可分为初步验收和竣工验收两个阶段进行。规模较大、技术复杂的工程应先进行初验，然后再进行全部工程项目的竣工验收。规模较小、较简单的工程项目，可以一次进行全部工程的竣工验收，大中型和限额以上项目由国家发改委或由国家发改委委托项目主管部门、地方政府组织验收。不合格工程不予验收，对遗留问题提出具体解决意见，限期落实完成。工业项目，要经负荷试运转和试生产考核，非工业项目，要符合设计要求，能正常使用；大型联合企业，可分期分批验收。

竣工验收的程序，一般可分为两个阶段进行。

a. 单项工程验收。一个单项工程完工后，可由建设单位组织验收。

b. 全部验收。整个项目全部工程建成，则必须根据国家有关规定，按工程的不同情况，由负责验收的单位组织建设、施工和设计单位，以及建设银行、环境保护和其他有关部门共同组成验收委员会（或小组）进行验收。

建设单位申请竣工验收时，应准备好以下资料。

a. 全套技术资料。主要包括土建方面、安装方面及各种有关的文件、合同和试生产的情况报告等。

b. 竣工图纸和使用维修操作手册。

c. 竣工决算报表，分析概（预）算执行情况。

（7）后评价阶段

随着工程建设重点要求转到讲求投资效益的轨道，对一些重大建设项目，在竣工验收若干年后，规定要进行后评价工作，因此可列为建设程序的一个阶段，主要是为了总结项目建设成功或失误的经验教训，供以后的项目决策借鉴；同时，也可为决策和建设中的各种失误找出原因，明确责任。还可对项目投入生产或使用后还存在的问题，提出解决办法，弥补项目决策和建设中的缺陷。

从上面可以看出，建设程序中的每一阶段都是以前一阶段的工作成果为依据的，同时，又为后一阶段创造条件。后一阶段工作是以前一阶段工作为基础的，前阶段工作的好坏，必定会在后阶段工作中表现出来。建设程序中的前两项工作称为建设前期工作阶段或决策阶段，建设前期工作若有失误，建设后期工作必有问题。因此，从总体上看，我国现行的建设程序，也特别重视项目前期准备工作阶段，这对保证项目建设成功至关重要。随着科学技术日益进步和市场状况日趋复杂，这一阶段的工作还将加强。

1.2.3 世行贷款项目基本建设程序

随着我国体制改革的深入发展，使用世界银行贷款建设的工程项目越来越多，世行为了实现向借贷国贷款的目的，对每个贷款的工程建设项目都要仔细选择，充分准备，周密评估，严格管理和监督。世行将对建设项目实施过程的程序称为项目周期，由六个阶段组成，即项目的选定；项目的准备；项目的评估；项目的谈判和签订贷款协议；项目的执行和监督；项目的总结和评价。为了充分利用世行这一贷款渠道，应该认真掌握"贷款项目周期"的内容和做法。

（1）项目的选定

项目的选定是在广泛收集资料和原始数据的基础上，进行技术、经济的综合分析，选择有助于该国或该地区的发展，又符合世行贷款原则的项目。世行鼓励并帮助申请国自己选定项目。选定过程要注意广泛、完整、准确地收集原始资料和数据，包括自然资料、人力资源、社会经济、国内外市场、国民收入、平均消费能力等。项目选定后应提出"项目选定简报"，明确规定项目目标，列出项目概要，说明完成项目的关键问题，并安排好项目的执行时间表。"项目选定简报"送交世行进行筛选，这是世行在进行可行性研究前的初步分析，也是项目准备工作的基础。

（2）项目的准备

借款国在选定项目并取得世行初步同意之后，便进入项目准备阶段。这一阶段的关键是做好项目的可行性研究，由世行审定的具有较高学历和经验的专家来承担。世行认为，每个项目都是一项具有长期经济生命的重大投资，为了得到最佳方案，应该不惜工本，花费大量资金和时间进行可行性研究，这样做可获得的收益是其支出的若干倍。可行性研究包括分析投资机会，初步选择投资方向，分析项目和确定最优方案，最后提出评价报告，报告应包括对技术可行性、组织体制的可行性、财务可行性、经济可行性、社会可行性等多方面进行评价。

（3）项目评估

这一阶段工作完全由世行自己进行，他将对"项目报告"进行仔细审查，组织有关专家工作组到借款国进行实地考察，并对项目在如下4个方面做出评价。

① 技术方向　评价项目的环境、布局、地点、工艺、设备选型、计划进度、产出等，以保证项目合理。研究选择方案，解决办法及预期效果，同时注意技术经济因素，检查预算是否过高，对不可预见费以及投产后的预计价格所留余地是否恰当等。

② 管理体制方面　评价的目的是在当地建立一个有关贷款项目的健全而富有生命力的管理体制。不仅包括借款项目本身的组织机构、经营管理方式、人员配备、经营策略、业务流程等，还包括国家政策的总体安排。

③ 经济与财务方面　对项目设计的各种推荐方案进行"成本效益分析"，选出对开发目标最大的设计方案。这项工作虽已由借款国在项目准备阶段做出，但在此阶段进行经济评估时要做出最终审查评定。财务评估的目的，一是保证有足够的资金以保障项目所需的各项费用，对一个项目世行一般只贷给所需外汇费用，约占项目总投资的40%~60%，其余部分由借款人或政府自行筹措；二是了解贷款单位的偿付能力，看其能否按时向世行还本付息及解决将来的资金需要；三是如何从项目收益人那里回收投资及经营费用。

④ 社会方面　主要分析项目所处的政策环境和对人类的影响。

（4）谈判和签订贷款协议

项目评估通过后，世行与借款国代表就贷款协议进行谈判。谈判内容不仅包括借款金额、期限、偿还方式，还包括为保证项目的顺利执行所应采取的措施。谈判达成协议后，双方共同签署谈判协议，用法律的形式把双方意见肯定下来，同时还要由申请国的财政部长代表借贷国政府签署一份担保协议。这两个文本经世行执行董事会批准后，项目就进入执行阶段。

（5）项目的执行和监督

项目执行阶段，借款国负责项目的执行经营，世行负责对项目的监督，借款国要按时向世行提交"项目进度报告"。世行监督的范围包括：

a. 借款国应在满足世行要求条件的基础上，聘用世行同意的咨询人员。

b. 要求采用竞争性招标方式选定承包商，招标过程以及中标承包商的选定和合同文本要经世行批准。

c. 借款国在要求付款时，需按贷款协议规定提出正式申请，经批准后才能按规定的支付程序从账户中提取款项。

d. 项目进入经营阶段，世行的监督工作仍继续进行。经营阶段的监督所用资料来自经营单位发表的统计年报，以便和评估阶段所预测的数字进行比较，便于进行总结贷款项目的经验教训，反馈到今后贷款项目中去。

（6）项目的总结和评价

项目完成后要进行总结和评价，作为以后工作的借鉴。参加可行性研究的人员也应当参加项目的总结和评价，最后提出"项目完成报告"。

世行的项目周期有三个显著的特点：

a. 注重投资前的宏观经济分析和可行性研究，使项目实施建立在可靠的科学分析基础上；

b. 项目周期的每一阶段都重视对经济效益的分析；

c. 注重项目完成后的总结评价。

复习思考题

1. 基本建设的含义是什么？
2. 建筑业的含义是什么？
3. 什么是基本建设程序？其包括哪几个阶段？

第 2 章 现金流量与资金时间价值计算

2.1 现金流量

2.1.1 现金流量的概念

确定投资项目寿命期内各年的现金流量,是项目评价的基础工作。一项工程的建设活动可以从物质形体和货币形态两个方面进行考察。从物质形体上看,工程建设表现为,通过对土地的开发,使用各种工具、设备、建筑材料,消耗一定的能源,最终生产出可供人类生产或生活入住的建筑空间。从货币形态上看,工程建设表现为投入一定量的资金,花费一定量的成本,投产后生产一定量的产品,通过销售产品,或者将工程项目出租或出售获得一定量的货币收入。对于有着经济效益的工程建设这样一个特定的经济系统而言,在进行工程经济分析时,可把所考察的对象视为一个系统,而投入的资金、花费的成本、获取的收益,均可看成是以资金形式体现的该系统的资金流出或资金流入,这种在考察对象整个期间各时点 t 上实际发生的资金流出或资金流入称为现金流量。其中流出系统的资金称为现金流出(Cash Output),用符号 $(CO)_t$ 表示;流入系统的资金称为现金流入(Cash Input),用符号 $(CI)_t$ 表示;现金流入与现金流出之差称为净现金流量,用符号 $(CI-CO)_t$ 表示。在实际应用中,现金流量因工程经济分析的范围和经济评价方法的不同,分为财务现金流量和国民经济效益费用流量,前者用于财务评价,后者用于国民经济评价。

2.1.2 现金流量的构成

现金流量的构成随工程经济分析的范围和经济评价方法不同而不同,其构成分类一般分为财务现金流量和国民经济效益费用流量。

(1) 财务现金流量表

财务现金流量表主要用于项目财务评价,由现金流入、现金流出和净现金流量构成。

财务现金流量表的计算方法与常规会计方法不同,前者是只计算现金收支,不计算非现金收支(如折旧和应收应付账款等),现金收支按发生的时间列入相应的年份。

财务现金流量表按其评价的角度不同分为:项目财务现金流量表;资本金财务现金流量表;投资各方财务现金流量表;项目增量财务现金流量表;资本金增量财务现金流量表。

① 项目财务现金流量表　项目财务现金流量表是以项目为一独立系统,从融资前的角度进行设置的,也称全部投资财务现金流量表。它将项目建设所需的总投资作为计算基础,反映项目在整个计算期(包括建设期和生产经营期)内现金的流入和流出,其现金流量构成如表2-1所示。通过项目财务现金流量表可计算项目财务内部收益率、财务净现值和投资回收期等评价指标,并可考察项目的盈利能力。

表2-1　项目财务现金流量表　　　　　　　　　　单位:万元

序号	项目	计算期							合计
		1	2	3	4	5	6	… n	
1	现金流入(CI)								
1.1	销售(营业)收入								
1.2	回收固定资产余值								
1.3	回收流动资产								
2	现金流出(CO)								
2.1	建设投资(不含建设期利息)								
2.2	流动资金								
2.3	经营成本								
2.4	销售税金及附加								
2.5	增值税								
3	净现金流量(CI−CO)								

② 资本金财务现金流量表　资本金财务现金流量表是从项目法人(或投资者整体)角度出发,以项目资本金作为计算的基础,也称自有资金现金流量表。把借款本金偿还和利息支付作为现金流出,用以计算资本金内部收益率,反映投资者权益投资的获利能力。资本金财务现金流量构成如表2-2所示。

表2-2　资本金财务现金流量表　　　　　　　　　单位:万元

序号	项目	计算期							合计
		1	2	3	4	5	6	… n	
1	现金流入(CI)								
1.1	销售(营业)收入								
1.2	回收固定资产余值								
1.3	回收流动资产								
2	现金流出(CO)								
2.1	项目资本金								
2.2	借款本金偿还								
2.3	借款利息支付								
2.4	经营成本								
2.5	销售税金及附加								
2.6	增值税								
2.7	所得税								
3	净现金流量(CI−CO)								

③ 投资各方财务现金流量表　投资各方财务现金流量表是分别从各个投资者的角度出发，以投资者的出资额作为计算的基础，用以计算投资各方收益率。投资各方财务现金流量构成如表 2-3 所示。

表 2-3　投资各方财务现金流量表　　　　　　　　　　　单位：万元

序号	项目	计算期							合计
		1	2	3	4	5	6	…	n	
1	现金流入(CI)									
1.1	股利分配									
1.2	资产处置收益分配									
1.3	租赁费收入									
1.4	技术转让费收入									
1.5	其他现金流入									
2	现金流出(CO)									
2.1	股利投资									
2.2	租赁资产支出									
2.3	其他现金流出									
3	净现金流量($CI-CO$)									

④ 项目增量财务现金流量表　项目增量财务现金流量表是对既有法人项目，按"有项目"和"无项目"对比的增量现金流量，计算项目财务内部收益率、财务净现值和投资回收期等评价指标，考察项目的盈利能力。项目增量财务现金流量构成如表 2-4 所示。

表 2-4　项目增量财务现金流量表　　　　　　　　　　　单位：万元

序号	项目	计算期							合计
		1	2	3	4	5	6	…	n	
1	有项目现金流入(CI)									
1.1	销售（营业）收入									
1.2	回收固定资产余值									
1.3	回收流动资产									
2	有项目现金流出(CO)									
2.1	项目资本金									
2.2	借款本金偿还									
2.3	借款利息支付									
2.4	经营成本									
2.5	销售税金及附加									
2.6	增值税									
2.7	所得税									
3	有项目净现金流量($CI-CO$)									
4	无项目现金流量									
5	增量净现金流量（3－4）									

⑤ 资本金增量财务现金流量表　资本金增量财务现金流量表是对既有法人项目，以资本金增量作为计算的基础，用以计算既有项目法人项目资本金增量内部收益率。资本金增量财务现金流量构成如表 2-5 所示。

表 2-5 资本金增量财务现金流量表　　　　　　　　　　　　单位：万元

序号	项目	计算期							合计
		1	2	3	4	5	6	...	n	
1	有项目现金流入(CI)								
1.1	销售（营业）收入								
1.2	回收固定资产余值								
1.3	回收流动资产								
2	有项目现金流出(CO)								
2.1	建设投资(不含建设期利息)								
2.2	流动资金								
2.3	经营成本								
2.4	销售税金及附加								
2.5	增值税								
3	有项目净现金流量(CI−CO)								
4	无项目净现金流量								
5	增量净现金流量(3−4)								

（2）财务现金流量表构成的基本要素

在工程经济分析中，财务评价指标起着重要的作用，而财务评价的主要指标实际上又是通过财务现金流量表计算导出的。由表 2-1~表 2-5 可知，必须在明确考察角度和系统范围的前提下正确区分现金流入与现金流出。对于一般性建设项目财务评价来说，投资、经营成本、销售收入和税金等经济量本身既是经济指标，又是导出其他财务评价指标的依据，所以它们是构成经济系统财务现金流量的基本要素，也是进行工程经济分析最重要的基础数据。

① 产品销售（营业）收入　产品销售（营业）收入是指项目建成投产后各年销售产品（或提供劳务）取得的收入，即：

产品销售（营业）收入＝产品销售量(或劳务量)×产品单价(或劳务单价)

② 投资　投资是投资主体为了特定的目的，以达到预期收益的价值垫付行为。建设项目总投资是建设投资和流动资金之和。

建设投资是指项目按拟定建设规模（分期建设项目为分期建设规模）、产品方案、建设内容进行建设所需的费用，它包括建筑工程费用、设备购置费、安装工程费、建设期借款利息、工程建设其他费用和预备费用。项目寿命期结束时，固定资产的残余价值（一般指当时市场上可实现的预测价值）对于投资者来说是一项在期末可回收的现金流入。

流动资金是指为维持生产所占用的全部周转资金，它是流动资产与流动负债的差额。在项目寿命期结束时，应予以回收。

③ 经营成本　经营成本是工程经济分析中经济评价的专用术语，用于项目财务评价的现金流量分析。因为一般产品销售成本中包含有固定资产折旧费用、维简费（采掘、采伐项目计算此项费用，以维持简单的再生产）、无形资产及递延资产摊销费和利息支出等费用。在工程经济分析中，建设投资是计入现金流出的，而折旧费用是建设投资所形成的固定资产的补偿价值，如将折旧费用随成本计入现金流出，会造成现金流出的重复计算；同样，由于维简费、无形资产及其他资产摊销费也是建设投资所形成的，只是项目内部的现金转移，而非现金支出，故为避免重复计算也不予考虑；贷款利息是使用借贷资金所要付出的代价，对于项目来说是实际的现金流出，但在评价项目总投资的经济效果时，并不考虑资金来源问题，故在这种情况下也不考虑贷款利息的支出；在资本金财务现金流量表中由于已将利息支

出单列，因此，经营成本中也不包括利息支出。由此可见，经营成本是从投资方案本身考察的，在一定期间（通常为一年）内由于生产和销售产品及提供劳务而实际发生的现金支出。

经营成本＝总成本费用－折旧费－维简费－摊销费－利息支出

式中，总成本费用＝生产成本＋销售费用＋管理费用＋财务费用

或总成本费用＝外购原材料、燃料及动力费＋工资及福利费＋修理费＋折旧费＋维简费＋摊销费＋利息支出＋其他费用

或　　经营成本＝外购原材料、燃料及动力费＋工资及福利费＋修理费＋其他费用

④ 税金　税金是国家凭借政治权力参与国民收入分配和再分配的一种货币形式。在工程经济分析中合理计算各种税费，是正确计算项目效益与费用的重要基础。在工程经济财务评价中，涉及的税费主要有：从销售收入中扣除的增值税、营业税、消费税、城市维护建设税及教育费附加和资源税；计入总成本费用的房产税、土地使用税、车船使用税和印花税等；以及从利润中扣除的所得税等。税金一般属于财务现金流出。

进行评价时应说明税种、税基、税率、计税额等。如：a.增值税，财务评价的销售收入和成本估算均含增值税。b.营业税，在财务评价中，营业税按营业收入额乘以营业税税率计算。c.消费税是针对特定消费品征收的税金，在财务评价中，一般按特定消费品的销售额乘以消费税税率计算。d.城市维护建设税和教育费附加，以增值税、营业税和消费税为税基乘以相应的税率计算。e.资源税是对开采自然资源的纳税人征税的税种，通常按应课税矿产的产量乘以单位税额计算。f.所得税，按应纳税所得额乘以所得税税率计算。如有减免税费优惠，应说明政策依据以及减免方式和减免金额。

（3）国民经济效益费用流量

国民经济效益必须考虑投资项目的外部效果，外部效果是指项目的产出或投入给他人（生产者和消费者之外的第三方）带来了效益或费用，但项目本身却未因此获得收入或付出代价。习惯上也把外部效果分为间接效益（外部效益）和间接费用（外部费用）。

间接效益和间接费用就是由于项目的外部性所导致的项目对外部的影响，而项目本身并未因此实际获得收入或支付费用。间接效益是指由项目引起，在直接效益中没有得到反映的效益。间接费用是指由项目引起而在项目的直接费用中没有得到反映的费用。

国民经济效益费用流量表主要由效益流量、费用流量和净效益流量等三部分组成。其中，效益流量包括产品销售（营业）收入、回收固定资产余值、回收流动资金以及项目的间接效益；费用流量包括固定资产投资、流动资金、经营费用以及项目的间接费用；净效益流量等于效益流量与费用流量之差。

财务现金流量与国民经济效益费用流量的区别有以下几点：

a.国民经济效益费用流量表中效益和费用流量，均按影子价格计算，外汇换算采用影子汇率；而财务评价采用的是财务价格和市场浮动。

b.国家对项目的补贴，项目向国家交纳的税金，由于并不发生实际资源的增加和耗用，而是国民经济内部的转移支付，所以既不作为费用，也不作为效益。

c.由于是从国民经济角度考察项目的效益和费用，因此较财务评价中增加了"项目外部效益"和"项目外部费用"。

d.财务现金流量表中特种基金仍属于国民经济内部的转移支付，故在国民经济效益费用流量表中也不列为费用。

国民经济效益费用流量可分为：全部投资国民经济效益费用流量、国内投资国民经济效

益费用流量和经济外汇流量。

① 全部投资国民经济效益费用流量　以全部投资作为计算基础（或者假定全部投资均为国内投资），用以计算全部投资的经济净现值、经济内部收益率等指标。全部投资国民经济效益费用流量表见表2-6。

表2-6　全部投资国民经济效益费用流量表　　　　　　　　　单位：万元

序号	项目	计算期							合计
		1	2	3	4	5	6	…	n	
1	效益流量（CI）									
1.1	销售（营业）收入									
1.2	回收固定资产余值									
1.3	回收流动资金									
1.4	项目外部效益									
2	费用流量（CO）									
2.1	固定资产投资									
2.2	流动资金									
2.3	经营费用									
2.4	项目外部费用									
3	净效益流量（CI−CO）									

② 国内投资国民经济效益费用流量　对于涉及外资的项目，需要编制国内投资国民经济效益费用流量表，它以国内投资（包括国家预算内投资、国内贷款和自筹资金等）作为计算基数，评价国内投资带来的宏观经济效果。国内投资国民经济效益费用流量表见表2-7。

表2-7　国内投资国民经济效益费用流量表　　　　　　　　　单位：万元

序号	项目	计算期							合计
		1	2	3	4	5	6	…	n	
1	效益流量（CI）									
1.1	销售（营业）收入									
1.2	回收固定资产余值									
1.3	回收流动资金									
1.4	项目间接效益									
2	费用流量（CO）									
2.1	固定资产投资中国内资金									
2.2	流动资金中国内资金									
2.3	经营费用									
2.4	流至国外的资金									
2.4.1	国外借款本金偿还									
2.4.2	国外借款利息支付									
2.4.3	其他									
2.5	项目间接费用									
3	净效益流量（CI−CO）									

③ 经济外汇流量　涉及外汇收支的项目，需要编制经济外汇流量表，以考察项目的净外汇效果。经济外汇流量表见表2-8。

表 2-8 经济外汇流量表　　　　　　　　　　　　　　　　单位：万元

序号	项目	计算期								合计
		1	2	3	4	5	6	...	n	
1	外汇流入									
1.1	产品销售外汇收入									
1.2	外汇借款									
1.3	其他外汇收入									
2	外汇流出									
2.1	固定资产投资外汇支出									
2.2	进口原材料									
2.3	进口零部件									
2.4	技术转让									
2.5	偿付国外借款本息									
2.6	其他外汇支出									
3	净外汇流量(1－2)									
4	产品替代进口收入									
5	净外汇效果(3+4)									

2.1.3 现金流量图的绘制

对于一个经济系统，其每次现金流量的流向（支出或收入）、数额和发生时间都不尽相同，为了正确地进行工程经济分析计算，有必要借助现金流量图来进行分析。现金流量图是一种反映经济系统资金运动状态的图式，即把经济系统的现金流量绘入一时间坐标图中，表示出各现金流入、流出与相应时间的对应关系。运用现金流量图，就可全面、形象、直观地表达经济系统的资金运动状态。现以图 2-1 说明现金流量图的作图方法和规则。

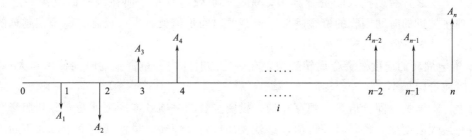

图 2-1　现金流量图

a. 以横轴为时间轴，向右延伸表示时间的延续，轴上每一刻度表示一个时间单位，可取年、半年、季或月等；时间轴上的点称为时点，通常表示的是该时间单位末的时点；0 表示时间序列的起点。整个横轴又可看成是所考察的"系统"。

b. 相对于时间坐标的垂直箭线代表不同时点的现金流量情况，现金流量的性质（流入或流出）是对特定的人而言的。对投资人而言，在横轴上方的箭线表示现金流入，即表示收益；在横轴下方的箭线表示现金流出，即表示费用。

c. 在现金流量图中，箭线长短与现金流量数值大小本应成比例，但由于经济系统中各时点现金流量常常差额悬殊而无法成比例绘出，故在现金流量图绘制中，箭线长短只要能适当体现各时点现金流量数值的差异，并在各箭线上方（或下方）注明其现金流量的数值即可。

d. 箭线与时间轴的交点即为现金流量发生的时点。

总之，要正确绘制现金流量图，必须把握好现金流量的三要素，即：现金流量的大小（现金流量数额）、方向（现金流入或现金流出）和作用点（现金流量发生的时点）。

2.2 资金时间价值

2.2.1 资金时间价值的概念

(1) 资金时间价值的概念

在工程经济计算中，无论是技术方案所发挥的经济效益还是所消耗的人力、物力和自然资源，最后都是以价值形态，即资金的形式表现出来的。资金运动反映了物化劳动和活劳动的运动过程，而这个过程也是资金随时间运动的过程，因此，在工程经济分析时，不仅要着眼于方案资金量的大小（资金收入和支出的多少），而且也要考虑资金发生的时间。资金的价值是随时间变化而变化的，是时间的函数，随时间的推移而增值，其增值的这部分资金就是原有资金的时间价值。

影响资金时间价值的因素很多，其中主要有以下几种。

① 资金的使用时间　在单位时间的资金增长率一定的条件下，资金使用时间越长，则资金的时间价值就越大；使用时间越短，则资金的时间价值就越小。

② 资金数量的大小　在其他条件不变的情况下，资金数量越大，资金的时间价值就越大；反之，资金的时间价值则越小。

③ 资金投入和回收的特点　在总投资一定的情况下，前期投入的资金越多，资金的负效益越大；反之，后期投入的资金越多，资金的负效益越小，而在资金回收额一定的情况下，离现在越近的时间回收的资金越多，资金的时间价值就越大；反之，离现在越远的时间回收的资金越多，资金的时间价值就越小。

④ 资金周转的速度　资金周转越快，在一定的时间内等量资金的时间价值越大；反之，资金的时间价值越小。

总之，资金的时间价值是客观存在的，投资经营的一项基本原则就是充分利用资金的时间价值并最大限度地获得其时间价值，这就要加快资金周转，早期回收资金，并不断进行高利润的投资活动；而任何积压资金或闲置资金不用，就是白白地损失资金的时间价值。

理解资金时间价值的含义应注意：

a. 只有资金才有时间价值，货币没有时间价值；

b. 资金的时间价值不是由时间创造的，其实质是劳动创造价值（劳动所创造的剩余价值的再分配）。

(2) 衡量资金时间价值的尺度

资金的时间价值是社会劳动创造能力的一种表现形式。衡量资金时间价值的尺度有两种：其一为绝对尺度，即利息、盈利或收益；其二为相对尺度，即利率、盈利率或收益率。

利息是资金时间价值的一种重要表现形式，而且通常用利息额的多少作为衡量资金时间价值的绝对尺度，用利率作为衡量资金时间价值的相对尺度。

① 利息　在借贷过程中，借方（债务人）支付给贷方（债权人）的报酬（即超过原借贷金额的部分）就是利息，即

$$I = F - P$$

式中　I——利息；

F——目前债务人应付（或债权人应收）总金额；

P——原借贷款金额，常称为本金。

在工程经济分析中，利息常常被看作是资金的一种机会成本。这是因为，如果资金一旦用于投资，就不能用于现期消费，而牺牲现期消费又是为了能在将来得到更多的消费。从投资者的角度来看，放弃资金的使用权利，相当于失去收益的机会，也就相当于付出了一定的代价。利息体现为对放弃现期消费的损失所作的必要补偿。所以，利息就成了投资分析平衡现在与未来的杠杆。投资这个概念本身就包含着现在和未来两方面的含义。事实上，投资就是为了在未来获得更大的收益而对目前的资金进行某种安排，显然未来的收益应当超过现在的投资，正是这种预期的价值增长才能刺激人们从事投资。由此可见，在工程经济学中，利息是指占用资金所付出的代价或者是放弃近期消费所得的补偿。

② 利率　利息通常根据利率来计算，利率是在一定时间所得利息额与投入资金的比例，也称为使用资金报酬率。它反映了资金随时间变化的增值率，是衡量资金时间价值的相对尺度，一般以百分数表示，即

$$i = \frac{I_t}{P} \times 100\%$$

式中　i——利率；

I_t——单位时间内所得的利息额；

P——本金。

用于表示计算利息的时间单位称为计息周期，计息周期通常为年、半年、季、月、周或天。

利率作为一种经济杠杆，在国民经济中起着十分重要的作用，在市场经济条件下，利率的高低主要由以下几种因素决定：

a. 利率的高低首先取决于社会平均利润率的高低，并随之变动；

b. 在平均利润率不变的情况下，利率高低取决于金融市场上借贷资本的供求情况；

c. 借出资本要承担一定的风险，风险越大，利率也就越高；

d. 通货膨胀对利息的波动有直接影响；

e. 借出资本的期限长短，贷款期限长，不可预见因素多，风险大，利率也就高，反之利率就低。

此外，商品价格水平、银行费用开支、社会习惯、国家利率水平、国家经济政策与货币政策等因素也对利率高低有影响。

③ 利息和利率在工程经济活动中的作用　利息和利率作为一种经济杠杆，在经济生活中起着十分重要的作用。在市场经济条件下，利息和利率的作用表现在以下几个方面。

a. 利息和利率是以信用方式动员和筹集资金的动力。以信用方式筹集资金的一个特点就是自愿性，而自愿性的动力在于利息和利率。作为投资者，他首先要考虑的是投资某一项目所得到的利息是否比把这笔资金投入其他项目所得的利息多，如果多，他就可以在这个项目投资；如果所得的利息达不到其他项目利息水平，他就可能不投资这个项目。

b. 利息促进投资者加强经济核算，节约使用资金。投资者借款需付利息，增加支出负担，这就促使投资者必须精打细算，把借入资金用到刀刃上，减少借入资金的占用以少付利息。同时可以使投资者自觉压缩库存限额，减少多环节占压资金。

c. 利息和利率是宏观经济管理的重要杠杆。国家在不同的时期制定不同的利息政策，就会对整个国民经济产生影响。

d. 利息与利率是金融企业经营发展的重要条件。金融机构作为企业，必须获取利润。由于金融机构的存放款利率不同，其差额成为金融机构业务收入，此款扣除业务费后就是金融机构的利润，以此刺激金融企业的经营发展。

(3) 利息的计算

利息计算有单利和复利之分。当计息周期在一个以上时，就需要考虑"单利"与"复利"的问题。

① 单利　单利是指在计算利息时，仅用最初本金来加以计算，而不计入在先前计息周期中所累积增加的利息，即通常所说的"利不生利"的计息方法，其计算式如下：

$$I_t = P i_\text{单}$$

式中　I_t——第 t 计息周期的利息额；

　　　P——本金；

　　　$i_\text{单}$——计息周期单利利率。

而 n 期末单利本利和 F 等于本金加上利息，即：

$$F = P + I_n = P(1 + n i_\text{单})$$

式中　I_n—— n 个计息周期所付或所收的单利总利息，即：

$$I_n = \sum_{t=1}^{n} I_t = \sum_{i=1}^{n} P i_\text{单} = n P i_\text{单}$$

在以单利计息的情况下，总利息与本金、利率以及计息周期数成正比的关系。

此外，在利用公式计算本利和 F 时，要注意式中 n 和 $i_\text{单}$ 反映的时期要一致。如 $i_\text{单}$ 为年利率，则 n 应为计息的年数；若 $i_\text{单}$ 为月利率，n 即应为计息的月数。

【例 2-1】　假如以单利方式借入 1000 元，年利率 8%，第四年末偿还，则各年利息和本利和如表 2-9 所示。

表 2-9　各年利息和本利和（单利方式）　　　　　　　　　　单位：元

使用期	年初款额	年末利息	年末本利和	年末偿还
1	1000	1000×8%=80	1080	0
2	1080	80	1160	0
3	1160	80	1240	0
4	1240	80	1320	1320

由表 2-9 可见，单利的年利息额仅由本金所产生，其新生利息，不再加入本金产生利息，此即"利不生利"。这不符合客观的经济发展规律，没有反映资金随时都在"增值"的概念，也即没有完全反映资金的时间价值。因此，在工程经济分析中单利使用较少，通常只适用于短期投资及不超过一年的短期贷款。

② 复利　复利是指在计算某一计息周期的利息时，其先前周期上所累积利息要计算利

息,即"利生利""利滚利"的计息方式,其表达式如下:
$$I_t = iF_{t-1}$$
式中 i——计息周期复利利率;
F_{t-1}——表示第$(t-1)$期末复利本利和。
而第t期末复利本利和的表达式如下:
$$F_t = F_{t-1}(1+i)$$

【例 2-2】 假如以复利方式借入 1000 元,年利率 8%,第四年末偿还,则各年利息和本利和如表 2-10 所示。

表 2-10 各年利息和本利和(复利方式) 单位:元

使用期	年初款额	年末利息	年末本利和	年末偿还
1	1000	1000×8%=80	1080	0
2	1080	1080×8%=86.4	1166.4	0
3	1166.4	1166.4×8%=93.312	1259.712	0
4	1259.712	1259.712×8%=100.777	1360.489	1360.489

从表 2-9 和表 2-10 中可以看出,同一笔借款,在利率和计息周期均相同的情况下,用复利计算出的利息金额数比用单利计算出的利息金额数大。如【例 2-1】和【例 2-2】,两者相差 40.49 元。如果本金越大,利率越高,计息周期越多时,两者差距就越大。

复利计息比较符合资金在社会再生产过程中运动的实际状况。因此,在实际中得到了广泛的应用,如我国现行财税制度规定,投资贷款实行差别利率按复利计算。同样,在工程经济分析中,一般采用复利计算。

复利计算有间断复利和连续复利之分。按期(年、半年、季、月、周、日)计算复利的方法称为间断复利(即普通复利);按瞬时计算复利的方法称为连续复利。在实际使用中一般采用间断复利,这一方面是出于习惯;另一方面是因为会计通常在年底结算一年的进出款,按年支付税收、保险金和抵押费用。因而采用间断复利考虑问题更适宜。

2.2.2 资金时间价值的计算

(1) 资金时间价值计算的基本公式

资金时间价值计算过程就是资金复利法计算利息的过程。按支付方式不同,分为以下几种形式。

① 一次支付的终值和现值计算 一次支付又称整付,是指所分析系统的现金流量,无论是流入或是流出,分别在时点上只发生一次,如图 2-2 所示。一次支付情形的复利计算式是复利计算的基本公式。

a. 终值计算(已知 P 求 F)。终值是指一笔资金在若干计息周期末的期终值,即全部息周期的本利和。当计算一次偿还本金和累计利息的期终值时,用复利终值公式:
$$F = P(1+i)^n$$

为了比较简便地使用复利计息的基本公式,一般采用一个规格化代号来代表各个公式中的系数。它的一般形式为 $(X/y, i\%, n)$,其中 X 代表要求的数,y 代表已知条件。因

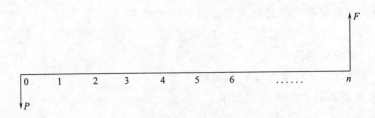

图 2-2 一次支付现金流量图

n—计息的期数；P—现值（即现在的资金价值或本金，Present Value），资金发生在（或折算为）某一特定时间序列起点时的价值；F—终值（即 n 期末的资金值或本利和，Future Value），资金发生在（或折算为）某一特定时间序列终点的价值

此，式中 $(1+i)^n$ 称为一次支付终值系数，用 $(F/P,i,n)$ 表示，上式又可写成：$F=P(F/P,i,n)$。

在 $(F/P,i,n)$ 这类符号中，括号内斜线上的符号表示所求的未知数，斜线下的符号表示已知数。整个 $(F/P,i,n)$ 符号表示在已知 P、i 和 n 的情况下求解 F 的值。

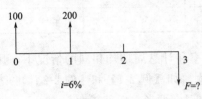

图 2-3 某项目现金流量图

【例 2-3】 某项目投资人第一年初向银行贷款 100 万元，第二年初又贷款 200 万元，年利率 6%，复利计息。试问第三年末一次偿还多少万元？并绘出现金流量图。

解 绘出现金流量图，如图 2-3 所示。

$F=100(1+0.06)^3+200(1+0.06)^2=119.10+224.72=343.82$（万元）

或 $F=P_1(F/P_1,6\%,3)+P_2(F/P_2,6\%,2)=100\times1.191+200\times1.1236=343.82$（万元）

b. 现值计算（已知 F 求 P）。由式 $F=P(1+i)^n$ 的逆运算即可得出现值 P 的计算式为：

$$P=\frac{F}{(1+i)^n}=F(1+i)^{-n}$$

式中 $(1+i)^{-n}$——一次支付现值系数，用符号 $(P/F,i,n)$ 表示，$P=F(P/F,i,n)$。

一次支付现值系数这个名称描述了它的功能，即未来一笔资金乘上该系数就可求出其现值。工程经济分析中，一般是将未来值折现到零期。计算现值 P 的过程叫"折现"或"贴现"，其所使用的利率常称为折现率或贴现率。故 $(1+i)^{-n}$ 或 $(P/F,i,n)$ 也叫折现系数或贴现系数。

【例 2-4】 某项目投资人欲在今后 3 年中，每年年末可获得利润 100 万元，折现率按银行利率 6% 计。试问相当于现在的多少万元？并绘出现金流量图。

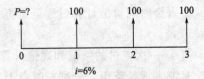

图 2-4 某项目现金流量图

解 绘出现金流量图，如图 2-4 所示。

$P=\dfrac{100}{(1+0.06)}+\dfrac{100}{(1+0.06)^2}+\dfrac{100}{(1+0.06)^3}$

$=100\times(0.943+0.890+0.840)=267.3$（万元）

或 $P=100\times(P/F,6\%,1)+100\times(P/F,6\%,2)+100\times(P/F,6\%,3)$

$=100\times0.9434+100\times0.8900+100\times0.8396=267.3$（万元）

现值与终值的概念和计算方法正好相反，因为现值系数与终值系数互为倒数，即 $(F/P,$

$i, n) = \dfrac{1}{(P/F, i, n)}$。在 P 一定，n 相同时，i 越高，F 越大；在 i 相同时，n 越长，F 越大。在 F 一定，n 相同时，i 越高，P 越小；在 i 相同时，n 越长，P 越小。

在工程经济评价中，由于现值评价常常是选择现在为同一时点，把方案预计的不同时期的现金流量折算成现值，并按现值之代数和大小做出决策，因此，在工程经济分析时应当注意以下两点：一是正确选取折现率，折现率是决定现值大小的一个重要因素，必须根据实际情况灵活选用；二是要注意现金流量的分布情况，例如，在投资额一定的情况下，是早投资还是晚投资，是集中投资还是分期投资，它们的投资现值是不一样的。

② 等额支付系列的终值、现值、资金回收和偿债基金计算　等额支付系列现金流量（图 2-5）是连续的且数额相等，即：$A_t = A =$ 常数（$t = 1, 2, 3, \cdots, n$）

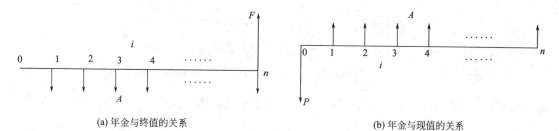

(a) 年金与终值的关系　　　　　　　　　(b) 年金与现值的关系

图 2-5　等额支付系列现金流量

a. 年金终值公式（等额支付终值；即已知 A 求 F）。年金是指逐年等额借款或付款的金额。当逐年等额借款（付款），累计一次偿还期终值时，等额支付系列现金流量的终值为：

$$F = \sum_{t=1}^{n} A_t (1+i)^{n-t} = A \left[(1+i)^{n-1} + (1+i)^{n-2} + \cdots + (1+i) + 1 \right]$$

$$F = A \dfrac{(1+i)^n - 1}{i}$$

式中　$\dfrac{(1+i)^n - 1}{i}$——等额支付系列终值系数或年金终值系数，系数用符号 $(F/A, i, n)$ 表示，则式可简化成：$F = A (F/A, i, n)$。

【例 2-5】　某企业自筹资金扩建，连续五年每年末从利润中提取 100 万元存入银行，年利率 6%，复利计息。试问五年后能筹集多少万元？

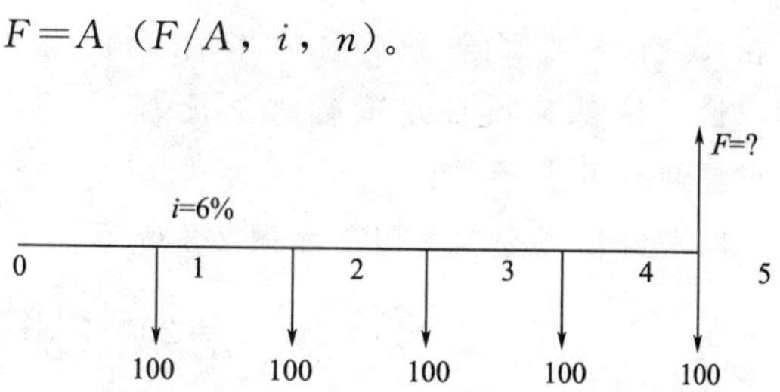

解　绘出现金流量图，如图 2-6 所示。

$F = 100 \times \left[\dfrac{(1+0.06)^5 - 1}{0.06} \right] = 100 \times 5.637$

$ = 563.7$（万元）

图 2-6　某项目现金流量图

或　$F = 100 \times (F/A, 6\%, 5) = 100 \times 5.6371 = 563.71$（万元）

b. 偿债基金公式（等额支付偿债基金；已知 F 求 A）。由年金终值公式的逆运算即可得出偿债基金计算式为：

$$A = F \dfrac{i}{(1+i)^n - 1}$$

式中 $\dfrac{i}{(1+i)^n-1}$——等额支付系列偿债基金系数，用符号 $(A/F, i, n)$ 表示，公式可简化成：$A = F(A/F, i, n)$。

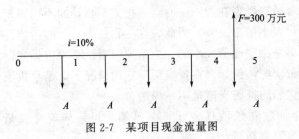

图 2-7 某项目现金流量图

【例 2-6】 某工厂计划五年后设备更新，共需资金 300 万元，银行利率 10%，复利计息。试求该厂每年年末从利润中提取多少万元存储才能满足需要。

解 绘出现金流量图，如图 2-7 所示。

$$A = 300 \times \left[\dfrac{0.1}{(1+0.1)^5-1}\right] = 300 \times 0.1638 = 49.14 \text{（万元）}$$

或 $A = 300 \times (A/F, 10\%, 5) = 300 \times 0.1638 = 49.14$（万元）

c. 年金现值公式（等额支付现值；即已知 A 求 P）。当逐年等额收益（或支付）一笔年金，求此收益（或支付）年金的现值时，用年金现值公式计算，由式 $F = A\dfrac{(1+i)^n-1}{i}$ 和 $P = \dfrac{F}{(1+i)^n}$ 得：

$$P = F(1+i)^{-n} = A\dfrac{(1+i)^n-1}{i(1+i)^n}$$

式中 $\dfrac{(1+i)^n-1}{i(1+i)^n}$——等额支付系列现值系数或年金现值系数，用符号 $(P/A, i, n)$ 表示，公式可简化成：$P = A(P/A, i, n)$。

【例 2-7】 某基建投资为银行贷款，年利率 10%，建成交付使用后，每年能获得净利润 200 万元，要求能在 10 年内收回全部贷款的本利和。试问该基建项目建造时的总投资应控制为多少万元？

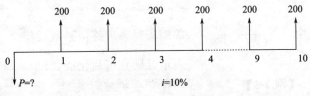

图 2-8 某项目现金流量图

解 绘出现金流量图，如图 2-8 所示。

$$P = 200 \times \left[\dfrac{(1+0.1)^{10}-1}{0.1(1+0.1)^{10}}\right]$$

或 $P = 200 \times (P/A, 10\%, 10) = 200 \times 6.1446 = 1228.9$（万元）

d. 等额支付资金回收公式（资金还原；已知 P 求 A）。由年金现值公式的逆运算即可得出资金回收计算式为：

$$A = P\dfrac{i(1+i)^n}{(1+i)^n-1}$$

式中 $\dfrac{i(1+i)^n}{(1+i)^n-1}$——等额支付系列资金回收系数，用符号 $(A/P, i, n)$ 表示，公式可简化成：$A = P(A/P, i, n)$。

【例 2-8】 某工厂购置设备，一次贷款现金 10 万元，设备的服务期为 10 年，期末无残值，贷款利率 10%，要求在 10 年中，每年等额回收资金来还债。试问每年应回收资金若干？

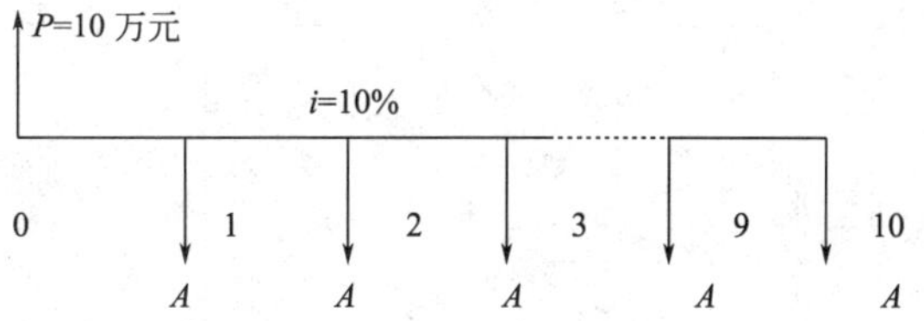

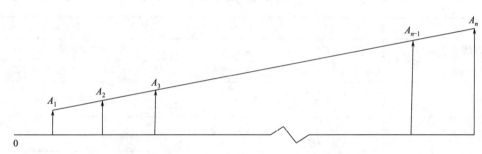

图 2-9 某项目现金流量图

解 绘出现金流量图，如图 2-9 所示。

$$A = 100000 \times \left[\frac{0.1\ (1+0.1)^{10}}{(1+0.1)^{10}-1}\right]$$

或 $A = 10 \times (A/P, 10\%, 10) = 10 \times 0.1627 = 1.627$（万元）

③ 等差系列现金流量 在许多工程经济问题中，现金流量每年均有一定数量的增加或减少，如房屋随着其使用期的延伸，维修费将逐年有所增加。如果逐年的递增或递减是等额的，则称为等差系列现金流量，如图 2-10 所示，每期期末现金支出分别为 $A_1, A_2, \cdots, A_n$，并且它们是一个等差序列，公差为 G。令：

$A_1 = A, A_2 = A+G, A_3 = A+2G, \cdots, A_{n-1} = A+(n-2)G, A_n = A+(n-1)G$

图 2-10 等差系列现金流量

根据收支总额的复利终值概念，若以 F 表示总额复利终值，则

$$\begin{aligned} F &= A(1+i)^{n-1} + (A+G)(1+i)^{n-2} + \cdots + [A+(n-2)G](1+i) + [A+(n-1)G] \\ &= [A(1+i)^{n-1} + A(1+i)^{n-2} + \cdots + A(1+i) + A] + [G(1+i)^{n-2} + 2G(1+i)^{n-3} + \cdots + \\ &\quad (n-2)G(1+i) + (n-1)G] = A\frac{(1+i)^n-1}{i} + G\sum_{k=1}^{n}(k-1)(1+i)^{n-k} \end{aligned}$$

令 $\quad G\sum_{k=1}^{n}(k-1)(1+i)^{n-k} = F_G, \ A\frac{(1+i)^n-1}{i} = F_A$

式中 F_G——等差资金部分的复利终值；

F_A——等额年金部分的复利终值。

将等差资金部分的复利终值 F_G 转化为等差现金流量序列的年金：

$$A_G = F_G(A/F, i, n) = G\left[\frac{1}{i} - \frac{n}{i}(A/F, i, n)\right]$$

式中 $\left[\frac{1}{i} - \frac{n}{i}(A/F, i, n)\right]$——梯度系数，通常用 $(A/G, i, n)$ 表示。

【例 2-9】 设有一机械设备，在使用期 5 年内，其维修费在第 1, 2, 3, 4, 5 年末的金额分别为 500 元，600 元，700 元，800 元和 900 元，若年利率以 10% 计，试计算费用的年值、终值、现值。

解 绘出现金流量图，如图 2-11 所示。

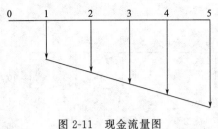

图 2-11 现金流量图

已知 $A=500$ 元，$G=100$ 元，$n=5$，$i=10\%$

$$A_G = G\left[\frac{1}{i} - \frac{n}{i}(A/F,i,n)\right]$$
$$= 100 \times \left[\frac{1}{0.1} - \frac{5}{0.1} \times (A/F,0.1,5)\right]$$
$$= 181.0126(元)$$

所以，费用的年值为：

$$A = A_A + A_G = 500 + 181.0126 = 681.0126(元)$$

其对应的现值为

$$P = A(P/A,i,n) = 681.0126 \times (P/A,0.1,5) = 2581.57(元)$$

其对应的终值为：

$$F = A(F/A,i,n) = 681.0126 \times (F/A,0.1,5) = 4157.65(元)$$

现将以上计算公式总结如表 2-11 所示。

表 2-11 计算公式总结

公式名称	公式	系数名称符号
一次支付终值公式	$F=P(1+i)^n=P(F/P,i,n)$	一次支付终值系数$(F/P,i,n)$
一次支付现值公式	$P=F(1+i)^{-n}=F(P/F,i,n)$	一次支付现值系数$(P/F,i,n)$
年金终值公式	$F=A\dfrac{(1+i)^n-1}{i}=A(F/A,i,n)$	年金终值系数$(F/A,i,n)$
偿债基金公式	$A=F\left[\dfrac{i}{(1+i)^n-1}\right]=F(A/F,i,n)$	偿债基金系数$(A/F,i,n)$
年金现值公式	$P=A\dfrac{(1+i)^n-1}{i(1+i)^n}=A(P/A,i,n)$	年金终值系数$(P/A,i,n)$
资金回收公式	$A=P\dfrac{i(1+i)^n}{(1+i)^n-1}=P(A/P,i,n)$	资金回收系数$(A/P,i,n)$
等差支付	$A_G=F_G(A/F,i,n)=G\left[\dfrac{1}{i}-\dfrac{n}{i}(A/F,i,n)\right]$	梯度系数$(A/G,i,n)$

应注意：
① 理清公式的来龙去脉，灵活运用。复利计算公式以复利终值公式作为最基本公式，根据相应的定义，并运用数学方法推导所得，各公式之间存在内在联系。
② 计算公式中各字母的含义。现值 P 是指表示资金发生在某一特定时间序列始点上的价值；终值 F 是指表示资金发生在某一特定时间序列终点上的价值；年值 A 是指某一特定时间序列期内，每隔相同时间收支的等额款项且均发生在年末。
③ 直接利用公式计算时要注意式中 n 和 i 反映的时期要一致。

(2) 等值

资金有时间价值，即使金额相同，因其发生在不同时间，其价值就不相同。反之，不同时点绝对不等的资金在时间价值的作用下却可能具有相等的价值。这些不同时期、不同数额但其"价值等效"的资金称为等值，又叫等效值。资金等值计算公式和复利计算公式的形式是相同的。如一次性支付复利终值公式中的 F 和 P 所含价值的绝对值相同，但资金流向相反；资金等值计算公式中 F 和 P 所含价值的绝对值相同，方向也相同。根据复利计算公式可知，等值基本公式相互关系如图 2-12 所示。

在工程经济分析中，等值是一个十分重要的概念，它提供了一个计算某一经济活动有效

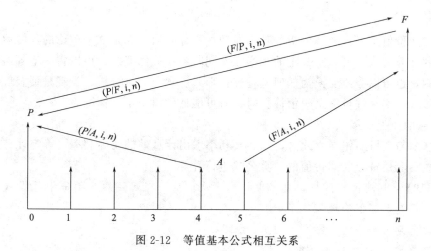

图 2-12 等值基本公式相互关系

性或者进行方案比较、优选的可能性。在考虑资金时间价值的情况下,其不同时间发生的收入或支出是不能直接相加减的,而利用等值的概念,则可以把在不同时点发生的资金换算成同一时点的等值资金,然后再进行比较。所以,在工程经济分析中,方案比较都是采用等值的概念来进行分析、评价和选定的。

(3) 名义利率和实际利率

在复利计算中,利率周期通常以年为单位,它可以与计息周期相同,也可以不同。当计息周期小于一年时,就出现了名义利率和有效利率的概念。

名义利率 r 是指计息周期利率 i 乘以一年内的计息周期数 m 所得的年利率,即

$$r = im$$

若计息周期月利率为 1%,则年名义利率为 12%。很显然,计算名义利率时忽略了前面各期利息再生的因素,这与单利的计算相同。

有效利率是指资金在计息中所发生的实际利率,包括计息周期有效利率和年有效利率两种情况。

a. 计息周期有效利率,即计息周期利率 $i = \dfrac{r}{m}$。

b. 年有效利率,即年实际利率。

已知某年初有资金 P,名义利率为 r,一年内计息 m 次,则计息周期利率为 $i = \dfrac{r}{m}$。根据一次支付终值公式可得该年的本利和 F,即:

$$F = P \left(1 + \frac{r}{m}\right)^m$$

根据利息的定义可得该年的利息 I 为:

$$I = P \left(1 + \frac{r}{m}\right)^m - P = P \left[\left(1 + \frac{r}{m}\right)^m - 1\right]$$

再根据利率的定义可得该年的实际利率,即有效利率 i_{eff} 为:

$$i_{\text{eff}} = \frac{I}{P} = \left(1 + \frac{r}{m}\right)^m - 1$$

由此可见,有效利率和名义利率的关系实质上与复利和单利的关系一样。

(4) 等值计算

资金时间价值是工程经济分析的基本原理，资金等值计算是这个理论的具体运用。前面介绍的复利计算公式，可以按一定的利率在不同时刻作等值变换。可以将一笔等值资金变换到任何时刻，也可以等值变换为任何一种支付形式。现金流量分析、折现是资金等值变换的一个常见形式。实际进行资金等值计算时，有可能遇到以下不同情况。

① 计息期短于1年

a. 计息期与支付期相同。此时，用名义利率求出计息期的实际利率，确定计算期内的支付次数，然后套用资金时间价值的计算公式进行计算。

【例2-10】 年利率为12%，每半年计息1次，从现在起连续3年每半年等额年末存款为200元，问与其等值的现值是多少？

解 计息期为半年的实际利率为 $i=0.12/2=0.06$，

计息期数为 $n=2\times3=6$（次），则

$$P=A(P/A,i,n)=200\times(P/A,6\%,6)=200\times4.9173=983.46(元)$$

b. 计息期短于支付期。此时，有三种计算方法：一是用名义利率求出计息期的实际利率，进而计算出每个支付期的实际利率，确定计算期内的计息次数，然后套用资金时间价值的计算公式进行计算；二是计算出每个计息期的实际利率，再把等额支付的每一个支付看作为一次支付，利用一次支付现值公式计算，然后求和；三是取一个循环周期，使这个周期的末支付变成等值的计息期末的等额支付系列，使计息期和支付期完全相同，然后套用等额支付系列公式进行计算。

【例2-11】 年利率为10%，每半年计息1次，从现在起连续3年的等额年末支付为500元，与其等值的现值是多少？

解 ① 方法1：先求出支付期的实际年利率，支付期为1年，则实际年利率为

$$i=\left(1+\frac{r}{m}\right)^m-1=\left(1+\frac{10\%}{2}\right)^2-1=10.25\%$$

$$P=A\frac{(1+i)^n-1}{i(1+i)^n}=500\times\frac{1-(1+10.25\%)^{-3}}{10.25\%}=1237.97(元)$$

② 方法2：可把等额支付的每一个支付看作为一次支付，利用一次支付现值公式计算。

$$P=500\times\left(1+\frac{10\%}{2}\right)^{-2}+500\times\left(1+\frac{10\%}{2}\right)^{-4}+500\times\left(1+\frac{10\%}{2}\right)^{-6}=1237.97(元)$$

③ 方法3：取一个循环周期，使这个周期的年末支付变成等值的计息期末的等额支付系列，从而使计息期和支付期完全相同，则可将实际利率直接代入公式计算（见图2-13）。

在年末存款500元的等效方式是在每半年末存入A，则

$$A=F(A/F,i,n)=500\times(A/F,10\%/2,2)=243.90(元)$$

$$P=A(P/A,i,n)=243.90\times(P/A,5\%,6)=1237.97(元)$$

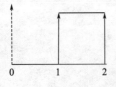 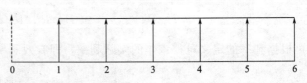

图2-13 【例2-11】图

② 计息期长于支付期 在工程经济分析中，一般计息期内收付不计息，其支出计入期初，其收益计入期末，也就是说，通常规定存款必须存满一个计息周期时才计息，即在计息周期间存入的款项在该期不计算利息时，要在下一期才计算利息。按照此原则对现金流量图进行整理：相对于投资方来说，计息期的存款放在期末，计算期的提款放在期初，计算期分界点处的支付保持不变。

【例 2-12】 现金流量图如图 2-14（a）所示（单位为元），年利率为 12%，每季度计息 1 次，求年末终值 F 为多少？

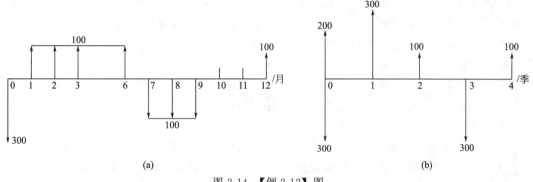

图 2-14 【例 2-12】图

解 按上述原则进行整理，得到等值的现金流量图如图 2-14（b）所示。
根据整理过的现金流量图求得终值 F：

$$F = (-300+200) \times \left(1+\frac{12\%}{3}\right)^4 + 300 \times \left(1+\frac{12\%}{3}\right)^3$$
$$+ 100 \times \left(1+\frac{12\%}{3}\right)^2 - 300 \times \left(1+\frac{12\%}{3}\right) + 100 = 116.63(元)$$

2.3 建设期贷款利息的计算

建设期贷款利息指建设项目以负债形式筹集资金在建设期应支付的利息，包括向国内银行和其他非银行金融机构贷款、出口信贷、外国政府贷款、国际商业银行贷款以及在境内外发行的债券等在建设期内应偿还的借款利息。

建设期贷款利息是指建设项目以负债形式筹集资金在建设期应支付的利息，包括向国内银行和其他非银行金融机构贷款、出口信贷、外国政府贷款、国际商业银行贷款以及在境内外发行的债券等在建设期内应偿还的借款利息。

对于借款利息的计算，若在一个计息周期进行计算，并在该周期进行了偿还，该借款利息的金额不再进入下一计息周期作为借款本金计算利息，下一计息周期的计算利息的借款金额只有实际发生的借款本金额。

作为投资者来说，在项目建设期间，由于项目正在建设，不可能有效益，投资项目一般没有还本付息的资金来源，即使按要求还款，其资金也可能是通过再申请借款来支付。所以这时每一计息期的利息加入本金，下一次一并计算，即建设期借款利息实行复利计算。

建设期贷款根据贷款发放形式的不同，其利息计算公式有所不同。贷款发放形式一般有两种：一是贷款总额一次性贷出、利率固定且在贷款期末一次付清的贷款；二是贷款总额分年均衡（按比例）发放，利率固定且本息在还款期分年偿还的贷款。

① 贷款总额一次性贷出、利率固定且在贷款期末一次付清的贷款。

计算公式为：
$$q_j = (P_{j-1} + A_j)i$$

式中　q_j——建设期第 j 年应计利息；

　　　A_j——建设期第 j 年初贷款金额；

　　P_{j-1}——建设期第（$j-1$）年末贷款累计金额与利息累计金额之和；

　　　i——年利率。

【例 2-13】　某新建项目，建设期为 3 年，在建设期第一年初贷款 300 万元，第二年初贷款 400 万元，第三年初贷款 300 万元，年贷款利率 12%，计算建设期贷款利息。

解　在建设期，各年利息计算如下。

第一年末 $q_1 = A_1 i = 300 \times 12\% = 36$（万元）

第二年末 $q_2 = (P_1 + A_2)i = (300 + 36 + 400) \times 12\% = 88.32$（万元）

第三年末 $q_3 = (P_2 + A_3)i = (300 + 36 + 400 + 88.32 + 300) \times 12\% = 134.92$（万元）

建设期贷款利息总和为 259.24 万元。

② 贷款总额分年均衡（按比例）发放、利率固定且本息在还款期分年偿还的贷款。

当总贷款分年均衡发放且项目建设期长于一年时，为简化计算，可假定借款发生当年均在年中支用考虑，即当年贷款按半年计息，上年贷款按全年计息。计算公式一般为：

$$q_j = \left[P_{j-1} + \frac{1}{2} A_j \right] i$$

式中　q_j——建设期第 j 年应计利息；

　　　A_j——建设期第 j 年贷款金额；

　　P_{j-1}——建设期第（$j-1$）年末贷款累计金额与利息累计金额之和；

　　　i——年利率。

【例 2-14】　某新建项目，建设期为 3 年，建设期各年向银行贷款额为：第一年贷款 300 万元，第二年贷款 400 万元，第三年贷款 300 万元，年贷款利率 12%，计算建设期贷款利息。

解　在建设期，各年利息计算如下。

第一年末 $q_1 = 300/2 \times 12\% = 18$（万元）

第二年末 $q_2 = (300 + 18 + 400/2) \times 12\% = 62.16$（万元）

第三年末 $q_3 = (300 + 18 + 400 + 62.16 + 300/2) \times 12\% = 111.62$（万元）

建设期贷款利息总和为 191.78 万元。

复习思考题

1. 什么是资金的时间价值？如何理解资金的时间价值？
2. 什么是现金流量及现金流量图？构成财务现金流量的基本经济要素有哪些？
3. 何为资金等值？常用资金等值换算公式有哪些？
4. 什么是利息、利率？什么是名义利率和有效利率？二者有何关系？
5. 向银行借款 10000 元，借期 5 年，试分别用 10% 单利和 10% 复利计算借款的利息。
6. 下列的各小题的终值为多少？

① 年利率为 5%，每年年末借款 30000 元，连续借款 10 年；

② 年利率为 10%，每年年初借款 3000 元，连续借款 20 年；
③ 年利率为 12%，每季度计息 1 次，每季度末借款 2000 元，连续借 10 年；
④ 年利率为 10%，每半年计息 1 次，每月月末借款 500 元，连续借款 2 年。

7. 下列终值的等额支付为多少？
① 年利率为 12%，每年年末支付 1 次，连续支付 8 年，8 年末积累金额 15000 元；
② 年利率为 10%，每半年计息 1 次，每年年末支付 1 次，连续支付 10 年，第 10 年年末积累 40000 元；
③ 年利率为 12%，每季度计息 1 次，每季度末支付 1 次，连续支付 8 年，8 年年末积累金额 15000 元；
④ 年利率为 8%，每季度计息 1 次，每月月末支付 1 次，连续支付 15 年，15 年年末积累 17000 元。

8. 下列现值的等额支付为多少？
① 借款 50000 元，得到借款后的第 1 年年末开始归还，连续 5 年，分 5 次等额本息还清，年利率按 4% 计算；
② 借款 50000 元，得到借款后的第 1 个月月末开始归还，连续 5 年，分 60 次等额本息还清，年利率为 12%，每月计息 1 次。

9. 下列现金流量序列的年末等额支付为多少？
① 第 1 年年末借款 10000 元，以后 4 年每年末递增借款 1000 元，按年利率 10% 计息；
② 第 1 年年末借款 50000 元，以后 9 年每年末递减借款 2000 元，按年利率 8% 计息。

10. 某企业获得 280 万元贷款，偿还期 4 年，年利率为 10%，试就以下 2 种还款方式，分别计算每年还款额：
① 等额本息还款方式；
② 等额本金还款方式。

11. 某设备价格为 55 万元，合同签订时付了 10 万元，然后采用分期付款方式。第一年末付款 14 万元，从第二年初起每半年付款 4 万元。设年利率 12%，每半年复利一次。问多少年能付清设备价款？

12. 某公司购买了一台机器，原始成本为 12000 元，估计能使用 20 年，20 年末的残值为 2000 元，运行费用为每年 800 元，此外，每 5 年要大修 1 次，大修费用为每次 2800 元。试求机器的年等值费用，按年利率 12% 计。

13. 某家庭以住房抵押贷款方式购买了一套住宅，住房抵押贷款期限为 20 年，年利率为 6%，以每月 2500 元等额还款。该家庭于第 9 年初一次性偿还贷款本金 10 万元，余额在以后的 5 年内用按月等额还款的方式还清，则最后 5 年内的月等额还款额为多少？

14. 某企业为了购买设备，以 12% 的利率贷到 40 万元款，答应按 15 年还清本利，在归还了 10 次后，该企业想把余额一次性还清，问在 10 年末应准备多少才能将余款还清？

15. 连续 8 年每年年末支付一笔款项，第一年 20000 元，以后每年递增 1500 元，若年利率为 8%，问全部支付款项的现值是多少？

第 3 章 建设项目经济效果分析

经济效果是指生产过程中产出量与投入量的比较，它反映的是生产过程中劳动耗费转化为劳动成果的程度，把"成果与消耗之比""产出与投入之比"称为经济效果，而将经济活动中所取得的有效劳动成果与劳动耗费的比较称为经济效益。

对项目或方案进行评估常采用一些量化的基本指标，以便从不同的角度反映项目的盈利性、清偿性和风险性，这些指标称为经济效果评价指标。

建设项目经济效果的评价，按照是否考虑资金的时间价值不同，有两类评价方法：一类是不考虑资金时间价值的方法，叫静态评价方法；另一类是考虑资金时间价值的方法，叫动态评价方法。静态评价方法计算比较简单、粗略，往往用于技术经济数据不完备和不精确的项目初选阶段，如项目建议书阶段或机会研究及初步可行性研究阶段，或建设期短、使用寿命短的项目以及逐年收益大致相等的项目。动态评价方法是目前项目评价中最主要、最普遍的方法，主要用于项目最后决策前的可行性研究阶段，或对寿命期比较长的项目以及逐年收益不相等的项目进行评价。

建设项目评价效果的好坏，一方面取决于基础数据的可靠性，另一方面则取决于选取的评价指标体系的合理性。只有选取正确的评价指标体系，评价的结果才能与客观实际情况相吻合，才具有实际意义。

项目财务评价指标，按其是否考虑时间因素可分为两大类：静态评价指标（不考虑时间因素）和动态评价指标（考虑时间因素）。

静态评价指标的最大特点是计算简便。所以在对方案进行粗略评价，或对短期投资项目进行评价，以及对于逐年收益大致相等的项目，静态评价指标还是可采用的。

动态评价指标强调利用复利方法计算资金时间价值，它将不同时间内资金的流入和流出，换算成同一时点的价值，从而为不同方案的经济比较提供了可比基础，并能反映方案在未来时期的发展变化情况。

总之，在项目财务评价时，应根据评价深度要求、可获得资料的多少以及评价方案本身所处的条件，选用多个不同的指标，从不同侧面反映评价方案的财务评价效果。

在项目财务评价中，应坚持动态分析与静态分析相结合，以动态分析为主的原则。

在工程经济分析中，常用的财务评价指标体系如图 3-1 和图 3-2 所示。

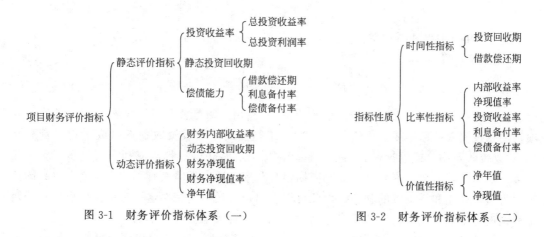

图 3-1 财务评价指标体系（一）　　　图 3-2 财务评价指标体系（二）

3.1 静态评价方法

静态评价方法是在不考虑资金时间价值的情况下，对方案在分析期内的收支进行分析、计算、评价的方法。项目的经济性，可以用经济效果评价指标来反映。静态评价方法常用的指标有：投资回收期、投资收益率、资产负债率、借款偿还期等。

3.1.1 盈利能力分析指标

盈利能力分析主要考察项目的盈利水平。

（1）投资收益率

投资收益率是衡量投资方案获利水平的评价指标，它是投资方案达到设计生产能力后一个正常生产年份的年净收益总额与方案投资总额的比率。它表明投资方案在正常生产年份中，单位投资每年所创造的年净收益额。对生产期内各年的净收益额变化幅度较大的方案，可计算生产期年平均净收益额与投资总额的比率。投资收益率的计算公式为：

$$R = \frac{A}{I} \times 100\%$$

式中　R——投资收益率；
　　　A——年净收益额或年平均净收益额；
　　　I——总投资（包括建设投资、建设期贷款利息和流动资金），下同。

将计算出的投资收益率（R）与所确定的基准投资收益率（R_c）进行比较。若 $R \geqslant R_c$，则方案可以考虑接受；若 $R < R_c$，则方案是不可行的。

根据分析目的的不同，投资收益率又具体分为：总投资收益率（R_z）和总投资利润率（R'_z）。

① 总投资收益率（R_z）

$$R_z = \frac{(F+Y+D)}{I} \times 100\%$$

式中　F——年销售利润（销售利润＝销售收入－经营成本－折旧费和摊销费－与销售相关的税金－利息）；

Y——年贷款利息；
D——年折旧费和摊销费。

② 总投资利润率（R'_z）

$$R'_z = \frac{(F+Y)}{I} \times 100\%$$

总投资收益率（R_z）和总投资利润率（R'_z）是用来衡量整个投资方案的获利能力，要求项目的总投资收益率（或总投资利润率）大于行业的平均投资收益率（或平均投资利润率）。总投资收益率（或总投资利润率）越高，从项目所获得的收益或利润就越多。对于建设工程方案而言，若总投资利润率高于同期银行利率，适度举债是有利的；反之，过高的负债比率将损害企业和投资者的利益。由此可以看出，总投资利润率这一指标不仅可以用来衡量工程建设方案的获利能力，还可以作为建设工程筹资决策参考的依据。

投资收益率（R）指标经济意义明确、直观，计算简便，在一定程度上反映了投资效果的优劣，可适用于各种投资规模。不足的是没有考虑投资收益的时间因素，忽视了资金具有时间价值的重要性。因此，以投资收益率指标作为主要的决策依据不太可靠。

（2）投资回收期

投资回收期也称返本期，是反映投资回收能力的重要指标，分为静态投资回收期和动态投资回收期。静态投资回收期是在不考虑资金时间价值的条件下，以方案的净收益回收其总投资（包括建设投资和流动资金）所需要的时间。投资回收期可以自项目建设开始年算起，也可以自项目投产年开始算起，但应予注明。自建设开始年算起，投资回收期 P_t（以年表示）的计算公式如下：

$$\sum_{t=0}^{P_t}(CI-CO)_t = 0$$

式中 P_t——静态投资回收期；
$(CI-CO)_t$——第 t 年净现金流量。

静态投资回收期可借助现金流量表，根据净现金流量来计算，其具体计算又分以下两种情况。

a. 当项目建成投产后各年的净收益（即净现金流量）均相同时，静态投资回收期的计算公式如下：

$$P_t = \frac{I}{A}$$

式中 I——总投资；
A——每年的净收益。

【例 3-1】 某建设项目估计总投资 2800 万元，项目建成后各年净收益为 320 万元，求该项目的静态投资回收期。

解 该项目的静态投资回收期为

$$P_t = \frac{2800}{320} = 8.75（年）$$

b. 当项目建成投产后各年的净收益不相同时，静态投资回收期可根据累计净现金流量求得，也就是在现金流量表中累计净现金流量由负值转向正值之间的年份，其计算公式为：

$$P_t = （累计净现金流量开始出现正值的年份数-1）+ \frac{上一年累计净现金流量的绝对值}{出现正值年份的净现金流量}$$

【例 3-2】 某项目财务现金流量表的数据如表 3-1 所示，试计算该项目的静态投资回收期。

表 3-1　某项目财务现金流量　　　　　　　　　　　　　　单位：万元

计算期	0	1	2	3	4	5	6	7	8
现金流入	—	—	—	800	1200	1200	1200	1200	1200
现金流出	—	600	900	500	700	700	700	700	700

解　项目累计净现金流量见表 3-2，则静态投资回收期为

$$P_t = (6-1) + \frac{|-200|}{500} = 5.4 (年)$$

表 3-2　某项目累计净现金流量　　　　　　　　　　　　　单位：万元

计算期	0	1	2	3	4	5	6	7	8
现金流入	—	—	—	800	1200	1200	1200	1200	1200
现金流出	—	600	900	500	700	700	700	700	700
净现金流量	—	−600	−900	300	500	500	500	500	500
累计净现金流量	—	−600	−1500	−1200	−700	−200	300	800	1300

将计算出的静态投资回收期 P_t 与所确定的基准投资回收期 P_c 进行比较。若 $P_t \leqslant P_c$，表明项目投资能在规定的时间内收回，则方案可以考虑接受；若 $P_t > P_c$，则方案是不可行的。

投资回收期指标容易理解，计算也比较简便；项目投资回收期在一定程度上显示了资本的周转速度。显然，资本周转速度愈快，回收期愈短，风险愈小，盈利愈多。对于那些技术上更新迅速的项目，或资金相当短缺的项目，或未来的情况很难预测而投资者又特别关心资金补偿的项目，采用投资回收期评价特别有实用意义。但不足的是投资回收期没有全面地考虑投资方案整个计算期内现金流量，即：只考虑回收之前的效果，不能反映投资回收之后的情况，故无法准确衡量方案在整个计算期内的经济效果。所以，投资回收期作为方案选择和项目排队的评价准则是不可靠的，它只能作为辅助评价指标，或与其他评价指标结合应用。

3.1.2　偿债能力分析指标

项目偿债能力分析主要是考虑寿命期内财务状况及偿债能力，是指项目实施企业偿还到期债务的能力，不仅企业自身要关心偿债能力的大小，债权人更为关心。偿债能力指标主要有：借款偿还期、利息备付率、偿债备付率、资产负债率、流动比率、速动比率。

① 借款偿还期　借款偿还期，是指根据国家财税规定及投资项目的具体财务条件，以可作为偿还贷款的项目收益（利润、折旧、摊销费及其他收益）来偿还项目投资借款本金和利息所需要的时间。它是反映项目借款偿债能力的重要指标，其计算式如下：

$$I_d = \sum_{t=1}^{P_d}(R_p + D + R_o - R_r)_t$$

式中　P_d——借款偿还期（从借款开始年计算；当从投产年算起时，应予注明）；

I_d——投资借款本金和利息（不包括已用自有资金支付的部分）之和；

R_p——第 t 年可用于还款的利润；

D——第 t 年可用于还款的折旧和摊销费；

R_o——第 t 年可用于还款的其他收益；

R_r——第 t 年企业留利。

在实际工作中，借款偿还期可通过借款还本付息计算表推算，以年表示，其具体推算公式如下：

$$P_d = 借款偿还开始出现盈余的年份数 - 1 + \frac{盈余当年应偿还借款额}{盈余当年可用于还款的余额}$$

【例 3-3】 已知某项目借款还本付息有关数据如表 3-3 所示，试计算该项目的借款偿还期。

表 3-3 某项目借款还本付息有关数据   单位：万元

序号	计算期	1	2	3	4	5	6
1	本年借款	400	600				
1.1	本金	400	600				
1.2	利息 6%						
2	还款资金来源			300	400	400	400
2.1	利润总额			200	310	310	310
2.2	用于还款的折旧和摊销费			150	150	150	150
2.3	还款期企业留利			50	60	60	60
3	年末借款累计						

解 借款还本付息表如表 3-4 所示。

表 3-4 借款还本付息表   单位：万元

序号	计算期	1	2	3	4	5	6
1	本年借款						
1.1	本金	400	600				
1.2	利息 6%	12	42.72	54.2832	36.5402	14.7326	1.8083
2	还款资金来源			300	400	400	400
2.1	利润总额			200	310	310	310
2.2	用于还款的折旧和摊销费			150	150	150	150
2.3	还款期企业留利			50	60	60	60
3	年末借款累计	412	1054.72	809.0032	445.5434	60.276	

各年利息计算如下：

$I_1 = 1/2 \times 400 \times 6\% = 12(万元)$

$I_2 = (400 + 12 + 1/2 \times 600) \times 6\% = 42.72(万元)$

$I_3 = (400 + 12 + 600 + 42.72 - 1/2 \times 300) \times 6\% = (1054.72 - 1/2 \times 300) \times 6\% = 54.2832$（万元）

$I_4 = (1054.72 - 300 + 54.2832 - 1/2 \times 400) \times 6\% = (809.0032 - 1/2 \times 400) \times 6\% = 36.5402(万元)$

$I_5 = (809.0032 - 400 + 36.5402 - 1/2 \times 400) \times 6\% = (445.5434 - 1/2 \times 400) \times 6\% = 14.7326(万元)$

$I_6 = (445.5434 - 400 + 14.7326) \times 1/2 \times 6\% = 1.8083(万元)$

$P_d = 6 - 1 + \dfrac{60.276 + 1.8083}{400} = 5.155(年)$

借款偿还期满足贷款机构的要求期限时，即认为项目是有借款偿债能力的。

借款偿还期指标适用于那些不预先给定借款偿还期限，且按最大偿还能力计算还本付息的项目；它不适用于那些预先给定借款偿还期的项目。对于预先给定借款偿还期的项目，应采用利息备付率和偿债备付率指标分析项目的偿债能力。

② 利息备付率　利息备付率也称已获利息倍数，是指项目在借款偿还期内各年可用于支付利息的税息前利润与当期应付利息费用的比值，其表达式为：

$$利息备付率 = \dfrac{税息前利润}{当期应付利息费用}$$

式中　税息前利润——利润总额与计入总成本费用的利息费用之和，即税息前利润＝利润总额＋计入总成本费用的利息费用；

当期应付利息费用——计入总成本费用的全部利息。

利息备付率可以分年计算，也可以按整个借款期计算，但分年的利息备付率更能反映偿债能力。

利息备付率从付息资金来源的充裕性角度反映项目偿付债务利息的能力，它表示使用项目税息前利润偿付利息的保证倍率。对于正常经营的项目，利息备付率应当大于2，否则，表示项目的付息能力保障程度不足。尤其是当利息备付率低于1时，表示项目没有足够资金支付利息，偿债风险很大。

③ 偿债备付率　偿债备付率是指项目在借款偿还期内，各年可用于还本付息的资金与当期应还本付息金额的比值，其表达式为：

$$偿债备付率 = \dfrac{可用于还本付息的资金}{当期应还本付息的金额}$$

式中　可用于还本付息的资金——包括可用于还款的折旧和摊销、成本中列支的利息费用、可用于还款的利润等；

当期应还本付息的金额——包括当期应还贷款本金额及计入成本费用的利息。

偿债备付率可以分年计算，也可以按项目的整个借款期计算。同样，分年计算的偿债备付率更能反映偿债能力。

偿债备付率表示可用于还本付息的资金偿还借款本息的保证倍率。正常情况应当大于1，且越高越好。当指标小于1时，表示当年资金来源不足以偿付当期债务，需要通过短期借款偿付已到期债务。

④ 资产负债率　资产负债率是期末负债总额除以资产总额的百分比，也就是负债总额与资产总额的比例关系。资产负债率反映在总资产中有多大比例是通过借债来筹资的，该指标是评价项目负债水平的综合指标，也可以衡量项目在清算时保护债权人利益的程度。资产负债率这个指标反映债权人所提供的资本占全部资本的比例，也被称为举债经营比率。

资产负债率表达式：

$$资产负债率 = \dfrac{总负债}{总资产} \times 100\%$$

资产负债率对债权人、投资者、经营者有不同的内涵。

从债权人的立场看，他们最关心的是各种融资方式的安全程度以及是否能按期收回本金和利息等。如果股东提供的资本与项目资产总额相比，只占较小的比例，则项目的风险主要由债权人负担，这对债权人来讲是不利的。因此，债权人希望资产负债率越低越好，项目偿债有保证，融给项目的资金不会有太大的风险。

从投资者的立场看，他们所关心的是全部资本利润率是否超过借入资本的利率，即借入资金的利息率。假使全部资本利润率超过利息率，投资人所得到的利润就会加大，如果相反，运用全部资本利润率低于借入资金利息率，投资人所得到的利润就会减少，则对投资人不利。因为借入资本的多余的利息要用投资人所得的利润份额来弥补，因此在全部资本利润率高于借入资本利息的前提下，投资人希望资产负债率越高越好，否则反之。

从经营者的立场看，如果举债数额很大，超出债权人的心理承受程度，项目就融不到资金。借入资金越大（当然不是盲目的借款），越是显得项目"活力充沛"。因此，经营者希望资产负债率稍高些，通过举债经营，扩大生产规模，开拓市场，增强活力，获取较高的利润。

⑤ 流动比率和速动比率　流动比率是衡量项目清偿其短期负债能力的一个非常粗略的指标。

流动比率指流动资产总额和流动负债总额之比，用来衡量企业流动资产在短期债务到期以前，可以变为现金用于偿还负债的能力。

流动比率表达式：

$$流动比率 = \frac{流动资产}{流动负债} \times 100\%$$

式中　流动资产——指企业可以在一年或者超过一年的一个营业周期内变现或者运用的资产，主要包括货币资金、短期投资、应收票据、应收账款和存货等；

　　　流动负债——也叫短期负债，是指将在一年或者超过一年的一个营业周期内偿还的债务，包括短期借款、应付票据、应付账款、预收账款、应付股利、应交税金、其他暂收应付款项、预提费用和一年内到期的长期借款等。

流动比率旨在分析企业资产流动性的大小，判断短期债权人的债权在到期前偿债企业用现金及预期在该期中能变为现金的资产偿还的限度。流动比率越高，企业资产的流动性越大，表明企业偿付短期负债的能力越强。但是，比率太大表明流动资产占用较多，会影响经营资金周转效率和获利能力，一般认为合理的最低流动比率为2。

但应注意的是，流动比率高的企业并不一定偿还短期债务的能力就很强，因为流动资产之中虽然现金、有价证券、应收账款变现能力很强，但是存货、待摊费用等也属于流动资产的项目，其变现时间较长，特别是存货很可能发生积压、滞销、残次等情况，流动性较差。

为了避免流动资产中存货及预付款变现的困难，而引入与流动比率相关的概念，即速动比率。速动比率是指速动资产对流动负债的比率，它是衡量企业流动资产中可以立即变现用于偿还流动负债的能力。

速动比率表达式：

$$速动比率 = \frac{速动资产}{流动负债} \times 100\%$$

速动资产是指流动资产中可以立即变现的那部分资产，如现金、有价证券、应收账款及预付账款。

$$速动资产 = 流动资产 - 存货$$

或：

$$速动资产 = 流动资产 - 存货 - 预付账款 - 待摊费用$$

计算速动比率时，流动资产中扣除存货，是因为存货在流动资产中变现速度较慢，有些存货可能滞销，无法变现。至于预付账款和待摊费用根本不具有变现能力，只是减少企业未来的现金流出量，所以理论上也应加以剔除，但实务中，由于它们在流动资产中所占的比重较小，计算速动资产时也可以不扣除。一般认为合理的速动比率为 1~1.2。

【例 3-4】 根据某公司资料，2015 年初的流动资产为 6127100 元，存货为 3870000 元，流动负债为 2977100 元；年末的流动资产为 5571751 元，存货为 3862050 元，流动负债为 1644390 元，求速动比率。

解 年初速动比率为

$$\frac{6127100 - 3870000}{2977100} = 0.76$$

年末速动比率为

$$\frac{5571751 - 3862050}{1644390} = 1.04$$

流动比率和速动比率都是用来表示资金流动性的，即企业短期债务偿还能力的数值，流动比率以全部流动资产作为偿付流动负债的基础，速动比率以扣除变现能力较差的存货和不能变现的待摊费用作为偿付流动负债的基础，它弥补了流动比率的不足；前者的基准值是 2，后者为 1；衡量企业偿还短期债务能力强弱，应该两者结合起来看，一般来说：

流动比率 < 1 且速动比率 < 0.5 表明资金流动性差；

1.5 < 流动比率 < 2 且 0.75 < 速动比率 < 1 表明资金流动性一般；

流动比率 > 2 且速动比率 > 1 表明资金流动性好。

3.2 动态评价方法

动态评价方法是在考虑资金时间价值的情况下，将项目的整个寿命期内不同时期资金的流入和流出换算成同一时点的价值进行分析、比较，为不同方案和不同项目的经济比较提供了同等的基础。其常用指标有：动态投资回收期、净现值、净年值、内部收益率等。这些指标比静态指标更全面、更科学。

(1) 动态投资回收期

动态投资回收期是把投资项目各年的净现金流量按基准收益率折成现值之后，再来推算投资回收期，这是它与静态投资回收期的根本区别。动态投资回收期就是累计现值等于零时的年份，其计算表达式为：

$$\sum_{t=0}^{P'_t}(CI-CO)_t(1+i_c)^{-t}=0$$

式中　P'_t——动态投资回收期；

　　　i_c——基准收益率。

在实际应用中根据项目的现金流量表中的净现金流量现值,用下列近似公式计算:

$$P'_t = \text{累计净现金流量开始出现正值的年份数} - 1 + \frac{\text{上一年累计净现金流量的绝对值}}{\text{出现正值年份的净现金流量}}$$

【例 3-5】 某项目财务现金流量表的数据如表 3-5 所示,已知基准投资收益率 $i_c = 8\%$。试计算该项目的动态投资回收期。

表 3-5 某项目财务现金流量　　　　　　　单位:万元

计算期	0	1	2	3	4	5	6	7	8
现金流入	—	—	—	800	1200	1200	1200	1200	1200
现金流出	—	600	900	500	700	700	700	700	700

解 计算项目净现金流量现值,如表 3-6 所示。

表 3-6 项目净现金流量现值　　　　　　　单位:万元

计算期	0	1	2	3	4	5	6	7	8
净现金流量	—	−600	−900	300	500	500	500	500	500
现值系数(8%)	0	0.9259	0.8573	0.7938	0.7359	0.6806	0.6302	0.5835	0.5403
净现金流量现值	—	−555.54	−771.57	238.14	367.50	340.3	315.15	291.75	270.15
累计净现金流量现值	—	−555.54	−1327.11	−1088.97	−721.47	−381.17	−66.07	225.68	495.83

可以得到:
$$P'_t = 7 - 1 + \frac{|-66.07|}{291.75} = 6.23(\text{年})$$

若 $P'_t < P_c$(基准投资回收期),说明项目或方案能在要求的时间内收回投资,是可行的;若 $P'_t > P_c$ 时,则项目或方案不可行,应予拒绝。

按静态分析计算的投资回收期较短,但若考虑时间因素,用折现法计算出的动态投资回收期,要比用传统方法计算出的静态投资回收期长些。

在实际应用中,动态回收期由于与其他动态盈利性指标相近,若给出的利率 i_c 恰好等于财务内部收益率 IRR 时,此时的动态投资回收期就等于项目(或方案)寿命周期。一般情况下,$P'_t < n$,则必有 $i_c < IRR$。故动态投资回收期法与 IRR 法在方案评价方面是等价的。

(2)净现值(NPV——Net Present Value)

净现值(NPV)或称财务净现值,是反映投资方案在计算期内获利能力的动态评价指标,是指用一个预定的基准收益率(或设定的折现率)i_c,分别把整个计算期间内各年所发生的净现金流量都折现到投资方案开始实施时的现值之和。净现值 NPV 计算公式为:

$$NPV = \sum_{t=0}^{n}(CI - CO)_t(1+i_c)^{-t}$$

式中　NPV——财务净现值;

　　　i_c——基准收益率(基准折现率);

　　　n——项目计算期;

　　　$(CI - CO)_t$——第 t 年的净现金流量(应注意"+""−"号)。

净现值(NPV)是评价项目盈利能力的绝对指标。当 $NPV \geq 0$ 时,说明该方案经济上可行;当 $NPV < 0$ 时,说明该方案不可行。

多方案比选时，净现值越大的方案相对越优（净现值最大准则）。

净现值（NPV）指标考虑了资金的时间价值，并全面考虑了项目在整个计算期内的经济状况；经济意义明确直观，能够直接以货币额表示项目的盈利水平；判断直观。但不足之处是必须首先确定一个符合经济现实的基准收益率，而基准收益率的确定往往是比较困难的，如何合理确定基准收益率对项目经济评价有着直接的影响。财务净现值与基准收益率函数图见图 3-3。

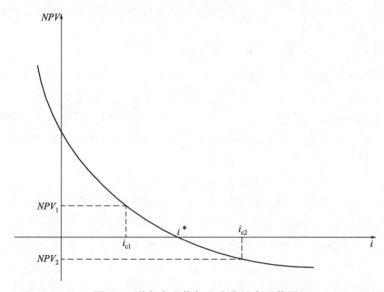

图 3-3　财务净现值与基准收益率函数图

基准收益率也称基准折现率，是企业或行业或投资者以动态的观点所确定的、可接受的投资方案最低标准的收益水平。它是评价和判断投资方案在经济上是否可行的依据，是一个重要的经济参数。基准收益率的确定一般应综合考虑以下因素。

① 资金成本和机会成本

a.资金成本是为取得资金使用权所支付的费用，主要包括筹资费和资金的使用费。筹资费是指在筹集资金过程中发生的各种费用，如委托金融机构代理发行股票、债券而支付的注册费和代理费等，向银行贷款而支付的手续费等。资金的使用费是指因使用资金而向资金提供者支付的报酬，如使用发行股票筹集的资金，要向股东支付红利；使用发行债券和银行贷款借入的资金，要向债权人支付利息等。

b.投资的机会成本是指投资者将有限的资金用于拟建项目而放弃的其他投资机会所能获得的最好收益。凡是技术经济活动都含有机会成本，如建厂占用耕地的代价是减少农业收入。机会成本的表现形式也是多种多样的。货币形式表现的机会成本，如销售收入、利润等；由于利率大小决定货币的价格，采用不同的利率（贴现率）也表示货币的机会成本。应当看到机会成本是在方案外部形成的，它不可能反映在该方案财务上，必须通过工程经济分析人员的分析比较，才能确定项目的机会成本。机会成本虽不是实际支出，但在工程经济分析时，应作为一个因素加以认真考虑，有助于选择最优方案。

显然，基准收益率应不低于单位资金成本和单位投资的机会成本，这样才能使资金得到最有效的利用。这一要求可用下式表达：

$$i_c \geqslant i_1 = \max\{单位资金成本, 单位投资机会成本\}$$

如项目完全由企业自有资金投资时，可参考行业的平均收益水平，可以理解为一种资金的机会成本；假如投资项目资金来源于自有资金和贷款时，最低收益率不应低于行业平均收益水平（或新筹集权益投资的资金成本）与贷款利率的加权平均值。

② 投资风险

在整个项目计算期内，存在着发生不利于项目的环境变化的可能性，这种变化难以预料，即投资者要冒着一定风险作决策。所以在确定基准收益率时，常以一个适当的风险贴补率 i_2 来提高 i_c 值。就是说，以一个较高的收益水平补偿投资者所承担的风险，风险越大，贴补率越高。

③ 通货膨胀

通货膨胀是指由于货币（这里指纸币）的发行量超过商品流通所需要的货币量而引起的货币贬值和物价上涨的现象。常用通货膨胀率指标来表示通货膨胀的程度。

在通货膨胀的影响下，各种材料、设备、房屋、土地的价格以及人工费都会上升。在确定基准收益率时，应考虑这种影响，结合投入产出价格的选用决定对通货膨胀因素的处理。

综合以上分析，基准收益率可确定如下：

$$i_c = (1+i_1)(1+i_2)(1+i_3) - 1 \approx i_1 + i_2 + i_3$$

总之，合理确定基准收益率，对于投资决策极为重要。确定基准收益率的基础是资金成本和机会成本，而投资风险和通货膨胀则是必须考虑的影响因素。

【例 3-6】 某建设项目现金流量如图 3-4 所示，求项目净现值。基准利率 $i_c = 15\%$，单位：万元。

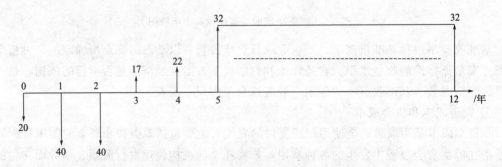

图 3-4 某建设项目现金流量

解 ① 方法 1：利用公式计算

$$NPV = -20 - 40 \times (P/A, 15\%, 2) + 17 \times (P/F, 15\%, 3) + 22 \times (P/F, 15\%, 4)$$
$$+ 32 \times (P/A, 15\%, 8) \times (P/F, 15\%, 4)$$
$$= -20 - 40 \times 1.6257 + 17 \times 0.6575 + 22 \times 0.5718 + 32 \times 4.4873 \times 0.5718 = 20.83 \text{（万元）}$$

② 方法 2：列表计算，如表 3-7 所示。

表 3-7 项目净现值　　　　　　　　　　　　　　　　　　　　　单位：万元

t/年	净现金流量	现值系数（$i=15\%$）	现金流现值	累计净现值
0	-20	1.000	-20.00	-20.00
1	-40	0.870	-34.78	-54.78
2	-40	0.756	-30.25	-85.03

续表

t/年	净现金流量	现值系数($i=15\%$)	现金流现值	累计净现值
3	17	0.658	11.18	−73.85
4	22	0.572	12.58	−61.27
5	32	0.497	15.91	−45.36
6	32	0.432	13.83	−31.53
7	32	0.376	12.03	−19.85
8	32	0.327	10.46	−9.04
9	32	0.284	9.10	0.06
10	32	0.247	7.91	7.97
11	32	0.215	6.88	14.85
12	32	0.187	5.98	20.83

【例 3-7】 某项目现时点和第一年末分别投资 3000 万元和 1800 万元，建设期两年，投资后折算至每年末的销售收益，年经营成本分别为 3000 万元和 800 万元，年折旧 800 万元，如税率为 33%，基准收益为 15%，项目投产后的寿命期为 8 年，残值为零。①求投资回收期（静态、动态）。②绘制净现金流量图。③求 NPV、IRR 并分析项目是否可行。

解 投产期每年净收益 = 3000 − 800 − (3000 − 800 − 800) × 33% = 1738（万元）

投资回收期相关数据见表 3-8。

表 3-8 投资回收期相关数据　　　　　　　　　　　　　单位：万元

年份	0	1	2	3	4	5	6	7	8	9	10
净流量	−3000	−1800	0	1738	1738	1738	1738	1738	1738	1738	1738
累计	−3000	−4800	−4800	−3062	−1324	414	2152	3890	5628	7366	9104
折现系数	1.0	0.8696	0.75616	0.65756	0.5718	0.4972	0.4323	0.3759	0.3269	0.2848	0.2472
折现值	−3000	−1565	0	1143	994	864	751	653	568	495	430
折现累计	−3000	−4565	−4565	−3422	−2428	−1564	−813	−160	408	903	1333

$P_t = 5 − 1 + 1324/1738 = 4 + 0.76 = 4.76$（年）（静态）

$P'_t = 8 − 1 + 160/568 = 7.28$（年）（动态）

现金流量（见图 3-5）：

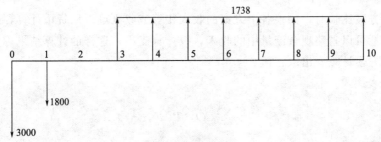

图 3-5 现金流量图

$NPV = −3000 − 1800 × (P/F, 15\%, 1) + A(F/A, 15\%, 8)(P/F, 15\%, 10)$
　　　$= 1333 > 0$　　方案可行

$$NPV = -3000 - 1800 \times (P/F, IRR, 1) + 1738 \times (F/A, IRR, 8)(P/F, IRR, 10) = 0$$

试算法：令 $i = 15\%$，$NPV = 1333$（万元）

　　　　令 $i = 20\%$，$NPV = 131.2513$（万元）

　　　　令 $i = 25\%$，$NPV = -739.49$（万元）

$IRR = 20\% + (25\% - 20\%) \times 131.2513 \div [131.2513 - (-739.49)] = 20\% + 0.7\% = 20.7\%$

$IRR = 20.7\% > i_c$　　方案可行

（3）净年值 NAV

净年值是将项目寿命期的净现金流量通过资金等值计算换算成等额支付系列的年值，其表达式为：

$$NAV = \sum_{t=0}^{n} NPV(A/P, i_c, n) = \sum_{t=0}^{n} (CI - CO)_t (1 + i_c)^{-t} (A/P, i_c, n)$$

净年值指标判别准则与净现值指标判别准则相同。即 $NAV \geqslant 0$ 项目应予以接受；如 $NAV < 0$，则项目应予以拒绝。净现值的含义是项目在整个寿命期内获取的超出最低期望盈利的超额收益现值，而净年值给出的是项目寿命期内每年的等额超额收益。在某些决策结构的评价中，如寿命期不同的投资方法的比选，采用净年值比应用净现值更为简便和易于计算。因此，净年值指标在项目经济评价占有相当重要的地位。

【例 3-8】计算图 3-6 所示现金流量的净年值。基准折现率 $i_c = 15\%$，单位：万元。

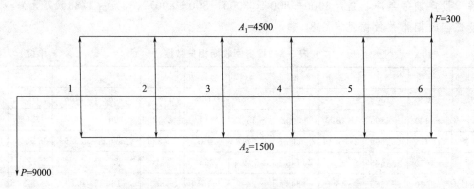

图 3-6　现金流量图

解　根据公式可得

$NAV = -9000 \times (A/P, 15\%, 6) + (4500 - 1500) + 300 \times (A/F, 15\%, 6) = 701.14$（万元）

（4）费用现值和费用年值

在对多个方案比较时，如果各个方案的收入相等或收入难以用货币计算，这时计算净现值和净年值指标可以省略现金流量中的收入，只计算支出，这样的计算结果称为费用现值和费用年值，为方便计算支出取正值。

费用现值表达式：

$$PC = \sum_{t=0}^{n} CO_t (P/F, i_c, t)$$

费用年值表达式：

$$AC = PC(A/P, i_c, t) = \sum_{t=0}^{n} CO_t (P/F, i_c, t)(A/P, i_c, t)$$

费用现值和费用年值指标只能用于多个方案的比选，其判别准则是：费用现值或费用年值最小的方案为优。

【例 3-9】 某项目有 4 个工艺方案 A、B、C、D 均能满足同样的生产需要，且寿命期均为 10 年，其费用支出如表 3-9 所示，基准利率 $i_c=12\%$，试选择最优方案。

表 3-9　某项目费用支出　　　　　　　　单位：万元

方案＼费用	总投资（期初）	年运营费用（每年期末）
A	300	35
B	250	45
C	200	55
D	150	60

解 ① 按费用现值计算：

$PC_A = 300 + 35 \times (P/A, 12\%, 10) = 497.75$（万元）
$PC_B = 250 + 45 \times (P/A, 12\%, 10) = 504.25$（万元）
$PC_C = 200 + 55 \times (P/A, 12\%, 10) = 510.75$（万元）
$PC_D = 150 + 60 \times (P/A, 12\%, 10) = 489.00$（万元）

② 按费用年值计算：

$AC_A = 35 + 300 \times (A/P, 12\%, 10) = 88.09$（万元）
$AC_B = 45 + 250 \times (A/P, 12\%, 10) = 89.25$（万元）
$AC_C = 55 + 200 \times (A/P, 12\%, 10) = 90.40$（万元）
$AC_D = 60 + 150 \times (A/P, 12\%, 10) = 86.55$（万元）

根据费用最小准则，不论按费用现值还是按费用年值计算的结果是一致的，方案 D 最优，方案 A、B 次之，方案 C 最差。

(5) 内部收益率（IRR——Internal Rate of Return）

内部收益率反映项目所占有资金的盈利率，是考察项目盈利能力的主要动态指标，内部收益率又称内部报酬率。由净现值函数可知，一个投资方案的净现值与所选贴现率有关，净现值的数值随贴现率的增大而减少。在方案寿命期内，可以使净现值等于零时的折现率称为该方案的内部收益率。

对具有常规现金流量（即在计算期内，开始时有支出而后才有收益，且方案的净现金流量序列的符号只改变一次的现金流量）的投资方案，其财务净现值的大小与折现率的高低有直接的关系，即净现值是折现率的函数，其表达式如下：

$$NPV(i) = \sum_{t=0}^{n}(CI-CO)_t(1+i_c)^{-t}$$

工程经济中常规投资项目的净现值函数曲线在其定义域内，随着折现率的逐渐增大，财务净现值由大变小，由正变负，NPV 与 i 之间的关系一般如前述图 3-3 所示。

根据净现值的评价准则，若 $NPV(i) \geq 0$ 则方案或项目可行，但由于 $NPV(i)$ 是 i 的递减函数，故折现率 i 定得越高，方案被接受的可能性越小。很明显，i 可以大到使 NPV

$(i)=0$，这时 $NPV(i)$ 曲线与横轴相交，i 达到了其临界值 i^*。可以说 i^* 是净现值评价准则的一个分水岭，将 i^* 称为财务内部收益率（IRR），其实质就是使投资方案在计算期内各年净现金流量的现值累计等于零时的折现率，数学表达式为：

$$NPV(IRR)=\sum_{t=0}^{n}(CI-CO)_t(1+IRR)^{-t}=0$$

内部收益率是一个未知的折现率，由式可知，求方程式中的折现率需解高次方程，不易求解。在实际工作中，一般通过计算机计算，手算时可采用试算法确定内部收益率 IRR。

内部收益率计算出来后，与基准折现率进行比较。若 $IRR \geqslant i_c$，则方案在经济上可以接受；若 $IRR < i_c$，则方案在经济上应予拒绝。

【例 3-10】 某项目净现金流量如表 3-10 所示，当基准折现率 $i_c=12\%$ 时，试用内部收益率指标判断该项目在经济效果上是否可行。

表 3-10 某项目净现金流量

年份	0	1	2	3	4	5
净现金流量/万元	−200	40	60	40	80	80

解 首先初估 IRR 值。

为了减少试算次数，可先令 $i=0$，用净现值流量的和与投资额之比来粗略估计 IRR。

令 $i=0$，$P=200$（万元），$F=40+60+40+40+80+80=300$（万元）

估计 IRR，$300=200\times(F/P, i, 5)$，则 $(F/P, i, 5)=1.5$，查利率表可知 i 在 $9\%\sim 10\%$ 之间，由于没有考虑资金的时间价值，因此实际值应比上述试算值大，故初估值取 10%。

然后计算 NPV_1 及 NPV_2。

令 $i=10\%$

$NPV_1=-200+40\times(P/F,10\%,1)+60\times(P/F,10\%,2)+40\times(P/F,10\%,3)$
$\qquad +80\times(P/F,10\%,4)+80\times(P/F,10\%,5)$
$\qquad =20.32$（万元）

令 $i=15\%$

$NPV_2=-200+40(P/F,15\%,1)+60(P/F,15\%,2)+40(P/F,15\%,3)$
$\qquad +80(P/F,15\%,4)+80(P/F,15\%,5)$
$\qquad =-8.04$（万元）

内部收益率 $IRR=10\%+(15\%-10\%)\times 20.32\div[20.32-(-8.04)]=13.58\% > i_c=12\%$，即在经济效果上是可行的。

内部收益率是投资方案的实际盈利率，概念清晰、明确，用起来方便，与净现值相比，不需要事先确定基准折现率，而只需要知道基准折现率的大致范围即可，但它与净现值具有一致的评价标准。不足的是内部收益率计算比较麻烦；对于具有非常规现金流量的项目来讲，其内部收益率在某些情况下甚至不存在或存在多个内部收益率。

应注意：内部收益率是项目寿命期内没有回收的资金的盈利率，不是初始投资在整个寿命期内的收益率，因而它不仅受项目初始投资规模的影响，而且受项目寿命期内各年净收益大小的影响。由于内部收益率不是用来计算初期投资收益的，所以不能直接用内部收益率的大小来判断方案的优先顺序。

【例 3-11】 A、B 两个方案的现金流量如图 3-7 所示，分别计算两个方案的内部收益率 IRR 和净现值，并判别两个方案的优劣（基准利率 $i_c=10\%$）。

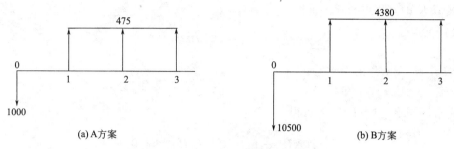

图 3-7　A、B 两个方案的现金流量图

解　A 方案内部收益率 IRR_A

$-1000+475\times(P/A,IRR_A,3)=0$

$(P/A,IRR_A,3)=2.1$　查表得 $IRR_A=20\%$

A 方案净现值 NPV_A

$NPV_A=-1000+475\times(P/A,10\%,3)=-1000+475\times2.49=182.75$（万元）

B 方案内部收益率 IRR_B

$-10500+4380\times(P/A,IRR_B,3)=0$

$(P/A,IRR_B,3)=2.4$　查表得 $IRR_B=12\%$

B 方案净现值 NPV_B

$NPV_B=-10500+4380(P/A,10\%,3)=-10500+4380\times2.49=406.2$（万元）

因 $NPV_B=406.2$ 万元 $>NPV_A=182.75$ 万元，故 B 方案优于 A 方案（即虽 A 方案内部收益率大于 B 方案的内部收益率，但 B 方案能在同一时期提供更多的额外财富）。

(6) 财务净现值率（$NPVR$——Net Present Value Rate）

净现值率（$NPVR$）是项目净现值与项目总投资现值之比，其经济含义是单位投资现值所能带来的净现值，是一个考察项目单位投资盈利能力的指标。由于净现值不直接考察项目投资额的大小，故为考察投资的利用效率，常用净现值率作为财务净现值的辅助评价指标。

净现值率表达式：

$$NPVR=\frac{NPV}{I_p}\quad I_p=\sum_{t=0}^{k}I_t(P/F,i_c,t)$$

式中　I_p——投资现值；

I_t——第 t 年投资额；

k——投资年数；

$(P/F,i_c,t)$——现值系数。

应用 $NPVR$ 评价方案时，对于独立方案，应使 $NPVR\geqslant0$，方案才能接受；对于多方案评价，凡 $NPVR<0$ 的方案先行淘汰，在余下方案中，应将 $NPVR$ 与投资额、净现值结合选择方案。在评价时应注意计算投资现值与财务净现值的折现率应一致。

(7) 外部收益率（ERR——External Rate of Return）

对投资方案内部收益率 IRR 的计算，隐含着一个基本假定，即项目寿命期内所获得的净收益全部可用于再投资，再投资的收益率等于项目的内部收益率。这种隐含假定是现金流计算中采用复利计算方法导致的。下面的推导有助于看清这个问题。

求解 IRR 的方程可写成下面的形式：

$$\sum_{t=0}^{n}(NB_t - K_t)(1+IRR)^{-t} = 0$$

式中 NB_t——第 t 年的净收益；

K_t——第 t 年的净投资。

上式两端同乘 $(1+IRR)^n$ 可得：

$$\sum_{t=0}^{n}(NB_t - K_t)(1+IRR)^{n-t} = 0$$

即：

$$\sum_{t=0}^{n}NB_t(1+IRR)^{n-t} = \sum_{t=0}^{n}K_t(1+IRR)^{n-t}$$

这个等式意味着每年的净收益以 IRR 为收益率进行再投资，到 n 年末历年净收益的终值之和与历年投资按 IRR 折算到 n 年末的终值之和相等。

由于投资机会的限制，这种假定往往难以与实际情况相符，也是造成非常规投资项目 IRR 方程可能多解的原因。

外部收益率实际上是对内部收益率的一种修正，它是投资的终值与再投资的净收益终值累计值相等时的折现率。计算外部收益率时也假定项目寿命期内所获得的净收益全部可用于再投资，所不同的是假定再投资的收益等于基准折现率，即外部收益率是指投资的未来值与再投资的净收益累计值相等时的收益率。

求解外部收益率的方程表达式：

$$\sum_{t=0}^{n}NB_t(1+i_c)^{n-t} = \sum_{t=0}^{n}K_t(1+ERR)^{n-t}$$

式中 ERR——外部收益率；

K_t——第 t 年的净投资；

NB_t——第 t 年的净收益；

i_c——基准折现率。

上述计算外部收益率的方程式，不会出现多个正实数解的情况，即只有唯一解。

外部收益率 ERR 指标用于评价投资方案经济效果时，其判别准则：若外部收益率 ERR>基准折现率 i_c，则项目可以接受；若外部收益率 ERR<基准折现率 i_c，则项目不可以接受。

外部收益率法用于多个可行建设项目的优选与排序时，其评判准则为：外部收益率越大的建设项目越优。

【例 3-12】某企业为一项工程提供一套大型设备，合同签订后，买方要分两年先预付一部分款项，待设备交货后分两年支付设备价款的其余部分。企业承接该项目预计各年的净现金流量如表 3-11 所示，基准利率 $i_c=10\%$，试用收益率指标评价项目是否可行。

表 3-11 净现金流量表

年份	0	1	2	3	4	5
净现金流量/万元	1900	1000	−5000	−5000	2000	6000

解 根据现金流量，该项目是一个非常规项目，不能采用内部收益率指标 IRR，而只能采用外部收益率 ERR。

$1900\times(1+10\%)^5+1000\times(1+10\%)^4+2000\times(1+10\%)+6000=5000\times(1+ERR)^3+5000\times(1+ERR)^2$，$ERR\approx 10.1\%$，大于基准利率 10%，项目可接受。

相对于内部收益率法来说，外部收益率法具有内部收益率法无法比拟的优点：

a. 对于非常规建设项目，由外部收益率的计算公式可知，其方程不会出现多个正实数解的情况，只有唯一解，这就避免了非常规建设项目存在多个内部收益率的问题，这是外部收益率的一大优点。

b. 外部收益率法中各年现金流出量按外部收益率折现后的终值，等于各年现金流入量按基准收益率再投资后得到的终值，这样就克服了建设项目尚未回收的投资和建设项目回收取得的资金都能获得相同的收益率的弊病。

c. 外部收益率法所用的再投资报酬率是基准收益率，而基准收益率是根据特定的经济环境、资金市场、投资项目以及特定的时期用科学方法进行预测得到的，是使建设项目可行的最低要求，因此外部收益率与实际再投资报酬率更为接近。

d. 由于外部收益率表示建设项目在计算期内按基准收益率将获得的净收益全部用于再投资的收益水平，因而，对于多个可行建设项目的比选，就不必运用内部收益率类似的方法——两差额比较，则可直接采取各建设项目外部收益率的值直接进行优劣排序，从而大大简化了比选过程。

因此，外部收益率不仅比内部的收益率计算简便，而且其计算结果更为客观正确，在投资决策中更能为决策者提供可靠有用的信息。

3.3 项目方案的比较和选择

在工程经济研究中，投资方案评价是在拟定的工程项目方案、投资估算和融资方案的基础上，对工程项目方案计算期内各种有关技术经济因素和方案投入与产出的有关财务、经济资料数据进行调查、分析、预测，对工程项目方案的经济效果进行计算、评价，以便为投资决策提供可靠的选择依据。

人们在生产实践中逐步体会到了工程经济分析的重要性，很多重大工程决策的失误不是科学技术上的原因，而是经济分析上的失算。工程经济分析的作用主要体现在以下几方面。其一是工程项目的方案比较。例如随着人民生活水平不断提高，住宅问题日趋严重，为了既节约土地又解决住宅问题的项目方案有建设高层住宅和低层成片开发两种，究竟采用哪一种方案，除了进行社会、环境等因素分析外，主要通过工程经济分析。首先将所有可能量化的指标均量化，再选定统一的评价准则和分析方法，建立相应的数学模型、最终通过分析与评价，提供选择方案。其二是具体方案的地址、参数选择。仍以住宅方案为例，如果经初步比较选择了高层住宅方案，又可能存在着地址选择问题。有两个方案可供选择，一是在市中心建造，地价高，但交通方便，房屋售价高；二是在市郊建造，地价低，但交通不方便，房屋售价低，显然最终又要通过经济分析与评价的方法才能最后确定选哪一个方案。其三是当工程项目大方案确定后，其主要设施和设备的参数选择、施工方法也要进行方案比较，要通过经济比较才能选出最优的形式和参数。综合而言，建设项目前期研究是在建设项目投资决策前，对项目建设的必要性和项目备选方案的工艺技术、运行条件、环境与社会等方面进行全面的分析论证和评价工作。经济评价是项目前期研究诸多内容中的重要内容和有机组成部分，对于经济评价，决策者也不能只通过一种指标就能判断项目在财务上或经济上是否可行，而应同时考虑多种影响因素和多个目标的选择，并把这些影响和目标相互协调起来，才能实现项目系统优化，进行最终决策。

投资方案的经济分析与评价是针对不同的方案进行的，任何一个严谨的实事求是的决策者，对待所研究的问题必须要列出若干个可能的方案来加以分析、比较，以便选用其中的"最佳方案"。这些不同的方案必须具有可比的同一基础，即这些方案必须：

a. 都能符合国民经济在同一时期和同一地区的发展计划，即可以"互相代替"；

b. 技术上都是现实的、合理的；

c. 在自然资源利用、环境保护和生态平衡等方面部能符合国家的有关规定；

d. 采用的原始资料和计算方法基本上具有一致的精度；

e. 对各项共同的参数、计算期、时段、物价等原始数据应采用同一数值。

对于工程投资建设来说，投入即是工程费用，而产出即是工程效益。对于各种不同的投资决策来说，可以归纳成三种情况：

a. 投入相同，产出各不相同。即各个可能的方案都有相同的生产成本或工程费用但产值或工程效益不同。

b. 产出相同，投入各不相同。即各个可能的技术方案都有相同的产值或工程效益，但生产成本或工程费用不一样。

c. 投入和产出均不相同。即各个可能的技术方案既有不同的生产成本或工程费用，又有不同的产值或工程效益。

评价经济效果的目的，在于进一步提高经济效果，而提高经济效果的目的，又是为了增加更多的社会财富。从这一点出发，经济效果最佳的方案，就应该是能够为国民经济创造最多净产值或净效益的方案。对照上述三种情况，评价方案经济效果的准则应是：

a. 当投入相同产出不相同时，产出最大的方案最好；

b. 当产出相同而投入不相同时，投入最小的方案最好；

c. 当产出与投入均各不相同时，净产出为最大的方案最好。

不同方案的结构类型按照方案群体之间的不同关系可以划分为下面四种类型。

第一种是互斥型投资方案：互斥关系，是指各个方案之间存在着互不相容、互相排斥的关系。在进行比选时，在各个方案中只能选择一个，其余的均必须放弃，不能同时存在，其经济效果的评价不具有相加性。例如，必须过一条河，因此就必须建一座桥。假设可供选择的设计为使用钢材或使用混凝土，这就是互斥型投资，因为仅有一种备选方案将被采纳，修建中采用两种方案是毫无意义的。

第二种是独立型的投资方案：独立关系，是指各个方案的现金流量是独立的不具有相关性，其中任一方案的采用与否与其自己的可行性有关，而与其他方案是否采用没有关系。在进行比选时由于方案之间相互不排斥，即在多方案之间，在条件允许的情况下（如资金条件），可以选择多个有利的方案，即多方案可以同时存在，其经济效果的评价具有相加性。

第三种是相关型的投资方案：相关关系，是指在各个方案之间，某一方案的采用与否会对其他方案的现金流量带来一定的影响，进而影响其他方案的采用或拒绝。相关关系有正相关和负相关，当一个项目方案的执行虽然不排斥其他项目方案，但可以使其效益减少，这时项目方案之间有负相关关系，项目方案之间的比选可以转化为互斥关系；当一个项目方案的执行使其他项目方案的效益增加，这时项目方案之间具有正相关关系，项目方案之间的比选可以采用独立方案比选方法。

第四种是混合型的投资方案：在现实中还存在着大量的在若干个互相独立的方案中每个独立方案又存在若干个互斥方案的问题。例如某部门欲对下属不同产品的生产企业分别进行新建、扩建和更新改造的 A、B、C 三个方案，而新建、扩建和更新改造方案中又存在若干个方案，例如新建方案有 A_1、A_2，扩建方案有 B_1、B_2，更新改造方案有 C_1、C_2、C_3 等互斥方案，但由于资金有限，需要选择能使资金得到充分运用的方案时，就是面临着相关方案的选择问题。混合型方案结构图如图 3-8 和图 3-9 所示。

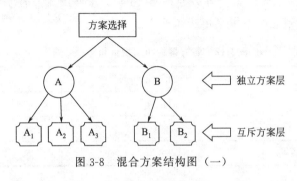

图 3-8　混合方案结构图（一）

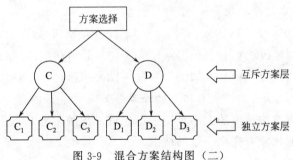

图 3-9　混合方案结构图（二）

一般来说，工程技术人员遇到的问题多为互斥型方案的选择，高层计划部门遇到的问题多为独立型或混合型方案的选择。但不论项目群中的项目是何种关系，项目经济效果评价的宗旨只能有一个：在有限资金条件下，能获得最佳的经济效果。

3.3.1　互斥方案的经济效果评价

在互斥方案评价中由于技术的或经济的原因，接受某一方案就必须放弃其他方案，即在多个方案比选时，至多只能选其中之一，从决策角度来看，这些方案是相互排斥的。

互斥方案的经济效果评价包含了两部分内容：首先由于方案的互斥性，在若干方案中只能选择一个方案实施，由于每一个方案都具有同等可供选择的机会，为使资金发挥最大的效益，当然希望所选出的这一个方案是若干备选方案中经济性最优的，为此就需要进行方案间相对经济效果评价，也就是任一方案都必须与其他所有方案进行比较；其次某方案相对最优并不能证明该方案在经济上一定是可行的，可接受的，并不能排除"矮中拔高"的情况（即从若干都不可行的方案中选较优者），必须考察各个方案自身的经济效果，即进行绝对效果检验。两种检验的目的和作用不同，通常缺一不可，以确保所选方案不但可行而且最优。

互斥方案的比较选择方法有：净现值法、净年值法、费用现值（费用年值）法和差额内部收益率法等。

(1) 互斥方案计算期相同时方案经济效果评价

① 净现值（NPV）法 对互斥方案评价，首先分别计算各个方案的净现值，剔除 $NPV<0$ 的方案，即进行方案的绝对效果检验；然后对所有 $NPV \geqslant 0$ 的方案的净现值进行比较，选择净现值最大的方案为最佳方案。此为净现值评价互斥方案的判断准则，即净现值大于或等于零且为最大的方案是最优可行方案。

【例 3-13】 有 3 个互斥方案，寿命期均为 10 年，$i_c=10\%$，各方案的初始投资和年净收益如表 3-12 所示，试在 3 个方案中选择最优方案。

表 3-12 各方案的初始投资和年净收益

方案	初始投资/万元	年净收益/万元
A	49	10
B	60	12
C	70	13

解 分别计算各方案的净现值

$NPV_A=-49+10\times(P/A,10\%,10)=-49+10\times6.1446=12.446(万元)$

$NPV_B=-60+12\times(P/A,10\%,10)=-60+12\times6.1446=13.735(万元)$

$NPV_C=-70+13\times(P/A,10\%,10)=-70+13\times6.1446=9.880(万元)$

3 个方案的净现值均大于 0，且 B 方案的净现值最大，即 B 方案为最优。

很容易证明，按方案净现值的大小直接进行比较，与两两方案差额进行相对效果检验，即按增量投资净现值的比较有完全一致的结论。

$$NPV=\sum_{t=0}^{n}(CI-CO)_t(1+i_c)^{-t}=\sum_{t=0}^{n}A_t(P/A,i_c,t)$$

$$NPV_{(2-1)}=\sum_{t=0}^{n}(A_{2t}-A_{1t})(P/A,i_c,t)=\sum_{t=0}^{n}A_{2t}(P/A,i_c,t)-\sum_{t=0}^{n}A_{1t}(P/A,i_c,t)$$
$$=NPV(2)-NPV(1)$$

$$NPV_{(2-1)}=NPV(2)-NPV(1)$$

当目标是净现值最大时，如果 $NPV(2) \geqslant NPV(1)$，则 $NPV_{(2-1)}$ 一定是正的。由此可见，两者结论是一致的。但直接用净现值的大小进行比较更为方便。

② 净年值（NAV）法 对互斥方案评价，首先分别计算各个方案的净年值，或分别计算各个方案的净现值，再折算出净年值，剔除 $NAV<0$ 的方案，即进行方案的绝对效果检验；然后对所有 $NAV \geqslant 0$ 的方案的净现值进行比较，选择净年值最大的方案为最佳方案。此为净年值评价互斥方案的判断准则，即净年值大于或等于零且为最大的方案是最优可行方案。

【例 3-14】 方案 A、B 是互斥方案，其各年的现金流量如表 3-13 所示，当基准收益率为 10% 时，试用 NAV 法进行方案选择（方案寿命均为 10 年）。

表 3-13 各年的现金流量

方案	初始投资/万元	年净收益/万元
A	500	90
B	300	56

解 分别计算方案 A、B 的净年值

$NAV_A = -500 \times (A/P, 10\%, 10) + 90 = 8.65$（万元）

$NAV_B = -300 \times (A/P, 10\%, 10) + 56 = 7.19$（万元）

$NAV_A > NAV_B$ 而且均大于零，所以 A 方案为优。

由于方案年值与净现值之间的关系为：$NAV = NPV(A/P, i_c, n)$，对寿命期相同的互斥方案 $(A/P, i_c, n)$ 为常数，因此用 NPV 法和 NAV 法比较互斥方案结论是一致的。

③ 费用现值（PC）法和费用年值（AC）法　在工程经济分析中，对方案所产生的效果相同（或基本相同），但效果无法或很难用货币直接计量的互斥方案进行比较时，常用费用现值 PC 或费用年值 AC 比较替代净现值进行评价。为此，首先计算各个被选方案的费用现值 PC 或费用年值 AC，然后进行对比，以费用现值（费用年值）较低的方案为最优或以费用年值较低的方案为优。

【例 3-15】 某工厂需购买一台设备，现市场上有两种不同型号、功能相同的设备可供选择，经济数据如表 3-14 所示。若基准收益率为 15%，试对两设备的经济性进行比较。

表 3-14 两种设备的经济数据

设备	价格/元	年运转费用/元		第六年末残值/元
		前三年	后三年	
A	1000	500	600	400
B	750	600	600	0

解 用费用现值进行比较

$PC_A = 1000 + 500 \times (P/A, 15\%, 3) + 600 \times (P/A, 15\%, 3) \times (P/F, 15\%, 3)$
$\quad\quad - 400 \times (P/F, 15\%, 6) = 2869.36$(元)

$PC_B = 750 + 600 \times (P/A, 15\%, 6) = 3020.55$(元)

或用费用年值进行比较

$AC_A = 2869.36(A/P, 15\%, 6) = 758.2$(元)

$AC_B = 750(A/P, 15\%, 6) + 600 = 798.18$(元)

经上面的分析计算，由于设备 A 的费用现值（或费用年值）小于设备 B 的费用现值（或费用年值），所以，设备 A 优于设备 B。

④ 差额内部收益率（ΔIRR）法　内部收益率（IRR）对互斥方案评价，不能直接按各互斥方案的内部收益率的高低来选择方案，因为内部收益率不是项目初始投资的收益率，而且内部收益率受现金流量分布的影响很大，净现值相同的两个分布状态不同的现金流量，会得出不同的内部收益率。因此，直接按各互斥方案的内部收益率的高低来选择方案并不一定能选出净现值（基准收益率下）最大的方案。实际上，投资额不等的互斥方案比选的实质是判断差额投资（或称增量投资）的经济性，即投资大的方案相对于投资小的方案多投入的资金能否带来满意的增量收益。显然，若差额投资能够带来满意的增量收益，则投资额大的方

案优于投资额小的方案，若差额投资不能带来满意的增量收益，则投资额小的方案优于投资额大的方案。

【例 3-16】 现有两互斥方案，其净现金流量如表 3-15 所示，设基准收益为 10%，试用净现值和内部收益率评价方案。

表 3-15　两互斥方案的净现金流量

方　案	净现金流量/万元				
	0	1	2	3	4
A	−700	100	200	600	400
B	−400	100	100	300	300

解　① 净现值 NPV 计算

$$NPV_A = -700 + 100 \times (P/F, 10\%, 1) + 200 \times (P/F, 10\%, 2) + 600$$
$$+ 400 \times (P/F, 10\%, 4) = 280.17 (万元)$$
$$NPV_B = -400 + 100 \times (P/F, 10\%, 1) + 100 \times (P/F, 10\%, 2) + 300 \times (P/F, 10\%, 3)$$
$$+ 300 \times (P/F, 10\%, 3) = 203.84 (万元)$$

② 内部收益率 IRR 计算

由 $NPV(IRR_A) = 0$　解得 $IRR_A = 23.67\%$

由 $NPV(IRR_B) = 0$　解得 $IRR_B = 27.29\%$

从以上情况可知，A 方案的内部收益率低，净现值高；而 B 方案则内部收益率高，净现值低。从计算结果可看出，$IRR_A < IRR_B$，如果以内部收益率的大小为评价准则，B 方案优于 A 方案；而以净现值为评价准则，基准收益率为 $i_c = 10\%$ 时，$NPV_A > NPV_B$，A 方案优于 B 方案。

【例 3-16】中两种评价方案相互矛盾，到底哪个指标作评价准则得出的结论正确呢？由净现值的经济涵义可知，净现值最大准则因符合收益最大化的决策准则，故是正确的。因此，我们要确定的互斥方案的内部收益率评价准则，应与净现值最大化原则相一致才是正确的。若用内部收益率，就不能仅看方案自身内部收益率是否最大，而且还要看其他条件，这就是要看 A 方案比 B 方案多花的投资的内部收益率（即差额内部收益率 ΔIRR）是否大于基准收益率 i_c，若 $\Delta IRR > i_c$，投资大的 A 方案为优方案；若 $\Delta IRR < i_c$，则投资小的 B 方案为优方案。

差额内部收益率 ΔIRR 是指使得两个互斥方案形成的差额现金流量的差额净现值等于零时的折现率，又称为增额投资收益率。

设两个互斥方案 j 和 k，寿命期均为 n，第 t 年的净现金流量分别为 C_t^j，C_t^k，则差额内部收益率 ΔIRR_{k-j} 的表达式为：

$$\sum_{t=0}^{n} (C_t^k - C_t^j)(1 + \Delta IRR_{k-j})^{-t} = 0$$

从上式可看出，差额内部收益率就是 $NPV_k = NPV_j$ 时的折现率，进一步可以认为差额内部收益率是两方案等额年金相等的折现率。

应用内部收益率 IRR 评价互斥方案经济效果的基本步骤如下所述。

a. 计算各个被选方案的 IRR_j，分别与基准收益率 i_c 比较，IRR_j 小于 i_c 的方案，即予淘汰。

b. 将 $IRR_i \geqslant i_c$ 的方案按初始投资额由小到大依次排列。依次用初始投资大的方案的现金流量减去初始投资小的方案的现金流量，所形成的差额投资方案的现金流量的常规投资的形式，处理起来较为方便。

c. 按初始投资由小到大依次计算相邻两个方案的差额投资内部收益率 ΔIRR，若 $\Delta IRR > i_c$，则说明初始投资大的方案优于初始投资小的方案，保留投资大的方案；反之，则保留投资小的方案。直至全部方案比较完毕，保留的方案就是最优方案。

【例 3-17】 某两个能满足相同需要的互斥方案 A 与方案 B 的费用现金流量如表 3-16 所示，两方案的寿命期均为 15 年。试用差额内部收益率在两个方案之间做出选择（$i_0 = 10\%$）。

表 3-16 互斥方案 A、方案 B 的费用现金流量

方案	初始投资/万元	费用/万元
A	200	23.36
B	300	13.10
差额费用现金流量(B−A)	100	−10.26

解 投资差额（B−A）为 $300 - 200 = 100$（万元）
年费用差额（B−A）为 $13.10 - 23.36 = -10.26$（万元）
则可求解差额投资收益率 $100 - 10.26 \times (P/A, \Delta IRR, 15) = 0$
解得 $\Delta IRR = 5.95\% < 10\%$，可判断投资小的方案优于投资大的方案。
应选择 A 方案。

(2) 寿命期不同的互斥方案经济效果的评价

以上所讨论的都是对比方案的寿命期相同的情形。然而，现实中很多方案的寿命期往往是不同的。这时必须对寿命计算期做出某种假定，使寿命期不等的互斥方案能在一个共同的计算期基础上进行比较，以保证得到合理的结论。备选方案的计算期不同时，宜采用净年值法和费用年值法；如果采用净现值法和差额内部收益率法，可将各方案计算期的最小公倍数作为比较方案的计算期，或者确定通过研究分析直接选取一个适当的计算期（一般选取诸方案中最短的计算期）作为比较各个方案共同的计算期。

① 净年值（NAV）法 用净年值进行寿命不等的互斥方案经济效果评价，实际上隐含着这样一种假定：各备选方案在其寿命结束时均可按原方案重复实施或以与原方案经济效果水平相同的方案继续。净年值是以"年"为时间单位比较各方案的经济效果，一个方案无论重复实施多少次，其净年值是不变的，从而使寿命不等的互斥方案间具有可比性，故净年值更适用于评价具有不同计算期的互斥方案的经济效果。对各备选方案净现金流量的净年值（NAV）进行比较，以 $NAV \geqslant 0$ 且 NAV 最大者为最优方案。

在对寿命不等的互斥方案进行比选时，净年值是最为简便的方法，它比内部收益率 IRR 在方案评价时更为简便。同时，用等值年金，可不考虑计算期的不同，故它也较净现值 NPV 简便，当参加比选的方案数目众多时，尤其是这样。

【例 3-18】 互斥方案 A、B 具有相同的产出，方案 A 寿命期 $n_1 = 10$ 年，方案 B 寿命期 $n_2 = 15$ 年。两方案的费用现金流量如表 3-17 所示，基准收益率为 10%，单位为万元，试进行方案选择。

表 3-17 两方案的费用现金流量 单位：万元

方案	第 0 年费用	第 1 年费用	第 2～10 年费用	第 11～15 年费用
A	100	100	60	—
B	100	140	40	40

解 $AC_A = [100 + 100 \times (P/F, 10\%, 1) + 60 \times (P/A, 10\%, 9) \times (P/F, 10\%, 1)] \times (A/P, 10\%, 10)$
$= 82.2 (万元)$
$AC_B = [100 + 140 \times (P/F, 10\%, 1) + 40 \times (P/A, 10\%, 14) \times (P/F, 10\%, 1)] \times (A/P, 10\%, 15)$
$= 65.1 (万元)$

由于 $AC_A > AC_B$，B 方案优于 A 方案，应选择 B 方案。

② 最小公倍数法（又称方案重复法） 最小公倍数法是以各备选方案计算期的最小公倍数作为方案比选的共同计算期，并假设各个方案均在这样一个共同的计算期内重复进行，即各备选方案在其计算期结束后，均可按与其原方案计算期内完全相同的现金流量系列周而复始地循环下去直到共同的计算期。在此基础上计算出各个方案的净现值（费用现值），以净现值最大（费用现值最小）的方案为最佳方案。

【例 3-19】 有 A、B 两个互斥方案，A 方案的寿命期为 4 年，B 方案的寿命期为 6 年，其现金流量如表 3-18 所示，基准收益率为 10%，单位为万元，试进行方案选择。

表 3-18 两方案的现金流量 单位：万元

年末	0	1	2	3	4	5	6
A 方案	−5000	3000	3000	3000	3000	—	—
B 方案	−4000	2000	2000	2000	2000	2000	2000

解 根据重复型更新假设理论，将 A、B 方案的寿命延长到最小公倍数寿命期 12 年，现金流量也周期重复变化，即 A 方案重复更新 2 次，延长至 3 个寿命期；B 方案重复更新 1 次，延长至 2 个寿命期。

A、B 方案重复更新后的现金流量如表 3-19 所示。

表 3-19 A、B 方案重复更新后的现金流量 单位：万元

年末	0	1	2	3	4	5	6	7	8	9	10	11	12
A 方案	−5000	3000	3000	3000	3000 −5000	3000	3000	3000	3000 −5000	3000	3000	3000	3000
B 方案	−4000	2000	2000	2000	2000	2000	2000 −4000	2000	2000	2000	2000	2000	2000

$NPV_A = -5000 - 5000 \times (P/F, 10\%, 4) - 5000 \times (P/F, 10\%, 8) + 3000 \times (P/A, 10\%, 12) = 9693.15 (万元)$

$NPV_B = -4000 - 4000 \times (P/F, 10\%, 6) + 2000 \times (P/A, 10\%, 12) = 7369.28 (万元)$

由于 NPV_A 和 NPV_B 均大于零且 NPV_A 大于 NPV_B，故 A 方案为优。

【例 3-20】 某公司拟从现有两种施工机械中选择一种用于施工，利率为 15%，现有设

备的数据如表 3-20 所示,试比较选择采用何种机械?

表 3-20 现有设备的数据　　　　　　　　　　　　单位:万元

设备	投资	年现金流入	年经营费	残值	经济寿命
A	11000	7000	3500	1000	6
B	18000	7000	3100	2000	9

解 ① 用 NPV 法:因 A、B 的经济寿命不同,研究期可取最小公倍数,即 18 年来作比较,其现金流量图见图 3-10。

A 的净收入 = 7000 − 3500 = 3500(万元)　　B 的净收入 = 7000 − 3100 = 3900(万元)

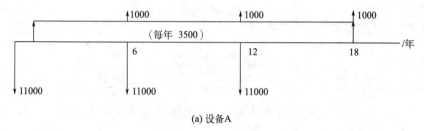

(a) 设备 A

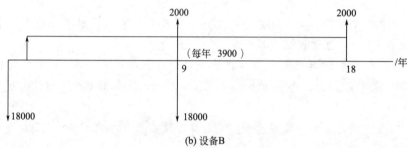

(b) 设备 B

图 3-10　现有设备 A、B 的现金流量图(单位:万元)

$NPV_A = 3500 \times (P/A, 15\%, 18) + 1000 \times (A/F, 15\%, 6) \times (P/A, 15\%, 18) - 11000$
$\qquad - 11000 \times (A/F, 15\%, 6) \times (P/A, 15\%, 12) = 4338.46 (万元)$

$NPV_B = 3900 \times (P/A, 15\%, 18) + 2000 \times (A/F, 15\%, 9) \times (P/A, 15\%, 18) - 18000$
$\qquad - 18000 \times (P/F, 15\%, 9) = 1512.26 (万元)$

因 $NPV_A > NPV_B$,方案 A 比方案 B 优。

② 用 NAV 法:

$NAV_A = 3500 + 1000 \times (A/F, 15\%, 6) - 11000 \times (A/P, 15\%, 6) = 707.63 (万元)$

$NAV_B = 3900 + 2000 \times (A/F, 15\%, 9) - 18000 \times (A/P, 15\%, 9) = 246.82 (万元)$

因 $NAV_A > NAV_B$,方案 A 比方案 B 优。

③ 研究期法　利用最小公倍数法有效地解决了寿命不等的方案之间净现值的可比性问题,但这种方法所依赖的方案可重复实施的假定不是在任何情况下都适用的。对于某些不可再生资源开发型项目,在进行计算期不等的互斥方案比选时,方案可重复实施的假定不再成立,这种情况下就不能用最小公倍数法确定寿命期。有的时候最小公倍数法求出的计算期过长,甚至远远超过所需的项目寿命期或计算期的上限,这就降低了所计算方案经济效果指标的可靠性和真实性,故也不适合用最小公倍数法,处理这一问题可行的办法是研究期法。研究期的选择视具体情况而定,主要有下面三种:

a. 以寿命最短方案的寿命为各方案共同的服务年限，令寿命较长方案在共同服务年限末保留一定的残值；这种选择目前应用最广。

b. 以寿命最长方案的寿命为各方案共同的服务年限，令寿命较短方案在寿命终止时，以同种固定资产或其他新型固定资产进行更替，直至达到共同服务年限为止，期末可能尚存一定的残值。

c. 统一规定方案的计划服务年限，计划服务年限不一定同于各方案的寿命。在达到计划服务年限前，有的方案或许需要进行固定资产更替；服务期满时，有的方案可能存在残值。

【例 3-21】 有 A、B 两个互斥方案，A 方案的寿命期为 4 年，B 方案的寿命期为 6 年，其现金流量如表 3-21 所示，基准收益率为 10%，单位为万元。

表 3-21 两互斥方案的现金流量   单位：万元

年末	0	1	2	3	4	5	6
A 方案	−5000	3000	3000	3000	3000	—	—
B 方案	−4000	2000	2000	2000	2000	2000	2000

问题：① 以 A 方案的寿命期 4 年为研究期，B 方案在第 4 年末残值为 1500 万元，试选择方案；

② 以 B 方案的寿命期 6 年为研究期，A 方案在第 6 年末以同种固定资产更替，更替后第 2 年末的残值为 3500 万元，试选择方案；

③ 取计划服务年限 10 年为研究期，在达到计划服务年限前，A、B 方案均按同种固定资产进行更替，服务期满时，A 方案残值为 3500 万元，B 方案残值为 1500 万元，试选择方案。

解 ① 以 A 方案的寿命期 4 年为研究期，B 方案在第 4 年末残值为 1500 万元，现金流量如表 3-22 所示。

表 3-22 现今流量   单位：万元

年末	0	1	2	3	4
A 方案	−5000	3000	3000	3000	3000
B 方案	−4000	2000	2000	2000	2000 +1500（残值）

$NPV_A = -5000 + 3000 \times (P/A, 10\%, 4) = 4506.7$（万元）

$NPV_B = -4000 + 2000 \times (P/A, 10\%, 4) + 1500(P/F, 10\%, 4) = 3364.1$（万元）

NPV_A 大于 NPV_B，故 A 方案优。

② 以 B 方案的寿命期 6 年为研究期，A 方案在第 6 年末以同种固定资产更替，更替后第 2 年末的残值为 3500 万元，现金流量如表 3-23 所示。

表 3-23 两方案的现金流量

年末	0	1	2	3	4	5	6
A 方案	−5000	3000	3000	3000	3000 −5000	3000	3000 +3500（残值）
B 方案	−4000	2000	2000	2000	2000	2000	2000

$$NPV_A = -5000 - 5000 \times (P/F, 10\%, 4) + 3000 \times (P/A, 10\%, 6) + 3500 \times (P/F, 10\%, 6)$$
$$= 6626.65(万元)$$
$$NPV_B = -4000 + 2000 \times (P/A, 10\%, 6) = 4710.6(万元)$$

NPV_A 大于 NPV_B，故 A 方案优。

③ 取计划服务年限 10 年为研究期，在达到计划服务年限前，A、B 方案均按同种固定资产进行更替，服务期满时，A 方案残值为 3500 万元，B 方案残值为 1500 万元，现金流量如表 3-24 所示。

表 3-24　两方案的现金流量

年末	0	1	2	3	4	5	6	7	8	9	10
A 方案	−5000	3000	3000	3000	3000 −5000	3000	3000	3000	3000 −5000	3000	3000 +3500
B 方案	−4000	2000	2000	2000	2000	2000	2000 −4000	2000	2000	20000	2000 +1500

$$NPV_A = -5000 - 5000 \times (P/F, 10\%, 4) - 5000 \times (P/F, 10\%, 8)$$
$$+ 3000 \times (P/A, 10\%, 10) + 3500 \times (P/F, 10\%, 10)$$
$$= 9035.55(万元)$$
$$NPV_B = -4000 - 4000 \times (P/F, 10\%, 6) + 2000 \times (P/A, 10\%, 10) + 1500 \times (P/F, 10\%, 10)$$
$$= 6609.45(万元)$$

NPV_A 大于 NPV_B，故 A 方案优。

(3) 寿命期无限的互斥方案经济效果的评价

在实践中，经常会遇到具有很长服务期（一般寿命大于 50 年）的工程方案，如铁路、桥梁、运河、大坝、机场等一些公共事业工程项目方案，可以通过大修或反复更新使其寿命延长至很长的年限直到无限。一般而言，经济分析对遥远未来的现金流量是不敏感的，对于服务期很长的工程方案，均可以近似地当作具有无限服务寿命期来处理。

按资金等值原理，已知

$$P = A \times \frac{(1+i)^n - 1}{i(1+i)^n} = A \times \frac{1}{i}\left[1 - \frac{1}{(1+i)^n}\right]$$

其中 i 为具有实际经济意义的利率（即 $i > 0$），当 $n \to \infty$ 时：

$$P = \lim_{n \to \infty}\left\{A \times \frac{1}{i} \times \left[1 - \frac{1}{(1+i)^n}\right]\right\} = \frac{A}{i}\lim_{n \to \infty}\left[1 - \frac{1}{(1+i)^n}\right] = \frac{A}{i} \quad 或 \quad A = Pi$$

即寿命期无限的互斥方案经济效果的评价可以采用净现值（费用现值）比较，也可以采用净年值（费用年值）比较。

【例 3-22】 为修建某桥，有两处可以选点，选点 A 时需建吊桥，投资 3000 万元，建桥购地 80 万元，年维护费 1.5 万元，桥面每十年翻修一次 5 万元；选点 B 时，可建桁架桥，投资 1200 万元，年维护费 8000 元，桥面每三年粉刷一次 1 万元，每 10 年翻新一次 4.5 万元，购地用款 1030 万元。若利率为 10%，寿命期无限，试比较何者优。

解　方案 A 的现金流量见图 3-11。

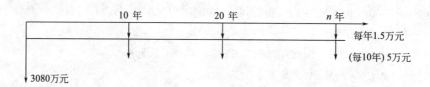

图 3-11 方案 A 的现金流量

方案 B 的现金流量见图 3-12。

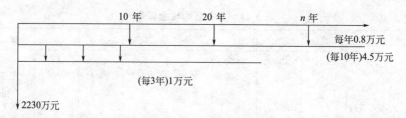

图 3-12 方案 B 的现金流量

① 方法 1：采用费用年值

方案 A 年度费用 $AC_A = 1.5 + 5 \times (A/F, 10\%, 10) + 3080 \times (A/P, 10\%, n)$
$= 1.5 + 5 \times 0.0627 + 3080 \times 10\% = 309.8$（万元）

方案 B 年度费用 $AC_B = 0.8 + 1 \times (A/F, 10\%, 3) + 4.5 \times (A/F, 10\%, 10)$
$+ 2230 \times (A/P, 10\%, n)$
$= 0.8 + 1 \times 0.3021 + 4.5 \times 0.0627 + 2230 \times 10\% = 224.38$（万元）

方案 B 年度费用小于方案 A 年度费用，故方案 B 比方案 A 优。

② 方法 2：采用费用现值

方案 A 费用现值 $PC_A = 3080 + [1.5 + 5 \times (A/F, 10\%, 10)] \div 10\%$
$= 3080 + (1.5 + 5 \times 0.0627) \div 10\% = 3098$（万元）

方案 B 费用现值 $PC_B = 2230 + [0.8 + 1 \times (A/F, 10\%, 3) + 4.5 \times (A/F, 10\%, 10)] \div 10\%$
$= 2230 + (0.8 + 1 \times 0.3021 + 4.5 \times 0.0627) \div 10\% = 2243.8$（万元）

方案 B 年费用现值小于方案 A 费用现值，故方案 B 比方案 A 优。

3.3.2 独立方案的经济效果评价

一般独立方案选择有两种情况：即无资源限制的情况和有资源限制的情况。

（1）无资源限制的情况

如果独立方案之间共享的资源（通常为资金）足够充裕，资源（资金）不受约束，不论是单一方案还是多方案，其采用与否，只取决于方案自身的经济性，即只需检验它们是否能够通过净现值、净年值或内部收益率指标的评价标准。凡通过绝对经济效果检验的方案，说明方案可行，就可采纳并实施，否则予以拒绝。

（2）有资源限制的情况

如果独立方案之间共享的资源（通常为资金）是有限的，不能满足所有方案的需要，要以资源为制约条件来选择最佳方案组合，即形成所谓的资源约束条件下的定量分配问题。因此有资源限制的情况下,独立方案的选择有两种方法:一是独立方案互斥化法(或称方案组合法),二是内部收益率指标排序法。

① 独立方案互斥化法(方案组合法) 独立方案互斥化法的原理是:列出独立方案所有可能的组合(经济可行的单方案及其排列组合的方案),每个组合形成一个组合方案(其现金流量为被组合方案现金流量的叠加),由于是所有可能的组合,故最终的选择只可能是其中一种组合,因此所有可能的组合方案形成互斥关系,按互斥型方案的选择原则选出最优组合方案。

【例 3-23】 现有 A、B、C 三个独立方案,寿命期为 5 年,A 方案初始投资 1100 万元,年净收入 500 万元;B 方案初始投资 2300 万元,年净收入 1000 万元;C 方案初始投资 3500 万元,年净收入 1200 万元。投资限额为 5000 万元,若基准折现率为 10%,用净现值指标选择最优方案。

解 ① 列出所有可能的方案组合,其具体构成及相应数值见表 3-25。

表 3-25 所有可能的方案组合的具体构成及相应数值   单位:万元

方案组合序号	组合状态	初始投资	年净收益	备注
1	A	−1100	500	
2	B	−2300	1000	
3	C	−3500	1200	
4	A+B	−3400	1500	
5	A+C	−4600	1700	
6	B+C	−5800	2200	不符合资金条件
7	A+B+C	−6900	2700	不符合资金条件

由于投资限额为 5000 万元,故第 6、7 个方案组合不符。

② 计算各组合方案的净现值:

$NPV_1 = -1100 + 500 \times (P/A, 10\%, 5) = -1100 + 500 \times 3.7908 = 795.40(万元)$

$NPV_2 = -2300 + 1000 \times (P/A, 10\%, 5) = -2300 + 1000 \times 3.7908 = 1490.80(万元)$

$NPV_3 = -3500 + 1200 \times (P/A, 10\%, 5) = -3500 + 1200 \times 3.7908 = 1048.96(万元)$

$NPV_4 = -3400 + 1500 \times (P/A, 10\%, 5) = -3400 + 1500 \times 3.7908 = 2286.20(万元)$

$NPV_5 = -4600 + 1700 \times (P/A, 10\%, 5) = -4600 + 1700 \times 3.7908 = 1844.36(万元)$

按净现值最大原则:第 4 组合最优,即选择实施 A 和 B 方案。

② 内部收益率指标排序法 内部收益率指标排序法又称双向排序均衡法,其特点是用 IRR 作为效率指标进行排序,以简化独立项目的比选,其具体步骤:

a. 计算各方案的内部收益率;

b. 按内部收益率从大到小的顺序排列,将它们以直方图的形式绘制在以投资为横轴、内部收益率为纵轴的坐标图上,并标明基准收益率和投资限额;

c. 根据坐标图排除基准收益率以下和投资限额以外的方案,确定所选方案。

【例 3-24】 现有 A、B、C、D、E、F 六个独立项目方案,寿命期均为 6 年,初始投资及年净收益见表 3-26。

表 3-26　各方案的初始投资及年净收益

项目方案	A	B	C	D	E	F
初始投资/万元	60	55	45	80	75	70
年净收益/万元	18	11.9	15.2	21.7	28.3	17

问题：①若基准收益率为15%，可投资最大资金为300万元，可选择哪些项目？

②若投资在100万元之内，基准收益率i_c为10%，投资每超出100万元，基准收益率i_c增加4个百分点，此时如何选择方案。

解　计算各方案的内部收益率IRR

A方案内部收益率IRR_A：由$60=18\times(P/A, IRR_A, 6)$得$(P/A, IRR_A, 6)=3.333$，查复利表$IRR_A\approx 20\%$；

B方案内部收益率IRR_B：由$55=11.9\times(P/A, IRR_B, 6)$得$(P/A, IRR_B, 6)=4.622$，查复利表$IRR_B\approx 8\%$；

C方案内部收益率IRR_C：由$45=15.4\times(P/A, IRR_C, 6)$得$(P/A, IRR_C, 6)=2.922$，查复利表$IRR_C\approx 25\%$；

D方案内部收益率IRR_D：由$80=21.7\times(P/A, IRR_D, 6)$得$(P/A, IRR_D, 6)=3.687$，查复利表$IRR_D\approx 16\%$；

E方案内部收益率IRR_E：由$75=28.3\times(P/A, IRR_E, 6)$得$(P/A, IRR_E, 6)=2.650$，查复利表$IRR_E\approx 30\%$；

F方案内部收益率IRR_F：由$70=17\times(P/A, IRR_F, 6)$得$(P/A, IRR_F, 6)=4.118$，查复利表$IRR_F\approx 12\%$。

按内部收益率从大到小的顺序排列，即按ECADFB排列，将它们以直方图的形式绘制在以投资为横轴、内部收益率为纵轴的坐标图上，并标明基准收益率和投资限额，如图3-13所示。

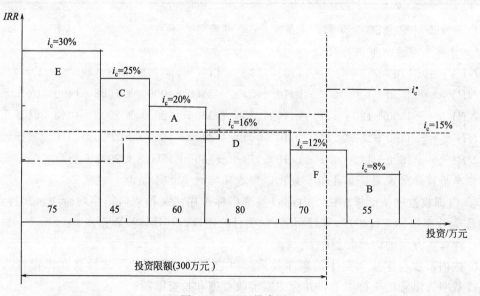

图3-13　IRR排序图

① 若基准收益率为15%，可投资最大资金为300万元，根据图3-13可以判断，可以选择E、C、A、D方案。

② 若投资在 100 万元之内，基准收益率 i_c 为 10%，投资每超出 100 万元，基准收益率 i_c 增加 4 个百分点，根据图 3-13，可以绘制一条可变的基准收益率线 i_c^*（图中点画线），即可判断选择 E、C、A 方案。

应当注意的是，用内部收益率指标排序来评选独立方案，并不一定能保证获得最佳组合方案，只有当入选各方案正好分配完总投资或占总投资比例很小时，才能保证获得最佳组合方案。

复习思考题

1. 简述项目经济评价指标体系的分类。
2. 简述工程项目财务评价的指标与方法。
3. 工程项目的财务评价与国民经济评价有何区别？
4. 当多个项目方案比较时能否直接利用内部收益率指标？为什么？
5. 有一个企业面临两个方案 A、B，寿命均为 5 年，初始投资均为 10 万元，且实现的利润总数也相等，但每年数字不同，如表 3-27 所示。

表 3-27 两方案相关数据　　　　　　　　　　　　　　　单位：万元

年末	0	1	2	3	4	5
A方案	−100000	50000	40000	30000	20000	10000
B方案	−100000	10000	20000	30000	40000	50000

如果其他条件相同，试判断①选择哪个方案？②为什么？基于什么原理？

6. 某项目初始投资为 8000 万元，在第一年末现金流入 2000 万元，第二年末现金流入 3000 万元，第三、第四年末的现金流入均为 4000 万元，试计算项目的净现值、净年值、内部收益率、动态投资回收期（$i=10\%$）。

7. 某项目建设期一年，达产期二年，正常营运期十年，项目资金筹措及安排计划如表 3-28 所示（单位：万元），长期借款利率 10%，短期借款利率 6%，销售税金及附加 10%；长期借款投产后 5 年内按等额本金偿还，短期借款主要用于偿还长期借款利本金，其利息计入当年，本金部分于下年偿还；预计项目形成固定资产 580 万元，其余形成无形资产，固定资产残率 5%，折旧年限 12 年，无形资产摊销年限 5 年。

表 3-28 某项目资金筹措及安排计划　　　　　　　　　　　　单位：万元

序号	项目		1	2	3	4	5~13
1	建设资金	自有资金	100				
		贷款	500				
2	流动资金	自有资金		160			
		贷款			120	120	
3	短期借款			50	30		
4	销售收入			1700	3100	4500	4500
5	经营成本			1400	2200	3000	3000

问题：①计算固定资产折旧费和无形资产摊销费；②编制总成本费用表、还本付息表；③编制自有资金现金流量表；④计算投资回收期、净现值，并判别项目可行性？

8. 现 3 个独立方案已通过初步评选，表 3-29 给出了 3 个独立方案的现金流量。

表 3-29 3 个独立方案的现金流量

方案	初始投资/万元	年末净现金流量/万元			
		1	2	3	4
A	170	100	80	60	40
B	222	40	70	100	130
C	207	80	80	80	80

问题：①如果对所有方案来说，资金都无限的，但要求收益率高于或等于 20%，则应选哪些方案？②若基准收益率为 15%，要求年收益至少 140 万元，则应选哪些方案？

9. 某项目拟建一储水设施，有两个可选方案。方案 A 是在场内建一水塔，造价 102 万元，年运营费 2 万元，每隔 10 年大修一次的费用 10 万元；方案 B 是在场外附近的小山上建一储水池，造价 83 万元，年运营费 2 万元，每隔 8 年大修一次的费用 10 万元，另外还需购置一附加设备，购置费 9.5 万元，寿命为 20 年，残值 0.5 万元，年运行费 1 万元。基准收益率为 7%。

问题：①储水设施计划使用 40 年，任何方案在寿命期末均无残值，应选哪个方案？②若永久地使用储水设施，应选哪个方案？

10. 考虑 6 个互斥的方案，表 3-30 是按初始费用从小到大的顺序排列的，表中给出了各方案的内部收益率和方案之间的差额内部收益率，所有方案都具有同样的寿命期和其他条件。

表 3-30 6 个方案的差额内部收益率

方案	IRR	差额内部收益率				
		A	B	C	D	E
A	1%					
B	8%	21%				
C	11%	15%	12%			
D	15%	22%	19%	17%		
E	13%	19%	16%	15%	9%	
F	14%	21%	18%	16%	14%	21%

问题：①基准收益率设定为何值时，才能保证选择方案 D 是正确的？②如果有足够的资金，基准利率为 15%，应如何选择方案？为什么？

第 4 章 建设项目的不确定性分析

在进行工程项目决策之前，工程经济分析人员在占有一定信息资料的基础上，对影响投资经济效果的各技术经济变量进行技术经济预测、分析与判断，以此作为投资决策的依据。但是，各方案技术经济变量（如投资、成本、产量、价格等），受政治、文化、社会、经济环境、资源与市场条件、技术发展情况等因素的影响，而这些因素是随着时间、地点、条件改变而不断变化的，这些不确定性因素在未来的变化就构成了项目决策过程的不确定性。同时，项目经济评价所采用的数据一般都带有不确定性，加上主观预测能力的局限性，对这些技术经济变量的估算与预测不可避免地会有误差，从而使投资方案经济效果的预测值与实际值可能会出现偏差。这种情况统称为工程项目的风险与不确定性。

不确定性分析是项目经济评价中的一个重要内容，作为工程项目财务分析与国民经济分析的必要补充，因为项目经济评价都是以一些确定的数据为基础的。但事实上，对项目经济效果的评价通常都是对项目未来经济效果的计算，一个拟建项目的所有未来结果都是未知的。因为计算中所使用的数据大都是预测或估计值，而不论用什么方法预测或估计，都会包含有许多不确定性因素，可以说不确定性是所有项目固有的内在特性，只是对不同的项目，这种不确定性的程度有大有小。

产生不确定性因素的原因很多，一般情况下，产生不确定性的主要原因如下：

a. 所依据的基本数据的不足或者统计偏差；
b. 预测方法的局限，预测的假设不准确；
c. 未来经济形势的变化，如通货膨胀、市场供求结构的变化；
d. 技术进步，如生产工艺或技术的发展和变化；
e. 无法以定量来表示的定性因素的影响；
f. 其他外部影响因素，如政府政策的变化，新的法律、法规的颁布，国际政治经济形势的变化等，均会对项目的经济效果产生一定的甚至是难以预料的影响。

由于上述种种原因，项目经济效果计算和评价所使用的计算参数，诸如投资、产量、价格、成本、利率、汇率、收益、建设期限、经济寿命等，总是带有一定程度的不确定性。不确定性的直接后果是使项目经济效果的实际值与评价值相偏离，如果不对此进行分析，仅凭一些基础数据所做的确定性分析来取舍项目，就可能会导致投资决策的失误。为了分析不确定因素对经济评价指标的影响，应根据拟建项目的具体情况，分析各种外部条件发生变化或者测算数据误差对方案经济效果的影响程度，以估计项目可能承担不确定性的风险及其承受能力，确定项目在经济上的可靠性，并采取相应的对策力争把风险减低到最小限度。为此，就必须对影响项目经济效果的不确定性因素进行分析，这种分析简称不确定性分析。

常用的不确定分析方法有盈亏平衡分析、敏感性分析、概率分析。在具体应用时，要在综合考虑项目的类型、特点，决策者的要求，相应的人力、财力，以及项目对国民经济的影响程度等条件下来选择。一般来讲，盈亏平衡分析只适用于项目的财务评价，而敏感性分析、概率分析则可同时用于财务评价和国民经济评价。

4.1 盈亏平衡分析

盈亏平衡分析是在一定市场、生产能力及经营管理条件下（即：假设在此条件下生产量等于销售量），通过对产品产量、成本、利润相互关系的分析，判断企业对市场需求变化适应能力的一种不确定性分析方法，故亦称损益平衡分析或量本利分析。

4.1.1 产量与销售收入、产品成本的关系

(1) 销售收入与产品产量的关系

根据市场条件的不同，销售收入与产品销售量的关系有两种情况：

① 第一种情况，在无竞争市场中，方案的生产销售活动不会明显地影响市场供求状况，市场的其他条件也不变，产品价格不随方案销售量的增加而变化，可以看作一个常数，销售收入与销售量之间为线性关系。

② 第二种情况，在有竞争市场中，方案的生产销售活动明显地影响市场供求状况，随着产品销售量的增加，产品价格有所下降。这时，销售收入与销售量之间不再是线性关系，而是非线性关系。

(2) 产品成本与产量的关系

盈亏平衡分析有一个基本假设，即生产单位按销售量组织生产，产品销售量等于产品产量。按照与产量关系的不同，产品成本可分为以下两大类。

① 固定成本　固定成本是指在一定的生产规模限度内不随产品产量的变动而变动的成本，即不随产品产量及销售量的增减发生变化的各项成本费用，如非生产人员工资、折旧费、无形资产及其他资产摊销费、办公费、管理费等。

② 变动成本　变动成本是指随产品产量的变动而变动的成本，如人工费、材料费、燃料费等。大部分变动成本与产量成线性关系，少数的与产量成阶梯形递增关系。

所谓盈亏平衡分析，就是将项目投产后的产销量作为不确定因素，通过计算项目的盈亏平衡点的产销量，据此分析判断不确定性因素对项目经济效果的影响程度，说明项目实施的风险大小及投资项目承担风险的能力，为投资决策提供科学依据。根据生产成本及销售收入与产销量之间是否成线性关系，盈亏平衡分析又可进一步分为线性盈亏平衡分析和非线性盈亏平衡分析。

4.1.2 独立方案的盈亏平衡分析

(1) 线性盈亏平衡分析

线性盈亏平衡分析是指生产成本及销售收入与产销量之间是成线性关系的，要确保相互之间的线性关系，须满足下列的基本假定条件：

a. 产量等于销售量；

b. 产量变化，单位可变成本不变，从而总生产成本是产量的线性函数；

c. 产量变化，销售单价不变，从而销售收入是销售量的线性函数；

d. 只生产单一产品，或者生产多种产品，但可以换算为单一产品计算。

为进行盈亏平衡分析，必须将生产成本分为固定成本和可变成本，在一定期间把成本分解成固定成本和变动成本两部分后，再同时考虑收入和利润，使成本、产销量和利润的关系统一于一个数学模型，这个数学模型的表达形式为：

$$B = PQ - C_V Q - C_F - TQ$$

式中 B——利润；

P——单位产品售价；

Q——产销量；

C_F——固定总成本。

T——单位产品销售税金及附加；

C_V——单位产品变动成本。

将上式的关系反映在直角坐标系中，即成为线性盈亏平衡分析图，如图4-1所示。

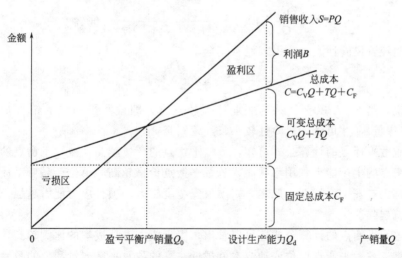

图 4-1 线性盈亏平衡分析图

图中的横坐标为产销量，纵坐标为金额（总成本和销售收入）。假定在一定时期内，产品价格不变时，销售收入S随产销数量的增加而增加，成线性函数关系，在图形上就是以零为起点的斜线。产品总成本C是固定总成本和变动总成本之和，当单位产品的变动成本和销售税金不变时，总成本也成线性变化。

由图可知，销售收入线与总成本线的交点是盈亏平衡点（Break-Even Point，简称BEP），也叫保本点，表明企业在此产销量下总收入与总成本相等，既没有利润，也不发生亏损。在此基础上，增加产销量，销售收入超过总成本，收入线与成本线之间的距离为利润值，形成盈利区；反之，形成亏损区。

表示项目盈亏平衡点（BEP）的表达形式有多种，可以用绝对值表示，如以实物产销量、单位产品售价、单位产品的可变成本、年固定总成本以及年销售收入等表示的盈亏平衡点；也可以用相对值表示，如以生产能力利用率表示的盈亏平衡点。其中以产销量表示的盈亏平衡点应用最为广泛。

① 以产销量表示的盈亏平衡点 $BEP(Q)$　其计算式如下：

$$BEP(Q)=Q^*=\frac{C_F}{P-C_V-T}$$

对建设项目运用盈亏平衡点分析时应注意：盈亏平衡点要按项目投产后的正常年份计算，而不能按计算期内的平均值计算。

② 以销售收入表示的盈亏平衡点 R^*　其计算式如下：

$$R^*=P\frac{C_F}{P-C_V-T}$$

③ 以单位产品可变成本表示的盈亏平衡点 C_V^*　其计算式如下：

$$C_V^*=P-T-\frac{C_F}{Q}$$

④ 以产品销售价格表示的盈亏平衡点 P^*　其计算式如下：

$$P^*=\frac{C_F}{Q}+C_V+T$$

⑤ 以盈亏平衡点表示的生产能力利用率 E^*　其计算式如下：

$$E^*=\frac{Q^*}{Q}\times100\%=\frac{C_F}{(P-C_V-T)Q}\times100\%$$

为了说明经营风险性大小，引入经营安全率 S^*：

$$S^*=\frac{Q-Q^*}{Q}\times100\%=1-E^*$$

一般来说，当 $S^*>30\%$，认为企业经营较安全，即盈亏平衡时的销售量 $Q^*\leqslant70\%$（正常年份销售量），才可认为风险性较小，经营安全。

从上述盈亏平衡点的计算公式可知，盈亏平衡点的产量越高，盈亏平衡点的销售收入越高，盈亏平衡点的生产能力利用率越高，盈亏平衡点价格越高和单位产品变动成本越低，项目的风险就越大，安全度越低；反之，则项目安全度越大，项目应力能力越强，项目承受风险的能力也就越强。

从前面盈亏平衡点的计算公式还可以看出，固定成本占总成本的比例越高，盈亏平衡点的产量就越高，盈亏平衡点单位变动成本就越低。高的盈亏平衡产量和低的盈亏平衡单位产品变动成本意味着项目的经营风险较大，即会导致项目在面临不确定因素的变动时发生亏损的可能性增大。固定成本占总成本的比例一般取决于产品生产的技术要求以及工艺设备的选择。通常资金密集型项目的固定成本占总成本的比例较高，因而其风险也较大。

盈亏平衡分析虽然能够从市场适应性方面说明项目风险的大小，但并不能揭示产生项目风险的根源。因此，还需采用其他一些方法来帮助达到这个目标。

【例 4-1】　某设计方案年产量为 12 万吨，已知每吨产品的销售价格为 675 元，每吨产品缴付的销售税金及附加为 165 元，单位可变成本为 250 元，年总固定成本是 1500 万元，试求以产量、销售收入、生产能力利用率、销售价格和单位产品可变成本表示的盈亏平衡点和允许降低（提高）率，并分析其风险性大小。

解 盈亏平衡产量为

$$BEP(Q)=Q^*=\frac{C_F}{P-C_V-T}=\frac{1500\times10^4}{675-250-165}=5.77(万吨)$$

盈亏平衡销售收入为

$$R^*=P\frac{C_F}{P-C_V-T}=675\times5.77=3894.75(万元)$$

盈亏平衡生产能力利用率为

$$E^*=\frac{Q^*}{Q}\times100\%=\frac{C_F}{(P-C_V-T)Q}\times100\%=\frac{5.77}{12}\times100\%=48.08\%$$

盈亏平衡销售价格为

$$P^*=\frac{C_F}{Q}+C_V+T=\frac{1500}{12}+250+165=540(元/吨)$$

盈亏平衡单位产品可变成本为

$$C_V^*=P-T-\frac{C_F}{Q}=675-165-\frac{1500}{12}=385(元/吨)$$

盈亏平衡年固定成本为

$$C_F^*=Q(P-C_V-T)=12\times10^4\times(675-250-165)=3120(万元)$$

经营安全率 $S^*=1-E^*=1-48.08\%=51.92\%>30\%$，经营安全。

将计算所得的各种方式表示的盈亏平衡点及允许降低（提高）率填入表4-1。

表 4-1 计算所得的盈亏平衡点及允许降低（提高）率

项目	产量	售价	单位可变成本	年固定成本
BEP 点（绝对值）	5.77 万吨	540 元/吨	385 元/吨	3120 万元
BEP（相对值）	$\frac{Q^*}{Q}=48\%$	$\frac{P^*}{P}=80\%$	$\frac{C_V^*}{C_V}=154\%$	$\frac{C_F^*}{C_F}=208\%$
允许降低（提高）/%	可降低 52	可降低 20	可提高 54	可提高 108

由表可知，当其他条件保持不变时，产量可允许降低到 5.77 万吨，低于这个产量，项目就会发生亏损，即此项目在产量上有 52% 的余地。同样在售价上也可降低 20% 而不亏损；单位产品可变成本允许上升到 385 元/吨，即可比原来的 250 元/吨上升 54%；年固定成本最高允许到 3120 万元，即可以允许上升 108%。

（2）非线性盈亏平衡分析

在实际工作中，常常会遇到产品的年总成本与产量并不成线性关系，产品的销售也会受到市场和用户的影响，销售收入与产量也不成线性变化，这时就需要进行非线性盈亏平衡分析。产品总成本与产量不再保持线性关系的原因可能是：当生产扩大到一定限度后，正常价格的原料、动力已不能保证供应，企业必须付出较高的代价才能获得，正常的生产班次也不能完成生产任务，不得不加班加点，增大了劳务费用，此外，设备的超负荷运行带来了磨损的增大、寿命的缩短和维修费用的增加等。因此成本函数不再为线性而变成非线性了。造成产品总成本与产量不成比例的原因,还可能是项目达到经济规模导致产量增加,而单位产品的成本有所降低。在产品的销售税率不变的条件下,由于市场需求关系以及批量折扣也会使销售净收入与产量不成线性关系。

确定非线性平衡点的基本原理与线性平衡点相同,即运用销售收入等于总成本之方程求解,只是盈亏平衡点有多个,需判断各区间的盈亏情况。非线性盈亏平衡的分析图见图 4-2。

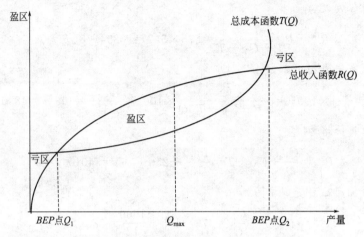

图 4-2 非线性盈亏平衡分析图

从图 4-2 中可以看出,产量小于 Q_1 或大于 Q_2 时,项目处于亏损;$Q_1 \leqslant Q \leqslant Q_2$ 时才盈利,当 $Q = Q_{max}$ 时,项目盈利最大。

盈利 $B = R(Q) - T(Q)$,根据极值原理,对利润方程求一阶导数(B 对 Q 的导数)并令其等于零,即可求得 Q_{max}。

【例 4-2】 某企业投产后,它的年固定成本为 60000 元,单位变动成本为 25 元,由于原材料整批购买,每多生产一件产品,单位变动成本可降低 0.001 元,单位销售价格为 55 元,销售量每增加一件产品,售价下降 0.0035 元。试求盈亏平衡点及最大利润时的销售量。

解 单位产品的销售价为 $(55-0.0035Q)$;单位产品的变动成本为 $(25-0.001Q)$。

① 求盈亏平衡点时的产量

$$60000 + (25 - 0.001Q)Q = (55 - 0.0035Q)Q$$
$$60000 + 25Q - 0.001Q^2 = 55Q - 0.0035Q^2$$

解方程得: $Q_1 = 2536$(件), $Q_2 = 9464$(件)

② 求最大利润时的产量 Q_{max}

利润 B: $B = (55 - 0.0035Q)Q - [6000 + (25 - 0.001Q)]Q$
$$B = -0.0025Q^2 + 30Q - 6000$$

该方程有极大值,利用极值原理,对利润方程求一阶导数(B 对 Q 的导数)并令其等于零得:

$$-0.005Q_{max} + 30 = 0 \qquad Q_{max} = 6000$$

4.1.3 盈亏平衡分析在互斥方案比选的应用

盈亏平衡分析还可以用在多方案的比选上,也称优劣平衡点分析。若有某一个共有的不确定性因素影响这些方案的取舍,可以利用盈亏平衡分析方法,先求出两两方案的盈亏平衡点，再根据盈亏平衡点进行方案的取舍。

设两个方案的净现值（NPV_1，NPV_2）受同一个共有的不确定性因素 x 的影响，且可表示成的 x 函数，即有：$NPV_1 = f_1(x)$ 和 $NPV_2 = f_2(x)$。

当两个方案的净现值相同时，即 $NPV_1 = NPV_2$ 时，有 $f_1(x) = f_2(x)$。

使其成立的 x 值，即为两方案的优劣平衡点，结合对不确定性因素 x 未来取值范围的预测，就可以做出相应的决策。

【例 4-3】 拟建某办公用房，但建筑面积暂时无法确定，可以明确建筑结构方案可采用三种结构，费用如表 4-2 所示，试选最经济方案（利率 8%，寿命按 20 年计算）。

表 4-2 三种结构的费用

方案	造价/(元/m²)	年维修费/元	年能耗费/元	残值
方案 1：砖混结构	600	28000	12000	0
方案 2：钢结构	725	25000	7500	3.2%造价
方案 3：砖木结构	875	15000	6250	1.0%造价

解 令办公楼的建筑面积为 x（m²），计算各方案的年度费用：

$AC_1 = 600x(A/P, 8\%, 20) + 28000 + 12000 = 64.14x + 40000$

$AC_2 = 725x(A/P, 8\%, 20) + 25000 + 7500 - 3.2\% \times 725x(A/F, 8\%, 20) = 73.35x + 32500$

$AC_3 = 875x(A/P, 8\%, 20) + 15000 + 6250 + 1\% \times 725x(A/F, 8\%, 20) = 98.5x + 21250$

令 $AC_1 = AC_2$ 求得 $x_1 = 814$；令 $AC_1 = AC_3$ 求得 $x_2 = 545$；令 $AC_2 = AC_3$ 求得 $x_3 = 447$。

以横轴表示建筑面积，纵轴表示年度费用，绘出盈亏平衡图，如图 4-3 所示。

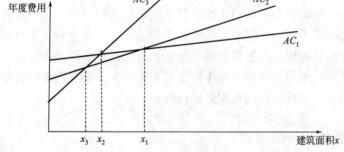

图 4-3 年度费用与建筑面积分析图

从图中可以看出：当修建面积小于 447m² 时，采用方案 3 最经济，即选择砖木结构；当修建面积在 447～814m² 之间时，采用方案 2 最经济，即选择钢结构；当修建面积大于 814m² 时，采用方案 1 最经济，即选择砖混结构。

【例 4-4】 某项目需用某种设备，现有 A、B 两种设备可供选择，A 设备初始投资 200 万元，预期年运营费 50 万元；B 设备初始投资 300 万元，预期年运营费 30 万元，使用年限均为 8 年，问如何选择设备。

解 设基准折现率为 i_c，两种设备的费用现值分别为

$PC_A = 200 + 50 \times (P/A, i_c, 8)$

$PC_B = 300 + 30 \times (P/A, i_c, 8)$

令 $PC_A = PC_B$，$200 + 50 \times (P/A, i_c, 8) = 300 + 30 \times (P/A, i_c, 8)$ 得 $(P/A, i_c, 8) = 5$

查复利系数表得 $i_c \approx 12\%$，即基准折现率 $i_c \approx 12\%$ 时，A、B 设备的费用现值相等。

当 i_c 小于 12% 时，B 设备的费用现值较低，应选用 B 设备；当 i_c 大于 12% 时，A 设备的费用现值较低，应选用 A 设备。

4.2 敏感性分析

敏感性分析又称敏感度分析，它是项目经济决策中一种常用的不确定性分析方法，就是在确定性分析的基础上，通过测定一个或多个不确定性因素的变化，计算项目受各个不确定性因素变化对项目评价指标（如财务内部收益率、财务净现值等）所引起的影响程度，从中找出敏感因素，确定评价指标对该因素的敏感程度和项目对其变化的承受能力，并根据因素的敏感程度大小制订相应的对策，使项目达到预期目标。

一个项目，在其建设与生产经营的过程中，由于项目内部、外部环境的变化，许多因素都会发生变化。可能对方案经济效果产生影响的不确定性因素很多，一般有产品产量（生产负荷）、产品价格、主要原材料和动力价格、固定资产投资、经营成本、建设工期和生产期等。其中有的不确定性因素的微小的变化就会引起方案经济效果发生很大的变化，对项目经济评价的可靠性产生很大的影响，则这些不确定性因素称为敏感因素；反之，称为不敏感因素。与不敏感因素相比，敏感性因素的变化给项目带来的风险会更大一些，所以，敏感性分析的核心问题，是从众多的不确定因素中找出影响投资项目经济效果的敏感因素，并提出有针对性的控制措施，为项目决策服务。

敏感性分析有单因素敏感性分析和多因素敏感性分析两种。

单因素敏感性分析是对单一不确定因素变化的影响进行分析，即假设各个不确定性因素之间相互独立，每次只考察一个因素，其他因素保持不变，以分析这个可变因素对经济评价指标的影响程度和敏感程度。单因素敏感性分析是敏感性分析的基本方法。

多因素敏感性分析是假设两个或两个以上互相独立的不确定因素同时变化时，分析这些变化的因素对经济评价指标的影响程度和敏感程度。

4.2.1 敏感性分析的步骤

(1) 确定分析指标

这里所述的分析指标，就是敏感性分析的具体分析对象。评价一个项目经济效果的指标有多个，如净现值、净年值、净现值率、内部收益率、投资回收期等，它们都可以作为敏感性分析指标。但是，对于某一个具体的项目而言，没有必要对所有的指标都做敏感性分析，因为不同的项目有不同的特点和要求，各个经济效果指标都有其各自特定的含义，分析、评价所反映的问题也有所不同。因此，分析指标的确定，一般是根据项目的特点、不同的研究阶段、实际需求情况和指标的重要程度来选择，与进行分析的目标和任务有关。

一般在机会研究阶段，主要是对项目的设想和鉴别，确定投资方向和投资机会，此时，各种经济数据不完整，可信程度低，深度要求不高，可选用静态的评价指标，常采用的指标是投资收益率和投资回收期；若在初步可行性研究和可行性研究阶段，则需选用动态的评价指标，常用财务净现值、财务内部收益率，也可以辅之以投资回收期。

由于敏感性分析是在确定性经济分析的基础上进行的，一般而言，敏感性分析指标的选择应与确定性经济评价指标一致，不应超出确定性经济评价指标范围而另立新的分析指标。如果确定性经济分析中所用指标比较多时，应选择最能够反映该项目经济效益、最能够反映该项目经济合理与否得一个或几个最重要的指标作为敏感性分析得对象。

（2）选择需要分析的不确定性因素，设定其变化幅度

影响项目经济评价指标的不确定性因素很多，这些因素中的任何一个发生变化，都会引起方案经济效果的变动。但是在实际工作中，不可能也没有必要对所有的不确定因素都进行敏感性分析，而应该根据经济评价的要求和项目的特点，将发生变化的可能性比较大、对项目方案经济效果影响比较大的几个主要因素设定为不确定性因素。

综上所述，选择需要分析的不确定性因素时主要考虑以下两条原则：

a. 预计这些因素在其可能变动的范围内对经济评价指标的影响较大；

b. 对在确定性经济分析中采用该因素的数据的准确性把握不大。

对于一般投资项目来说，通常从以下几方面选择项目敏感性分析中的影响因素：项目投资；项目寿命年限；成本，特别是变动成本；产品价格；产销量；项目建设年限、投产期限和产出水平及达产期限；汇率，基准折现率。

在选定了需要分析的不确定性因素后，还要结合实际情况，根据各不确定性因素可能波动的范围，设定不确定因素的变化幅度，如5%、10%、15%等。

（3）分析每个不确定性因素的波动程度及其对分析指标可能带来的增减变化情况

首先，对所选定的不确定性因素，应根据实际情况设定这些因素的变动幅度，其他因素固定不变。因素的变化可以按照一定的变化幅度（如±5%、±10%、±15%等）改变它的数值。

其次，计算不确定性因素每次变动对经济评价指标的影响。

（4）确定敏感性因素

由于各因素的变化都会引起经济指标一定的变化，但其影响程度却各不相同，有些因素可能仅发生较小幅度的变化就能引起经济评价指标发生大的变动，而另一些因素即使发生了较大幅度的变化，对经济评价指标的影响也不是太大。前一类因素称为敏感性因素，后一类因素称为非敏感性因素。敏感性分析的目的在于寻求敏感因素，判别敏感因素的方法有相对测定法和绝对测定法两种。

① 相对测定法（敏感度系数）　设定各不确定因素一个相同的变化幅度，比较在同一变化幅度下各因素的变动对分析指标的影响程度，影响程度大者为敏感因素，影响程度可以用敏感度系数表示。

敏感度系数，表示项目评价指标对不确定因素的敏感程度。

敏感度系数 β 的计算表达式：

$$\beta = \frac{\Delta A}{\Delta F}$$

式中　β——敏感度系数；

ΔF——不确定因素的变化率，%；

ΔA——不确定因素发生 ΔF 时，评价指标的相应变化率，%。

β 值越大，表明评价指标对不确定因素越敏感；反之，则越不敏感。

相对测定法的局限性体现在仅从评价指标对不确定因素变化的敏感程度来鉴别敏感因素，而没有考虑各个不确定因素本身可能变化的情况。事实上，鉴别某个因素是否为敏感因素，不仅要考虑评价指标对该因素变化的敏感程度，还要考虑该因素可能出现的最大变化幅度。

② 绝对测定法（临界点） 设各个不确定因素均向对方案不利的方向变化，并取其可能出现的对方案最不利的数值，据此计算方案的经济效果指标，视其是否达到使方案无法被接受的程度（如 $NPV<0$ 或 $IRR<0$）。如果某个因素可能出现的最不利数值使方案变得不可接受，则表明该因素为方案的敏感因素。

绝对测定法的一个变通方法是先设定分析指标将从可行转变为不可行，即 $NPV=0$，或 $IRR=0$ 等，然后分别求解各不确定因素所对应的变化幅度——临界点。临界点是指项目允许不确定因素向不利方向变化的极限值。如果某个因素可能出现的变化幅度超过其临界点，则表明该因素是方案的敏感因素。临界点可用临界值或者临界点百分比表示，当产品价格下降到某一值时，财务内部收益率将刚好等于基准收益率，此点称为产品价格下降的临界点。临界点百分比表示不确定因素变化幅度的相对值，临界值表示不确定因素变化达到的绝对数值，临界点可用专用软件的财务函数计算，也可由敏感性分析图直接求得近似值。

（5）结合确定性分析进行综合评价，并对项目的风险情况做出判断

根据敏感因素对方案评价指标的影响程度及敏感因素的多少，判断项目风险的大小，结合确定性分析的结果做进一步的综合判断，寻求对主要不确定因素变化不敏感的项目，为项目决策进一步提供可靠的依据。

4.2.2 单因素敏感性分析

单因素敏感性分析假定每次只考虑一个不确定因素的变化对项目经济效果的影响，一般还应求出导致项目由可行变为不可行的不确定因素变化的临界值。

【例 4-5】 某投资方案设计年生产能力为 10 万台，计划项目投产时总投资为 1200 万元，其中建设投资为 1150 万元，流动资金为 50 万元；预计产品价格为 39 元/台；销售税金及附加为销售收入的 10%；年经营成本为 140 万元；方案寿命期为 10 年；到期时预计固定资产余值为 30 万元，基准折现率为 10%。试就投资额、单位产品价格、经营成本等影响因素对该投资方案做敏感性分析。

解 选择净现值为敏感性分析的对象。

根据净现值的计算公式，可计算出项目在初始条件下的净现值。

$NPV_0=121.21$（万元）；由于 $NPV_0>0$，该项目是可行的。

取定三个因素：投资额、产品价格和经营成本，然后令其逐一在初始值的基础上按±10%、±20%的变化幅度变动。分别计算相对应的财务净现值的变化情况，绘制敏感性分析图。

敏感性分析图是将不确定因素变化率作为横坐标，以某个评价指标（如 NPV）为纵坐标作图，由每种不确定因素的变化可得到净现值随之变化的曲线。每条曲线净现值等于零时对应的横坐标即为不确定因素变化的临界点（见图 4-4）。

由图可以看出，按财务净现值对各个因素的敏感程度来排序，依次是：产品价格、投资额、经营成本，最敏感的因素是产品价格。因此，从项目决策的角度来讲，应该对产品价格进行进一步、更准确的测算，因为从项目风险的角度来讲，如果未来产品价格发生变化的可能性较大，则意味着这一投资项目的风险性亦较大。

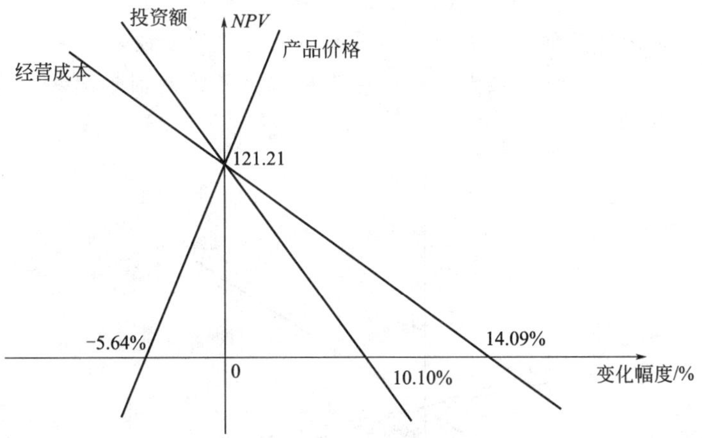

图 4-4 净现值敏感性分析图

【例 4-6】 设某项目基本方案的基本数据：初始投资 1500 万元，年销售收入 600 万元，年经营成本 250 万元，寿命期为 6 年。试就年销售收入、年经营成本和投资对内部收益率进行单因素敏感性分析（基准收益率 $i_c=8\%$）。

解 ① 项目的现金流量如图 4-5 所示，计算项目的内部益率 IRR。

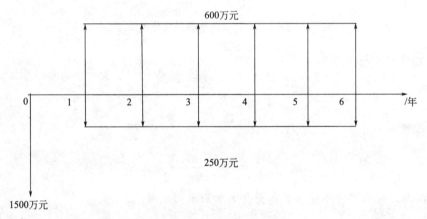

图 4-5 项目的现金流量

$NPV=-1500+(600-250)\times(P/A,IRR,6)=0$ $(P/A,IRR,6)=4.2857$
查复利系数表得 $IRR=11.38\%$，因 $IRR>i_c$，故项目方案可行。
② 计算销售收入、经营成本和投资变化对内部收益率的影响，结果见表 4-3。

表 4-3 销售收入、经营成本和投资变化对内部收益率的影响

项目	变化率	对应内部收益率
销售收入	+10%	$(P/A,IRR,6)=3.6585$，查复利系数表得：$IRR\approx16.37\%$
	−10%	$(P/A,IRR,6)=5.1724$，查复利系数表得：$IRR\approx4.42\%$
经营成本	+10%	$(P/A,IRR,6)=4.6154$，查复利系数表得：$IRR\approx7.80\%$
	−10%	$(P/A,IRR,6)=4.000$，查复利系数表得：$IRR\approx13.02\%$
投资	+10%	$(P/A,IRR,6)=4.7143$，查复利系数表得：$IRR\approx7.36\%$
	−10%	$(P/A,IRR,6)=3.8571$，查复利系数表得：$IRR\approx14.33\%$

③ 绘制单因素敏感性图：以不确定因素变化率作为横坐标，以内部收益率为纵坐标作图，由每种不确定因素的变化可得到内部收益率随之变化的曲线，每条曲线与基准收益率的交点为该不确定因素的临界点，该点对应的横坐标即为不确定因素变化的临界点，如图 4-6 所示。

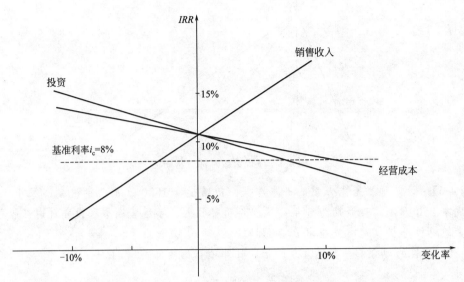

图 4-6　内部收益率敏感性分析图

④ 计算各因素的平均敏感系数：

销售收入　　　　　$\beta_1 = \dfrac{\Delta A}{\Delta F} = \dfrac{16.37 - 4.42}{20} = 0.6$

经营成本　　　　　$\beta_2 = \dfrac{\Delta A}{\Delta F} = \dfrac{13.02 - 7.8}{20} = 0.26$

投资　　　　　　　$\beta_3 = \dfrac{\Delta A}{\Delta F} = \dfrac{14.33 - 7.36}{20} = 0.35$

显然，内部收益率对年销售收入变化的反应最为敏感。

4.2.3　多因素敏感性分析

单因素敏感性分析计算简单，结果明了，但实际上它是一种理想化了的敏感性分析方法。现实中，许多因素的变动都是具有相关性的，一个因素的变动往往会伴随着其他因素的变动，单纯考虑单个不确定因素的变化对经济效果评价指标的影响不能够真实地反映现实的实际情况，因此，具有一定的局限性。多因素敏感性分析考虑了这种相关性，即考察多个因素同时变化时对项目经济效果的影响程度，因而弥补了单因素分析的局限性，更全面地揭示了事物的本质。因此，在对一些有特殊要求的项目进行敏感性分析时，除了进行单因素敏感性分析外，还应进行多因素敏感性分析。但是多因素敏感性分析需要考虑多种不确定因素可能发生的不同变动幅度的多种组合，计算起来比单因素敏感性分析要复杂得多，可编制相应程序，应用电子计算机进行计算。如果需要分析的不确定因素不超过三个，而且经济效果指标的计算比较简单，可以用解析法与作图法相结合的方法进行分析，下面举例说明。

(1) 双因素敏感性分析

【例 4-7】 假设某项目,初始投资为 1000 万元,当年建成并投产,预计可使用 10 年,每年销售收入 700 万元,年经营费用 400 万元,设基准折现率为 10%。如果可变因素为初始投资与销售收入,并考虑它们同时发生变化,试通过净现值指标对该项目进行敏感性分析。

解 假设初始投资变动比例为 x,销售收入变动比例为 y,则净现值 NPV:
$$NPV = -1000(1+x) + [700(1+y) - 400] \times (P/A, 10\%, 10)$$
查复利系数表:$(P/A, 10\%, 10) = 6.1446$
得:$NPV = 843.38 - 1000x + 4301.22y$
取 NPV 的临界值,即令 $NPV = 0$,则有:
$$843.38 - 1000x + 4301.22y = 0$$
$$y = 0.233x - 0.196$$

这是一个直线方程,将其在坐标图上画出来(见图 4-7),此直线即为 $NPV=0$ 的临界线;在临界线上,$NPV=0$。在临界线左上方区域 $NPV>0$,在右下方区域 $NPV<0$,也就是说,如果投资额与销售收入同时变动,只要不超过左上方区域(包括临界线上的点),方案都可接受。

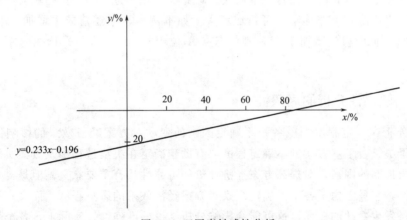

图 4-7 双因素敏感性分析

(2) 三因素敏感性分析

在【例 4-7】中,如果分析初始投资额、年销售收入、年经营成本三个因素同时变动对净现值的影响,假设初始投资变动比例为 x,销售收入变动比例为 y,年经营成本变动比例为 z,则净现值 NPV 有:
$$NPV = -1000(1+x) + [700(1+y) - 400(1+z)] \times (P/A, 10\%, 10)$$
$$NPV = 843.38 - 1000x + 4301.22y - 2457.84z$$

由于很难处理三维以上敏感性的表达式,为了简化起见,可以按不同的年经营成本变动幅度研究三个参数同时发生变化时的临界方程的相应变化。

当 $z = 20\%$ 时,$y = 0.233x - 0.082$
当 $z = 10\%$ 时,$y = 0.233x - 0.139$
当 $z = -20\%$ 时,$y = 0.233x - 0.310$
当 $z = -10\%$ 时,$y = 0.233x - 0.253$

在坐标图上,这是一组平行线(见图 4-8)。

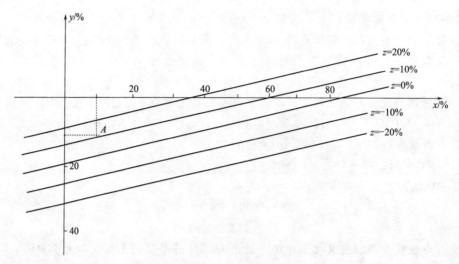

图 4-8 三因素敏感性分析

这一组平行线描述了初始投资额、年经营成本和年销售收入三因素同时变动对净现值的影响程度,从图上可以看出,经营成本增大,临界线向左上方移动,可行域变小;而若经营成本减少,临界线向右下方移动,可行域增大。如本例中,如经营成本增加 10%,而销售收入下降 10%,同时投资增加 10%,则状态点 A 位于 $z=10\%$ 这条平行线的左上方,方案仍可行。

4.2.4 敏感性分析的局限性

敏感性分析在一定程度上就各种不确定因素的变动对方案经济效果的影响作了定量描述,这有助于决策者了解方案的不确定程度,有助于确定在决策过程中及方案实施工程中需要重点研究与控制的因素,对提高方案经济评价的可靠性具有重要意义。但是,敏感性分析具有其局限性,它只考虑了各个不确定因素对方案经济效果的影响程度,而没有考虑各不确定因素在未来发生变动的概率,这可能会影响分析结论的准确性。实际上,各个不确定因素在未来发生变动的概率一般是不同的,有些因素非常敏感,一旦发生变动对方案的经济效果影响很大,但它发生变动的可能性很小,以至于可以忽略不计,而另一些因素可能不是很敏感,但它发生变动的可能性很大,实际所带来的不确定性比那些敏感因素更大。这个问题是敏感性分析所无法解决的,必须借助于风险概率分析方法。

4.3 概率分析与风险决策

为了克服敏感性分析没有考虑各种不确定性因素在未来发生变动的概率,从而可能会影响分析结论的准确性的缺陷,必须借助概率分析。概率分析是运用概率理论研究各种不确定因素发生不同幅度变动的概率分布及其对项目方案经济评价指标的影响的一种定量分析方法,其目的是通过各种不确定因素发生不同幅度变动的概率分布对方案的净现金流量及其经济效果指标做出某种概率描述,从而对方案的风险情况做出比较准确的判断。

概率分析的关键是确定各种不确定因素变动的概率。概率分为客观概率和主观概率两种，通常把以客观统计数据为基础确定的概率称为客观概率；把以人为预测和估计为基础确定的概率称为主观概率。由于投资项目很少重复过去的模式，所以，对于大多数项目而言，不大可能单纯用客观概率就能完成，尚需要结合主观概率进行分析。但是，确定主观概率时应十分慎重，否则会对分析结果产生不利影响。无论采用何种概率确定不确定因素变动的概率，都需要做大量的调查研究和数据处理工作。只有掌握的信息量足够时，概率分析的结论才科学可靠。因此，信息、情报的收集和整理工作是概率分析的基础工作。

严格说来，影响项目方案的各种经济参数都是随机变量，当然由它们构成的现金流及依据现金流计算的经济效果也是随机的，但在实际问题中，求经济效果这个随机变量的分布函数不是一件容易的事，在一些情况下也不需要全面地考究经济效果的所有变化情况，因而并不需要求出它的函数。要想完整地描述一个随机变量，只需确定其概率分布的类型和参数，常见的概率分布有离散型概率分布和连续型概率分布两种类型；描述随机变量的主要参数是期望值和方差，期望值是随机变量所有可能取值的加权平均值，方差表示随机变量取值的离散程度。也就是说，概率分析的核心问题是求出经济效果指标值的期望值和方差，然后利用这两个指标进行各种风险分析。

4.3.1 项目净现值的期望值和方差

(1) 随机净现金流为离散型随机变量

当变量可能值为有限个数，这种随机变量称为离散型随机变量，其概率分布为离散型概率分布。如产品销售量可能出现销售情况好、销售情况一般、销售情况差三种状态，且各种状态的概率取值之和等于1，则产品销售量的概率分布为离散型概率分布；对投资项目而言，如果能通过统计分析或主观判断给出方案寿命期内可能发生的各种状态所对应的净现金流及其发生的概率，且对应各状态的发生概率之和为1，则投资方案的净现金流的概率分布为离散型概率分布。

① 期望值　期望值计算表达式：

$$E(x)=\overline{x}=\sum_{i=1}^{n}P_ix_i$$

式中　$E(x)$——指标的期望值；

　　　P_i——第 i 种状态发生的概率，且 $\sum_{i=1}^{n}P_i=1$；

　　　x_i——第 i 种状态下的指标值；

　　　n——可能的状态数。

② 标准差　标准差反映了一个随机变量实际值与其期望值偏离的程度。这种偏离程度在一定程度上反映了投资方案风险的大小。

标准差的计算表达式：

$$\sigma=\sqrt{\sum_{i=1}^{n}P_i(x_i-\overline{x})^2}$$

式中　σ——指标 x 的标准差。

③ 变异系数　标准差虽然可以反映随机变量的离散程度，但它是一个绝对值，其大小

与变量的数值及期望值大小有关。一般而言，变量的期望值越大，其标准差也越大。特别是需要对不同方案的风险程度进行比较时，标准差往往不能够准确反映风险程度的差异。为此引入另一个指标，称为变异系数，变异系数是标准差与期望值之比，即：

$$\nu = \frac{\sigma(x)}{E(x)}$$

由于变异系数是一个相对数，不会受变量和期望值绝对值大小的影响，能更好地反映投资方案的风险程度。

当对多个投资方案进行比较时，如果是效益指标，则认为期望值较大的方案较优；如果是费用指标，则认为期望值较小的方案较优。如果期望值相同，则标准差较小的方案风险更低；如果多个方案的期望值与标准差均不相同，则变异系数较小的方案风险更低。

④ 分布函数　通过概率分布掌握了随机变量取任一数值的概率，但在多数情况下，我们不仅想要知道随机变量取任一数值的概率，而且还想知道随机变量取某些数值的概率，例如在投资方案中我们想知道随机净现值出现大于或等于零的概率 $P(NPV \geqslant 0)$，此时就需要分布函数。

分布函数又称累积分布函数，设 X 为一随机变量，x 为任意实数，则分布函数的表达式为：$F(x) = P(X < x)(-\infty < x < +\infty)$，对离散型随机变量，只要把它的概率分布逐个累加，就可得出其分布函数。

如已知方案某种状态净现值的概率分布，$P[NPV = NPV_{(j)}] = P_j (j = 1, 2, \cdots, k)$，则其分布函数为：

$$F(x) = P(NPV \leqslant x) = \sum_{NPV_{(j)} \leqslant x} P_j$$

则净现值大于或等于零的概率为：

$$P(NPV \geqslant 0) = 1 - P(NPV < 0) = 1 - \sum_{NPV_{(j)} < 0} P_j$$

【例 4-8】　某项目须采用一条生产线，现可以选择的生产线有三个方案，各个方案在不同市场销路情况下的概率及净现值如表 4-4 所示，试选择最优方案。

表 4-4　各个方案在不同市场销路情况下的概率及净现值

市场销路	概率	方案净现值/万元		
		A	B	C
销路差	0.25	2000	0	1000
销路一般	0.50	2500	2500	2800
销路好	0.25	3000	5000	3700

解　①计算各方案净现值的期望值、标准差和变异系数：

$$E_A(x) = \overline{x_A} = \sum_{i=1}^{n} P_i x_i = 0.25 \times 2000 + 0.5 \times 2500 + 0.25 \times 3000 = 2500(万元)$$

$$E_B(x) = \overline{x_B} = \sum_{i=1}^{n} P_i x_i = 0.25 \times 0 + 0.5 \times 2500 + 0.25 \times 5000 = 2500(万元)$$

$$E_C(x) = \overline{x_C} = \sum_{i=1}^{n} P_i x_i = 0.25 \times 1000 + 0.5 \times 2800 + 0.25 \times 3700 = 2575(万元)$$

$$\sigma_A = \sqrt{\sum_{i=1}^{n} P_i (x_i - \overline{x_A})^2}$$
$$= \sqrt{0.25 \times (2000-2500)^2 + 0.5 \times (2500-2500)^2 + 0.25 \times (3000-2500)^2} = 353.55$$

$\sigma_B = \sqrt{0.25 \times (0-2500)^2 + 0.5 \times (2500-2500)^2 + 0.25 \times (5000-2500)^2} = 1767.77$

$\sigma_C = \sqrt{0.25 \times (1000-2575)^2 + 0.5 \times (2800-2575)^2 + 0.25 \times (3700-2575)^2} = 980.75$

$\nu_A = \dfrac{\sigma_A}{E_A(x)} = \dfrac{353.55}{2500} = 0.141, \nu_B = \dfrac{1767.77}{2500} = 0.707, \nu_C = \dfrac{980.75}{2575} = 0.381$

② 选择方案：因为方案 A 与方案 B 的期望值相等，均为 2500 万元，根据标准差 $\sigma_A < \sigma_B$，方案 A 风险较小，方案 A 优于方案 B；对方案 A 与方案 C 进行比较选择，虽净现值的期望值不相等但两方案的净现值差别不是太大，根据变异系数 $\nu_A < \nu_C$，方案 A 的风险比方案 C 的风险小，因此，最后应选择方案 A 为最优方案。

【例 4-9】 某项目计算期 11 年，建设期为 1 年，第二年正常投产产生效益，项目的净现金流量经预测可能存在四种状态。各状态的概率及现金流量数据见表 4-5，基准利率 $i_c = 10\%$，试计算项目的期望净现值、标准差和项目可行的概率。

表 4-5 各状态的概率及现金流量

状态	状态1(概率0.1)	状态2(概率0.2)	状态3(概率0.3)	状态4(概率0.4)
期初投资/万元	1300	1200	1100	1000
年净收益/万元	200	200	300	300

解 项目的净现金流量图如图 4-9 所示。

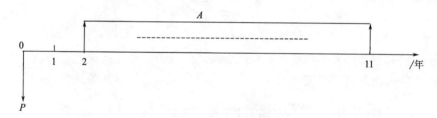

图 4-9 项目的净现金流量

计算各状态的净现值：

状态 1 　$NPV_1 = -1300 + 200 \times (P/A, 10\%, 10) \times (P/F, 10\%, 1) = -183$

状态 2 　$NPV_2 = -1200 + 200 \times (P/A, 10\%, 10) \times (P/F, 10\%, 1) = -83$

状态 3 　$NPV_3 = -1100 + 300 \times (P/A, 10\%, 10) \times (P/F, 10\%, 1) = 576$

状态 4 　$NPV_4 = -1000 + 300 \times (P/A, 10\%, 10) \times (P/F, 10\%, 1) = 676$

项目期望值 $E(NPV) = \sum_{i=1}^{4} NPV_i P_i = \sum(-183 \times 0.1 - 83 \times 0.2 + 576 \times 0.3 + 676 \times 0.4) = 408.3$

标准差：

$\sigma = \sqrt{0.1 \times (-183-408.3)^2 + 0.2 \times (-83-408.3)^2 + 0.3 \times (576-408.3)^2 + 0.4 \times (676-408.3)^2}$
$= 346.9$

项目可行的概率 $P(NPV \geq 0) = \sum P_i (NPV_i \geq 0) = 0.3 + 0.4 = 0.7$

(2) 随机净现金流为连续型随机变量

当一个变量的取值范围为一个区间时,这种变量称为连续型随机变量,其概率分布为连续型概率分布(连续函数)。常见的连续型概率分布有均匀分布、正态分布、二项分布、指数分布、β 分布等,在技术经济分析中最常用的是正态分布。连续型概率分布的投资方案概率分析是在假定投资项目净现值的概率分布为正态的基础上,通过正态分布图像面积计算净现值下小于零的概率,来判断项目风险程度的决策分析方法。

① 项目净现值的期望值和方差 由于各周期的净现金流量都是随机变量,所以把各个周期的净现金流量现值加总得到的方案净现值必然也是一个随机变量(称为随机净现值)。一般来说,投资项目的随机现金流受多种不确定性因素的影响,并可视为多个独立的随机变量之和,且近似服从正态分布,因此随机净现值近似地服从正态分布。

设投资项目各年的净现金流量为 $y_t(t=0,1,2,\cdots,n)$,它可能出现的数值简化为 $y_t^{(1)}$,$y_t^{(2)}$,$\cdots$,$y_t^{(k)}$,各数值出现的概率为 $P_j(j=1,2,\cdots,k)$,且有 $0 \leqslant P_j \leqslant 1$,$\sum_{j=1}^{k} P_j = 1$。

则第 t 年净现金流量 y_t 的期望值为

$$E(y_t) = \sum_{j=1}^{k} y_t^{(j)} P_j$$

第 t 年净现金流量 y_t 的方差

$$D(y_t) = \sigma_{y_t}^2 = \sum_{j=1}^{k} [y_t^{(j)} - E(y_t)]^2 P_j$$

令基准收益率为 i_c,当方案的寿命周期数 n 为一个常数时,根据各周期随机净现金流量的期望值 $E(y_t)$,可以求出方案净现值的期望值:

$$E(NPV) = \sum_{t=0}^{n} E(y_t)(1+i_c)^{-t}$$

方案净现值的方差的大小与各年随机现金流之间是否存在相关关系有关,如果方案寿命期内任意两个随机现金流之间完全独立,方案净现值的方差的计算公式为:

$$D(NPV) = \sum_{t=0}^{n} D(y_t)(1+i_c)^{-2t} = \sum_{t=0}^{n} \sigma_{y_t}^2 (1+i_c)^{-2t}$$

净现值的方差与净现值具有不同的量纲,为了便于分析,通常使用与净现值具有相同量纲的标准差反映随机净现值的取值的离散程度,它可反映各对比方案所得到的期望值的可靠程度,即所承担风险的大小。标准差表达式:

$$\sigma = \sqrt{D(NPV)}$$

期望值表明在各种风险条件下期望可能得到的经济效益,而标准差则反映了经济效益各种可能值与期望值之间的差距。它们之间的差距越大,说明随机变量的可变性越大,意味着各种可能情况与期望值的差别越大,风险就越大;如果它们之间的差距越小,说明经济效益指标可能取的值就越接近于期望值,这就意味着风险越小。所以标准差的大小可以看作是其所含风险大小的具体标志。

② 分布函数 当方案评价指标属于连续随机变量且服从参数 μ,σ 的正态概率分布的情况下,根据概率论的有关理论知道,对随机变量 X 的分布函数表达式为:

$$F(x) = \frac{1}{\sqrt{2\pi}\sigma} \int_{-\infty}^{x} e^{-\frac{(t-\mu)^2}{2\sigma^2}} dt$$

如设 $u = \dfrac{t-\mu}{\sigma}$，上式则可转化为标准正态分布函数：

$$F(x) = \dfrac{1}{\sqrt{2\pi}} \int_{-\infty}^{\frac{x-\mu}{\sigma}} e^{-\frac{u^2}{2\sigma^2}} du = \Phi(\dfrac{x-\mu}{\sigma})$$

令 $Z = \dfrac{x-\mu}{\sigma}$，则根据标准正态分布表可直接查得 $X < x_0$ 的概率值：

$$P(X < x_0) = P(Z < \dfrac{x_0-\mu}{\sigma}) = \Phi(\dfrac{x_0-\mu}{\sigma})$$

【例 4-10】 某项目净现金流为连续随机变量，已知该项目的净现值服从正态分布规律，其均值为 $E(NPV) = 6829$ 万元，方差 $D(NPV) = 37393225$，试求：
① 净现值大于或等于零的概率；
② 净现值大于或等于 9000 万元的概率。

解 根据题意知，$u = E(NPV) = 6829$，$\sigma = \sqrt{D(NPV)} = \sqrt{37393225} = 6115$

$$Z = \dfrac{x_0-\mu}{\sigma} = \dfrac{NPV-\mu}{\sigma}$$

① 净现值大于或等于零的概率：

$$P(NPV \geqslant 0) = 1 - P(NPV < 0) = 1 - P(Z < \dfrac{0-6829}{6115}) = 1 - P(Z < -1.12)$$

查标准正态分布表得：$P(Z < -1.12) = 1 - P(Z < 1.12) = 1 - 0.8686 = 0.1314$
$P(NPV \geqslant 0) = 1 - 0.1314 = 0.8686$，即本方案可行的概率为 86.86%。

② 净现值大于或等于 9000 万元的概率：

$$P(NPV \geqslant 9000) = 1 - P(NPV < 9000) = 1 - P(Z < \dfrac{9000-6829}{6115}) = 1 - P(Z < 0.355)$$

查标准正态分布表得：$P(Z < 0.355) = 0.6367$

$$P(NPV \geqslant 9000) = 1 - 0.6367 = 0.3633$$

4.3.2 投资方案的概率分析

概率分析的一般步骤可以分为以下几个步骤：

a. 列出要考虑的各种风险因素，如投资、经营成本、销售价格等（需要注意的是，所选取的几个不确定因素应是互相独立的）。

b. 设想各种风险因素可能发生的状态，即确定其数值发生变化的几种情况。

c. 分别确定各种可能发生情况产生的可能性，即概率。各不确定因素的各种可能发生情况出现的概率之和必须等于 1。

d. 分别求出各种风险因素发生变化时，方案净现金流量各状态发生的概率和相应状态下的净现值 $NPV_{(j)}$。

e. 求方案净现值的期望值（均值）与方差。

f. 求出方案净现值非负的累计概率。

g. 对概率分析结果作说明。

【例 4-11】 某项目初期投资 1000 万元，寿命期 5 年，未来年净现金流量的主要不确定因素是产品市场前景和原材料价格水平。据分析，项目面临三种可能的产品市场状态（销路好、销路一般、销路差）和三种可能的原材料价格水平状态（高价、中价、低价），产品市场状态与原材料价格水平之间是相互独立的，各种市场状态和原材料价格水平的发生概率及年净现金流量数值如表4-6所示，基准收益率为10%。

试：① 对本项目进行风险估计，并求项目净现值大于等于零的概率。

② 假如项目净现值服从均值$E(NPV)$和标准差$\sigma=\sqrt{D(NPV)}$的正态分布，求方案净现值大于或等于0的概率和方案净现值大于或等于350万元的概率。

表4-6 各种市场状态和原材料价格水平的发生概率及年净现金流量   单位：万元

状态\概率\状态		产品市场状态		
		销路好（概率0.2）	销路一般（概率0.5）	销路差（概率0.3）
原材料价格水平状态	高价（概率0.3）	390	310	230
	中价（概率0.4）	450	350	250
	低价（概率0.3）	510	390	290

解 ① 对本项目进行风险估计。

a. 根据题意可知，本项目共有9种不同的净现金流量状态，分别计算不同的现金流量发生的概率和净现值，计算结果见表4-7。

表4-7 不同的现金流量发生的概率和净现值   单位：万元

序号(j)	状态组合	计算概率	净现金流量		各现金流量的$NPV_{(j)}$计算
			0	1~5年	
1	销路好、原材料高价	0.06	-1000	390	$NPV_{(1)}=-1000+390\times(P/A,10\%,5)=478.4$
2	销路好、原材料中价	0.08	-1000	450	$NPV_{(2)}=-1000+450\times(P/A,10\%,5)=705.9$
3	销路好、原材料低价	0.06	-1000	510	$NPV_{(3)}=-1000+510\times(P/A,10\%,5)=933.3$
4	销路一般、原材料高价	0.15	-1000	310	$NPV_{(4)}=-1000+310\times(P/A,10\%,5)=175.1$
5	销路一般、原材料中价	0.2	-1000	350	$NPV_{(5)}=-1000+350\times(P/A,10\%,5)=326.8$
6	销路一般、原材料低价	0.15	-1000	390	$NPV_{(6)}=-1000+390\times(P/A,10\%,5)=478.4$
7	销路差、原材料高价	0.09	-1000	230	$NPV_{(7)}=-1000+230\times(P/A,10\%,5)=-128.1$
8	销路差、原材料中价	0.12	-1000	250	$NPV_{(8)}=-1000+250\times(P/A,10\%,5)=-52.3$
9	销路差、原材料低价	0.09	-1000	290	$NPV_{(9)}=-1000+290\times(P/A,10\%,5)=99.3$

b. 计算方案净现值的期望值和标准差。

方案的期望值为：$E(NPV)=\sum_{j=1}^{9}NPV_{(j)}P_j=295.7$（万元）

净现值的方差为：$D(NPV)=\sum_{j=1}^{9}P_j[NPV_{(j)}-E(NPV)]^2=81404$

标准差为：$\sigma=\sqrt{D(NPV)}=285.3$（万元）

从表中可知，方案净现值大于等于零的概率为：

$$P(NPV\geq 0)=1-P(NPV<0)=1-\sum_{NPV_{(j)}<0}P_j=1-(0.09+0.12)=0.79$$

计算结果表明：项目可行的概率仅 79%，而且标准差较大，项目风险较大。

② 若项目净现值服从均值 $u=E(NPV)=295.7$ 和标准差 $\sigma=\sqrt{D(NPV)}=285.3$ 的正态分布。

方案净现值大于或等于零的概率为：

$$P(NPV \geqslant 0) = 1 - P(NPV < 0) = 1 - \Phi(Z < \frac{0-295.7}{285.3}) = 1 - \Phi(Z < -1.04) = 0.8508$$

方案净现值大于或等于 350 万元的概率为：

$$P(NPV \geqslant 350) = 1 - P(NPV < 350) = 1 - \Phi(Z < \frac{350-295.7}{285.3}) = 1 - \Phi(Z < 0.19) = 0.5753$$

4.3.3 蒙特卡罗(Monte Carlo)模拟法

上述投资方案概率分析方法多用于解决比较简单的问题，比如只有一个或两个参数是随机变量，且随机变量的概率分布是离散型的。但若遇到随机变量较多且概率分布是连续型的，将变得十分复杂，而蒙特卡罗模拟法却能较方便地解决此类问题。

蒙特卡罗模拟法，是在已知影响方案经济效果的不确定因素的概率分布下，用随机抽样的方法抽取一组输入变量的概率分布特征的数值，输入这组变量计算项目评价指标，通过反复进行随机抽样计算获得评价指标的概率分布及累计概率分布、期望值、标准差，计算项目可行或不可行的概率，从而估计项目投资所承担的风险。

蒙特卡罗模拟法实施的步骤一般为：

a. 确定风险分析所采用的评价指标，如净现值、内部收益率等；

b. 确定影响项目评价指标的主要风险因素，如建设投资、销售价格、经营成本等，确认随机变量及其概率分布；

c. 通过随机数表或计算机为各风险因素抽取随机数，将抽得的各随机数转化为各风险因素的抽样值；

d. 建立经济评价指标的模拟模型；

e. 将抽样值组成一组项目评价基础数据，并根据基础数据计算评价指标值；

f. 重复步骤 a～e，直至达到预定的模拟次数；

g. 整理模拟结果，计算评价指标的期望值、标准差和它的概率分布及累积概率等，并绘制累计概率图，计算项目可行或不可行的概率。

【例 4-12】 对于某拟建项目，可以比较正确地估算项目初始投资为 1800 万元，投资当年即可获得正常收益。项目年净收益呈正态分布，其期望值为 300 万元，标准差为 50 万元；寿命期估计为 12～16 年，呈均匀分布。该项目基准收益率为 12%，期末残值为零。试用蒙特卡罗模拟法分析该项目净现值小于零的概率。

解 ①确定评价指标：根据题意，评价指标选取项目的净现值。

②确定主要风险因素：根据题意，需要模拟的随机变量有项目寿命期和年净收益。

③生成年净收益和寿命期的抽样值：在蒙特卡罗模拟法中，随机变量的变化是通过随机数来模拟的，即由随机数发生器产生随机数或者从随机数表查取随机数，然后根据随机变量的概率分布将随机数转换成相应的随机变量取值。

本例中，年净收益服从正态分布（参数 $\mu=300$，$\sigma=50$），寿命期服从均匀分布（为便于计算只取整数),分便绘制累计概率分布图。

项目寿命期累计概率分布图,为便于计算只取其整数,横坐标表示项目寿命期,纵坐标表示项目寿命期的取值从 12 年到 16 年发生的累计概率,如图 4-10(a)所示。

年净收益呈正态分布(参数 $\mu=300$,$\sigma=50$),根据正态分布函数画出其累计概率分布图,如图 4-10(b)所示。横坐标为参数 $Z=\dfrac{x-\mu}{\sigma}$(x 为年净收益的随机值,μ 为期望值,σ 为标准差);纵坐标为 Z 值从 -3.0 到 3.0 发生概率的累计值。

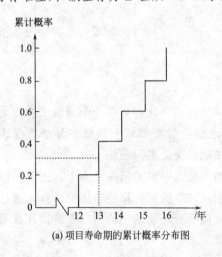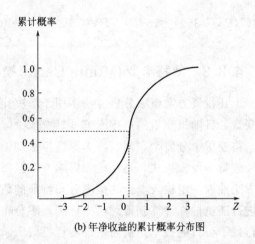

(a) 项目寿命期的累计概率分布图　　(b) 年净收益的累计概率分布图

图 4-10　累计概率分布图

从计算器中或者随机数表中读取一个随机数 0.291,作为寿命期取值所对应的累计概率的一个随机值,从图 4-8(a)中可知,随机数 0.291 对应的寿命期为 13 年。这是抽取的第一个寿命期随机样本数据,再从计算器中或者随机数表中读取一个随机数 0.524,将其作为年净收益取值所对应的累计概率的一个随机值,由标准正态分布表可查得累计概率 0.524 所对应的 Z 值为 0.06,由 $Z=\dfrac{x-\mu}{\sigma}$ 可求得:$x=\mu+\sigma Z=300+0.06\times 50=303$(万元)。

④ 根据抽取的第一组随机样本数值:项目寿命期 13 年,年净收益 303 万元,计算净现值

$$NPV_1=-1800+303\times(P/A,12\%,13)=146.32(万元)$$

⑤ 重复上述过程,可以得到方案净收益和寿命期的其他随机样本数据即相应的净现值计算结果。一般来说,模拟分析中取的随机样本数据越多,相对频率与实际概率越接近,通常应达到 400~600 组,靠手工计算进行大样本模拟很困难,在实际工作中一般需要借助计算机进行模拟计算。这里取 25 组仅作示例,见表 4-8。

表 4-8　取 25 组的净现值

模拟组号	随机数 1	Z 值	年净收益/万元	随机数 2	寿命期/年	净现值/万元
1	0.524	0.060	303.00	0.291	13	146.47
2	0.936	1.522	376.10	0.019	12	529.56
3	0.076	−1.433	228.35	0.793	15	−244.71
4	0.434	−0.166	291.70	0.907	16	234.32

续表

模拟组号	随机数1	Z值	年净收益/万元	随机数2	寿命期/年	净现值/万元
5	0.931	1.483	374.15	0.340	13	603.54
6	0.919	1.399	369.95	0.654	15	719.73
7	0.498	−0.005	299.75	0.341	13	125.59
8	0.956	1.706	385.30	0.702	15	824.28
9	0.205	−0.824	258.80	0.500	14	−84.67
10	0.363	−0.351	282.45	0.991	16	169.81
11	0.575	0.189	309.45	0.795	15	307.66
12	0.923	1.426	371.30	0.852	16	789.45
13	0.631	0.334	316.70	0.268	13	234.48
14	0.074	−1.446	227.70	0.193	12	−389.63
15	0.340	−0.412	279.40	0.397	13	−5.13
16	0.081	−1.399	230.05	0.849	16	−195.63
17	0.234	−0.726	263.70	0.522	14	−52.20
18	0.256	−0.656	267.20	0.883	16	63.45
19	0.896	1.259	362.95	0.380	13	531.59
20	0.037	−1.786	210.70	0.707	15	−364.92
21	0.213	−0.796	260.20	0.555	14	−75.39
22	0.130	−1.126	243.70	0.056	12	−290.52
23	0.399	−0.256	287.20	0.438	14	103.56
24	0.091	−1.335	233.25	0.664	15	−211.33
25	0.621	0.308	315.40	0.031	12	153.59

⑥ 计算净现值的期望值、净现值的方差、标准差和离散系数以及小于零的概率。

将上述表中的净现值按从小到大的顺序排列，如表4-9所示，每组净现值的概率均为1/抽取组数=0.04，净现值的期望值 $E(NPV) = \sum NPV_i P_i = 3622.95 \times 0.04 = 144.92$（万元）

项目净现值小于零的概率为 $P(NPV<0) = 0.4 + \dfrac{5.13}{5.13+63.45} \times 0.04 = 0.403 = 40.3\%$

标准差 $\sigma = \sqrt{D(NPV)} = \sqrt{122386.94} = 349.84$（万元）；离散系数 $\nu = \dfrac{\sigma}{E(NPV)} = \dfrac{349.84}{144.92} = 2.41$

表4-9 表4-8中的净现值按从小到大的顺序排列的结果

模拟组号	净现值NPV_i/万元	概率P_i	累计概率	方差$[NPV_i - E(NPV)]^2$/万元
14	−389.63	0.04	0.04	11429.66
20	−364.92	0.04	0.08	10397.39
22	−290.52	0.04	0.12	7584.25
3	−244.71	0.04	0.16	6072.40
24	−211.33	0.04	0.20	5076.51
16	−195.63	0.04	0.24	4638.92
9	−84.67	0.04	0.28	2108.43

续表

模拟组号	净现值 NPV_i/万元	概率 P_i	累计概率	方差$[NPV_i-E(NPV)]^2$/万元
21	−75.39	0.04	0.32	1941.42
17	−52.20	0.04	0.36	1554.22
15	−5.13	0.04	0.40	900.58
18	63.45	0.04	0.44	265.48
23	103.56	0.04	0.48	68.42
7	125.59	0.04	0.52	14.94
1	146.47	0.04	0.56	0.10
25	153.59	0.04	0.60	3.01
10	169.81	0.04	0.64	24.78
4	234.32	0.04	0.68	319.71
13	234.48	0.04	0.72	320.85
11	307.66	0.04	0.76	1059.40
2	529.56	0.04	0.80	5917.98
19	531.59	0.04	0.84	5980.61
5	603.54	0.04	0.88	8413.37
6	719.73	0.04	0.92	13216.35
12	789.45	0.04	0.96	16616.86
8	824.28	0.04	1.00	18461.31
合计	3622.95	1.00		122386.94

4.3.4 风险决策方法(决策树)

风险决策的主要特征是预知决策问题未来可能出现的各种自然状态及其概率，但又不能肯定哪一种自然状态必然出现。风险决策可以有不同的决策原则，一般以损益期望值作为决策的标准。因此构成一个决策问题通常须具备下列五个条件：

a. 存在着决策者希望达到的明确目标（如收益最大或损失最小）；

b. 存在着两个或两个以上可供决策者选择的行动方案；

c. 存在着两个或两个以上不以决策者的主观意志为转移的自然状态（如不同的市场条件和经营条件）；

d. 可以计算出不同方案在不同自然状态下的损益值（在经济决策中即为经济效果）；

e. 各种自然状态出现的概率可以预测或估计。

采用损益期望值进行决策的具体方法常用决策树，它运用图论中的"树"来模拟决策问题，它把各个备选方案，可能出现的各种自然状态及其概率，各个方案在各种自然状态下的损益值绘制在一张图上，直接在图上进行损益期望值的计算，并进行分析比较和选择最优方案。由于这种图形似树枝，故也称决策树法。这种方法使决策问题表达得形象直观，简明清晰，便于系统分析，尤其是多级决策，最为方便和有效。

决策树由决策点和方案枝、自然状态点和概率枝、结果点组成。决策树的模型如图 4-11 所示，图中各符号的含义：

a. 符号"□"表示的节点称为决策点，由决策点引出的每一分枝表示一个可供选择的方

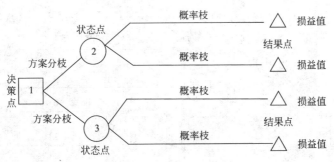

图 4-11 决策树模型图

案（方案枝），枝数即为方案数，在决策树上只有一个决策点，属单级决策问题，若有两个或两个以上决策点，则属多级决策问题。

b. 符号"○"表示的节点称为状态点，从状态点引出的每一分枝表示一种可能发生的自然状态及概率（概率枝）。

c. 符号"△"表示结果点，每一状态分枝（概率枝）的末端为结果点。

画决策树的顺序是从左至右，决策树画完后，应对每一节点进行编号，以便分析。根据各种状态发生的概率与相应的损益值分别计算每一方案的损益期望值，计算的顺序是从右至左，并将计算的结果标在相应的节点上，就可以直观地判断出应选择哪个方案。

【例 4-13】 为了适应市场的需要，提出扩大生产的两个方案。一个方案是建设大厂需投资 600 万元，另一个方案是建设小厂，如市场需要量高，则 3 年末扩建成大厂，建小厂期初需投资 280 万元，3 年末扩建需追加投资 400 万元，两方案的使用年限均为 10 年。在前 3 年内，市场需要量较高和需要量较低的概率分别为 0.7 和 0.3；3 年后根据新的市场信息预测，前 3 年若市场需要量较高，则后 7 年需要量较高的概率为 0.9，前 3 年若市场需要量较低，则后 7 年需要量一定低。小厂扩建后损益值与大厂相同，两个方案的每年损益情况及自然状态的概率见表 4-10，试用决策树方法选择最优方案（基准收益率 $i_c=10\%$）。

表 4-10　两个方案的每年损益情况及自然状态的概率

自然状态	概率	建大厂	建小厂
需要量较高	0.7	200/年	80/年
需要量较低	0.3	−40/年	60/年

解 ① 根据已知资料画出决策树图，如图 4-12 所示。
② 计算损益期望值进行决策。

这是一个两阶段决策问题，先决策扩建与不扩建：

节点 6（扩建） $E(NPV_6)=-400+(0.9\times200-0.1\times40)\times(P/A,10\%,7)=456.84$（万元）

节点 7（不扩建） $E(NPV_7)=(0.9\times80+0.1\times60)\times(P/A,10\%,7)=379.74$（万元）

两者比较，扩建的方案期望值大，舍弃不扩建的方案。所以，决策点Ⅱ的期望值即为 456.84 万元。

节点 3

$$E(NPV_3)=(0.9\times200-0.1\times40)\times(P/A,10\%,7)=856.83（万元）$$

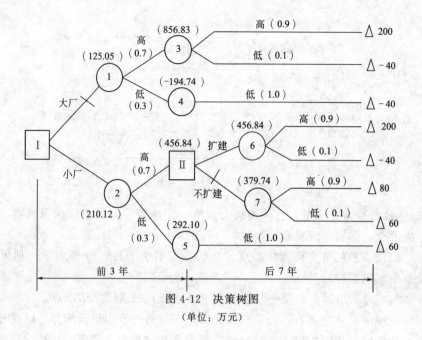

图 4-12 决策树图
(单位：万元)

点 4
$$E(NPV_4)=(-1.0\times40)\times(P/A,10\%,7)=-194.74(万元)$$

点 5
$$E(NPV_5)=1.0\times60\times(P/A,10\%,7)=292.10(万元)$$

再比较建大厂与小厂：

点 1
$$E(NPV_1)=-600+(0.7\times200-0.3\times40)\times(P/A,10\%,3)+(0.7\times856.83-0.3\times194.74)\times(P/F,10\%,3)=125.05(万元)$$

点 2
$$E(NPV_2)=-280+(0.7\times80+0.3\times60)\times(P/A,10\%,3)+(0.7\times456.84+0.3\times292.10)\times(P/F,10\%,3)=210.12(万元)$$

点 1 与点 2 比较，点 2 的期望值较大。因此，最优方案是先建小厂，如需要量较高，则 3 年后扩建。

复习思考题

1. 线性盈亏平衡分析的前提假设是什么？盈亏平衡点的生产能力利用率说明什么问题？
2. 简述敏感性分析的步骤、作用及局限性。
3. 为什么技术经济研究要考虑不确定性的影响？什么是不确定性和风险原因？
4. 简述常用的项目不确定性分析方法，并比较各种方法的优缺点。
5. 盈亏点有几种分析方法？盈亏点产量的经济含义是什么？
6. 什么是不确定性分析的概率风险分析？其作用意义，基本步骤如何？
7. 某生产工艺固定成本总额为 5 万元，每件产品的价格为 30 元。当产量小于或等于 3000 件时，每件产品变动成本为 4 元。当产量大于 3000 件时，需要组织加班生产，超过

3000 件部分的单位变动成本上升为 4.5 元，税金每件 1 元。问题：①盈亏平衡点的产销量；②生产 6000 件的利润额；③产品价格下降 30%，总固定成本上升 20%，其他各项费用均不变时的盈亏平衡点产销量。

8. 某厂设计能力为生产钢材 30 万吨/年，每吨钢材价格为 650 元，单位产品可变成本为 400 元，总固定成本为 3000 万元，其中折旧费为 250 万元。试做出以下分析：①以生产能力利用率表示的盈亏平衡点；②当价格、固定成本和可变成本变动 10% 时，对生产能力利用率盈亏平衡点的影响，并指出敏感因素。

9. 某厂生产一种配件，有两种加工方法可供选择，一为手工安装，每件成本为 1.2 元，还需分摊年设备费用 300 元；一种为机械生产，需投资 4500 元购置机械，寿命为 9 年，预计残值为 150 元，每个配件需人工费 0.5 元，维护设备年成本为 180 元，如果其他费用相同，利率为 10%，试进行加工方法决策。

10. 某投资项目其主要经济参数的估计值为：初始投资 15000 元，寿命为 10 年，残值为 0，年收入为 3500 元，年支出为 1000 元，投资收益为 15%。问题：①当年收入变化时，试对内部收益率的影响进行敏感性分析；②试分析初始投资、年收入与寿命三个参数同时变化时对净现值的敏感性。

11. 某项目的总投资为 450 元，年经营成本为 36 万元，年销售收入为 98 万元，项目寿命周期为 10 年，基准折现率为 13%。问题：①试找出敏感性因素；②试就投资与销售收入变动进行敏感性分析。

12. 某方案需投资 25000 元，预期寿命为 5 年，残值为 0，每年净现金流量为随机变量，其可能发生的三种状态的概率及变量值如下：5000 元（$P=0.3$）；10000 元（$P=0.5$）；12000 元（$P=0.2$）。若利率为 12%，试计算净现值的期望值与标准差。

13. 已知某工业投资项目的净现值概率分布为正态分布。净现值的期望值为 80 万元，标准差为 36 万元。问题：①试确定净现值大于或等于零的概率；②试确定净现值大于 50 万元的概率；③试确定净现值小于 −10 万元的概率。

14. 某建设项目年初投资 140 万元，建设期 1 年，生产经营期 9 年，i_c 为 10%。经科学预测，在生产经营期每年销售收入为 80 万元的概率为 0.5，在此基础上年销售收入增加或减少 20% 的概率分别为 0.3 和 0.2。每年经营成本为 50 万元的概率为 0.5，增加或减少 20% 的概率分别为 0.3 和 0.2。假设此项目的投资额不变，其他因素的影响忽略不计。试计算该投资项目净现值的期望值以及净现值大于或等于零的累计概率，判断项目风险程度。

15. 冬季将临，某市冬季长达 5 个月，某超级商场经理正面临订购一种新款式冬衣的决策问题。当前，摆在该经理面前的可供选择的方案有两个：一个方案（A 方案）是立刻购进 500 件冬衣；另一方案（B 方案）是先购进 100 件冬衣，一个月以后再根据头一个月的销售情况再作决策，即如果头一个月的销售情况好，则再购进 400 件，若头一个月的销售情况不好，则不再购进。其他有关数据如下。

（1）经济数据：①每件冬衣的购置成本为 200 元，每月销售量均匀；②如果销售情况好，每件冬衣平均售价 400 元；若销售情况不好，则每件冬衣平均售价 180 元。

（2）概率数据预测：①冬季 5 个月销售情况一致好的概率为 50%；②冬季 5 个月销售情况一致不好的概率为 20%；③头一个月销售情况好，后 4 个月销售情况不好的概率为 10%；④头一个月销售情况不好，后 4 个月销售情况好的概率为 20%。

请根据上述资料，①画出决策树；②该商场经理应当如何决策（不考虑资金的时间价值）？

第5章 建设项目的资金筹措

5.1 建设项目资金筹措概述

5.1.1 建设项目资金筹措的概念与分类

资金筹措又称融资,建设项目资金筹措是指建设项目的主体根据其建设活动和资金结构的需要,通过一定的筹资渠道,采取适当的方式获取所需资金的各种活动的总称。建设项目的主体包括政府部门、企事业单位以及个人。资金筹措根据所筹资金的使用期限长短、资金性质及出资者对资金的追索性质等有不同的分类。

(1) 按照融资的期限分类

资金筹措根据期限可分为长期融资和短期融资。

① 长期融资 是指为购置和建设固定资产、无形资产或进行长期投资等资金需求而筹集的、使用期限在1年以上的融资。长期融资通常采用吸收直接投资、发行股票、发行长期债券或进行长期借款等方式进行融资。

② 短期融资 是指因季节性或临时性资金需求而筹集的、使用期限在1年以内的融资。短期融资一般通过商业信用、短期借款和商业票据等方式进行融资。

(2) 按照融资的性质分类

资金筹措按照融资的性质,可分为权益融资和债务融资。

① 权益融资 是指以所有者身份投入非负债性资金的方式进行的融资。权益融资形成企业的"所有者权益"和项目的"资本金"。权益融资在我国项目资金筹措中具有强制性,一般具有下列特点:

a. 权益融资筹措的资金具有永久性特点,无到期日,不需归还。项目资本金是保证项目法人对资本的最低需求,是维持项目法人长期稳定发展的基本前提。

b. 没有固定的按期还本付息压力,股利的支付与否和支付多少,视项目投产运营后的实际经营效果而定,因此项目法人的财务负担相对较小,融资风险较小。

c. 权益融资是负债融资的基础。权益融资是项目法人最基本的资金来源,它体现项目法人的实力,是其他融资方式的基础,尤其可为债权人提供保障,增强项目的举债能力。

② 债务融资 是指通过负债方式筹集各种债务资金的融资形式,是工程项目资金筹措

的重要形式，可以通过银行借款、发行债券、商业信用和融资租赁等方式筹措，一般具有下列特点：

　　a. 筹集的资金在使用上具有时间限制，必须按期偿还；

　　b. 无论项目法人今后经营效果好坏，均需要固定支付债务利息，从而形成项目法人今后固定的财务负担；

　　c. 资金成本一般比权益融资低，且不会分散对项目未来权益的控制权。

根据工程项目债务融资所依托的信用基础的不同，债务融资可分为国家主权信用融资、企业信用融资和项目融资三种。

（3）按照出资者对资金的追索性质分类

资金筹措按照出资者对资金的追索性质可分为传统融资方式和项目融资方式。

传统融资方式是指项目法人利用其自身的资信能力为主体安排的融资，也称企业融资。

项目融资方式特指某种资金需求量巨大的投资项目的筹资活动，而且以负债作为资金的主要来源。项目融资不是以项目业主的信用，或者项目有形资产的价值作为担保来获得贷款的，而是依赖于项目本身良好的经营状况和项目投产后的现金流量作为偿还债务的资金来源；同时将项目的资产，而不是项目业主的其他资产作为借入资金的抵押。

由于项目融资借入的资金是无追索权或有限追索权的贷款，而且需要的资金量又非常大，故其风险也较传统融资方式大得多。项目融资也称无担保或有限担保贷款，也就是说，项目融资是将归还贷款资金来源限定在特定项目的收益和资产范围之内的融资方式。

5.1.2　建设项目资金筹措的基本要求

资金由于来源与方式的不同，其筹措的条件、成本和风险也不同，因此对资金筹措管理的目标就是寻找、比较和选择对项目资金筹措条件最有利、资金筹措成本最低和资金筹措风险最小的资金来源。

（1）合理确定资金需要量，力求提高筹资效果

无论通过何种渠道、采取何种方法筹集资金，都应首先确定资金的需要量，也即筹资要有一个"度"的问题。资金不足会影响项目的生产经营和发展，资金过剩不仅是一种浪费，也会影响资金的使用效果。在实际工作中，必须采取科学的方法预测与确定未来资金的需要量，以便选择合适的渠道与方式，筹集所需资金，这样既可以防止筹资不足或筹资过剩又可提高资金的使用效果。

（2）认真选择资金来源，力求降低资金成本

项目筹集资金可以采用的渠道和方式多种多样，不同渠道和方式筹资的难易程度、资金成本和风险各不一样，但任何渠道和方式的筹资都要付出一定的代价，包括资金占用费（利息等）和资金筹集费（发行费等）。因此，在筹资中，通常选择较经济方便的渠道和方式，以降低综合的资金成本。

（3）适时取得资金，保证资金投放需要

筹集资金也有时间上的安排，这取决于投资的时间。合理安排筹资与投资，使其在时间上互相衔接，避免取得资金过早而造成投放前的闲置或取得资金滞后而耽误投资的有利时机。

(4) 适当维持自有资金比例，正确安排举债经营

所谓举债经营，是指项目通过借债开展生产经营活动。举债经营可以给项目带来一定的好处，因为借款利息可在所得税前列入成本费用，对项目净利润影响较小，能够提高自有资金的使用效果。但负债的多少必须与自有资金和偿债能力的要求相适应，如负债过多，会发生较大的财务风险，甚至会由于丧失偿债能力而面临破产。因此，项目法人既要利用举债经营的积极作用，又要避免可能产生的债务风险。

此外，还要遵守国家有关法规，维护各方合法权益。

5.1.3 建设项目资本金制度

从总体上看，项目的资金来源可分为投入资金和借入资金，前者形成项目的资本金，后者形成项目的负债。项目资本金是指投资项目总投资中必须包含一定比例的、由投资者认缴的资金，这部分资金对投资项目来说是非债务性资金，项目法人不承担这部分资金的任何利息和债务，投资者可按其出资的比例依法享有所有者权益，也可转让其出资，但不得以任何方式抽回。

《国务院关于固定资产投资项目试行资本金制度的通知》（国发［1996］35号）规定，除了主要由中央和地方政府用财政预算投资建设的公益性项目等部分特殊项目外，各种经营性固定资产投资项目必须实行资本金制度。作为计算资本金基数的总投资，是指投资项目的固定资产投资与铺底流动资金之和，以经批准的动态投资概算为依据。

根据《国务院关于调整和完善固定资产投资项目资本金制度的通知》（国发［2015］51号）规定，各行业固定资产投资项目的最低资本金比例如下。

a. 城市和交通基础设施项目：城市轨道交通项目由25％调整为20％，港口、沿海及内河航运、机场项目由30％调整为25％，铁路、公路项目由25％调整为20％。

b. 房地产开发项目：保障性住房和普通商品住房项目维持20％不变，其他项目由30％调整为25％。

c. 产能过剩行业项目：钢铁、电解铝项目维持40％不变，水泥项目维持35％不变，煤炭、电石、铁合金、烧碱、焦炭、黄磷、多晶硅项目维持30％不变。

d. 其他工业项目：玉米深加工项目由30％调整为20％，化肥（钾肥除外）项目维持25％不变。

e. 电力等其他项目维持20％不变。

f. 城市地下综合管廊、城市停车场项目，以及经国务院批准的核电站等重大建设项目，可以在规定最低资本金比例的基础上适当降低。

项目资本金形式，可以用货币出资，也可以用实物或无形资产作价出资（无形资产包括工业产权、非专利技术、土地使用权出资）；对作为资本金的实物、无形资产必须经过有资格的资产评估机构依照法律、法规评估作价，不得高估或低估。以工业产权、非专利技术作价出资的比例不得超过投资项目资本金总额的20％，国家对采用高新技术成果有特别规定的除外。

投资者以货币方式缴纳的资本金，其资金来源有：

a. 各级人民政府的财政预算内资金、国家批准的各种专项建设基金、经营性基本建设基金回收的本息、土地批租收入、国有企业产权转让收入、地方人民政府国家有关规定收取的

各种规费及其他预算外资金。

b. 国家授权的投资机构及企业法人的所有者权益、企业折旧资金以及投资者按照国家规定从资金市场上筹措的资金。

c. 社会个人合法所有的资金。

d. 国家规定的其他可以用作投资项目资本金的资金。

e. 对某些投资回报率稳定、收益可靠的基础设施、基础产业投资项目，以及经济效益好的竞争性投资项目，经国务院批准，可以试行通过可转换债券或组建股份制公司发行股票方式筹措本金。

5.2 建设项目资金筹措的渠道与方式

5.2.1 项目资本金

根据出资方的不同，项目资本金分为国家出资、法人出资和个人出资。根据国家法律、法规规定，建设项目可通过争取国家财政预算内投资、发行股票、自筹投资和利用外资直接投资等多种方式来筹集资本金。

(1) 国家预算内投资

国家预算内投资是指以国家预算资金为来源并列入国家计划的固定资产投资。目前包括：国家预算、地方财政、主管部门和国家专业投资拨给或委托银行贷给建设单位的基本建设拨款及中央基本建设基金，拨给企业单位的更新改造拨款，以及中央财政安排的专项拨款中用于基本建设的资金。国家预算内投资的资金一般来源于国家税收，也有一部分来自于国债收入。

国家预算内投资目前虽然占全社会固定资产总投资的比重较低，但它是能源、交通、原材料以及国防、科研、文教卫生、行政事业建设项目投资的主要来源，对于整个投资结构的调整起着主导性的作用。

(2) 自筹投资

自筹投资是指建设单位报告期收到的用于进行固定资产投资的上级主管部门、地方和单位、城乡个人的自筹资金。目前，自筹投资占全社会固定资产投资总额的一半以上，已成为筹集建设项目资金的主要渠道。建设项目自筹资金来源必须正当，应上缴财政的各项资金和国家有指定用途的专款，以及银行贷款、信托投资、流动资金不可用于自筹投资；自筹资金必须纳入国家计划，并控制在国家确定的投资总规模以内；自筹投资要符合一定时期国家确定的投资使用方向，投资结构去向合理，以提高自筹投资的经济效益。

(3) 发行股票

股票是股份有限公司发放给股东作为已投资入股的证书和索取股息的凭证，是可作为买卖对象或质押品的有价证券。

① 股票的种类　按股东承担风险和享有权益的大小，股票可分为普通股和优先股两大类。

a. 优先股：在公司利润分配方面较普通股有优先权的股份。优先股的股东按一定比例取得固定股息；企业倒闭时，能优先得到剩下的可分配给股东的部分财产。

b. 普通股：在公司利润分配方面享有普通权利的股份。普通股股东除能分得股息外，还可在公司盈利较多时再分享红利。因此，普通股获利水平与公司盈亏息息相关。股票持有人不仅可据此分配股息和获得股票涨价时的利益，且有选举该公司董事、监事的机会，有参与公司管理的权利，股东大会的选举权根据普通股持有额计算。

② 发行股票筹资的优点

a. 以股票筹资是一种有弹性的融资方式。由于股息或红利不像利息那样必须按期支付，当公司经营不佳或现金短缺时，董事会有权决定不发股息或红利，因而公司融资风险低。

b. 股票无到期日。其投资属永久性投资，公司不需为偿还资金而担心。

c. 发行股票筹集资金可降低公司负债比率，提高公司财务信用，增加公司今后的融资能力。

③ 发行股票筹资的缺点

a. 资金成本高。购买股票承担的风险比购买债券高，投资者只有在股票的投资报酬高于债券的利息收入时，才愿意投资于股票。此外，债券利息可在税前扣除，而股息和红利需在税后利润中支付，这样就使股票筹资的资金成本大大高于债券筹资的资金成本。

b. 增发普通股需给新股东投票权和控制权，从而降低原有股东的控制权。

(4) 吸收国外资本直接投资

吸收国外资本直接投资主要包括与外商合资经营、合作经营、合作开发及外商独资经营等形式，国外资本直接投资方式的特点是：不发生债权债务关系，但要让出一部分管理权，并且要支付一部分利润。

① 合资经营（股权式经营）　合资经营是外国公司、企业或个人经我国政府批准，同我国的公司、企业在我国境内举办合营企业。合资经营企业由合营各方出资认股组成，各方出资多寡，由双方协商确定，但外方出资不得低于一定比例。合资企业各方的出资方式可以是现金、实物，也可以是工业产权和专有技术，但不能超出其出资额的一定比例，合营各方按照其出资比例对企业实施控制权、分享收益和承担风险。

② 合作经营（契约式经营）　这种经营方式是一种无股权的契约式经济组织，一般情况下由中方提供土地、厂房、劳动力，由国外合作方提供资金、技术或设备而共同兴办企业。合作经营企业的合作双方权利、责任、义务由双方协商并用协议或合同加以规定。

③ 合作开发　主要指对海上石油和其他资源的合作勘探开发，合作方式与合作经营类似。合作勘探开发，双方应按合同规定分享产品或利润。

④ 外资独营　外资独营是由外国投资者独资投资和经营的企业形式。按我国规定，外国投资者可以在经济特区、开发区及其他经我国政府批准的地区开办独资企业，企业的产、供、销由外国投资者自行规定。外资独营企业的一切活动应遵守我国的法律、法规和我国政府的有关规定，并照章纳税。纳税后的利润，可通过中国银行按外汇管理条例汇往国外。

5.2.2　负债筹资

项目的负债是指项目承担的能够以货币计量且需要以资产或者劳务偿还的债务。它是项目筹资的重要方式，一般包括银行贷款、发行债券、设备租赁和借入国外资金等筹资渠道。

(1) 银行贷款

项目银行贷款是银行利用信贷资金所发放的投资性贷款，即企业按一定的利率向银行或其他信用机构借入的货币资金，以及由此引起的一种信用活动，是企业筹集资金的重要渠道，也是建设项目投资资金的重要组成部分。

① 长期借款　长期借款可分为固定资产投资贷款、技术改造贷款及其他贷款。固定资产投资贷款又分为基建贷款和基建储备贷款。长期借款作为筹资方式，对企业来说各有利弊。

a. 长期借款对企业有利方面表现在：筹资较快、成本较低、借款弹性较大，对企业有较大的灵活性，可以改变资金结构，发挥财务杠杆作用。

b. 长期借款对企业不利方面表现在：风险高、限制条件多，可能影响企业以后的筹资和投资活动，筹资数量有限。

② 流动资金借款　企业可按实际需要向银行借入各种流动资金，主要有：定额借款、超定额借款和结算借款。定额借款是指企业按国家核定的流动资金向银行取得的借款；如果企业由于季节性和临时性原因造成超过定额的流动资金需要，可向银行申请超定额借款；企业销售产品所形成资金占用，可向银行办理结算借款。

(2) 发行债券

债券是企业为筹集资金而发行的一种信用凭证，是企业承诺在规定的日期按规定的利率支付债券利息，并按特定日期偿还本金的一种债权、债务证书。债权人无权参与公司管理，但优先股东分红而取得利息，可在企业破产时优先收回本金。我国发行的债券又可分为国家债券、地方政府债券、企业债券和金融债券等。

① 发行债券的条件　按照《证券法》规定，公司发行债券应该符合以下条件：

a. 股份公司的净资产额不低于人民币 3000 万元，有限责任公司净资产额不低于人民币 6000 万元。

净资产是指公司所有者权益，也是股东权益。股份公司要发行公司债券，其净资产额不低于 3000 万元，这样，发行债券的公司的资产数额比较大，从而保证它在发行公司债券后，有足够的偿还能力。有限责任公司不同于股份公司，它具有封闭性的特征，社会公众无法了解其具体情况，对其业务难以实施监督，为了保障投资者权益，降低有限责任公司发行债券风险，规定其净资产额不低于人民币 6000 万元。

b. 累计债券总额不得超过公司净资产额的 40%。

累计债券总额是指公司设立以来发行而未偿还的所有债权金额的总和。累计债券数额较大的公司，其所负的债务就较多，如果再发行公司债券，就容易出现无力偿债的情况，损害投资者的利益。要求累计债券总额不得超过公司净资产额的 40%，使得购买债券的社会公众的债权能够得到保障。

c. 最近三年平均可分配利润足以支付公司债券一年的利息。

可分配利润是指公司依法缴纳各种税金、依法弥补亏损并提取公积金、法定公益金后所余的利润。如果在发行公司债券之前的三年中公司所有的可分配利润，平均之后一年的可分配利润足以支付公司债券的一年的利息，那么公司就可以按照约定的期限向债券持有人支付约定的利息，而不会发生迟延支付利息的情况，从而保障投资者的利益。

　　d. 筹集资金的投向符合国家产业政策。

　　公司筹集资金的投向符合国家的产业政策，要使公司资金流向国家急需或者要大力发展的产业，有利于国家经济在总体上的发展。

　　e. 债券利率不得超过国务院限定的利率水平。

　　公司在发行债券时，债券的利率越高，它所要偿还的债务就越多，如果公司债券的利率过高，就会因为负债过多而可能无法清偿其债务，损害债权人利益，所以公司发行债券的利率不得超过国务院限定的利率水平。根据《企业债券管理条例》的规定，企业债券的利率不得高于银行同期限居民储蓄存款利率的40%。

　　f. 国务院规定的其他条件。

　　② 债券筹资的优点

　　a. 支出固定。不论企业将来盈利如何，它只需付给持券人固定的债券利息。

　　b. 企业控制权不变。债券持有者无权参与企业管理，因此公司原有投资者控制权不因发行债券而受到影响。

　　c. 少纳所得税。合理的债券利息可计入成本，实际上等于政府为企业负担了部分债券利息。

　　d. 可以提高自有资金利润率。如果企业投资报酬率大于利息率，由于财务杠杆的作用，发行债券可提高股东投资报酬率。

　　③ 债券筹资的缺点

　　a. 固定利息支出会使企业承受一定的风险。特别是企业盈利波动较大时，按期偿还本息较为困难。

　　b. 发行债券会提高企业负债比率，增加企业风险，降低企业的财务信誉。

　　c. 债券合约的条款，常常对企业的经营管理有较多的限制，如限制企业在偿还期内再向别人借款、未按时支付到期债券利息不得发行新债券、限制分发股息等，因此，企业发行债券在一定程度上约束了企业从外部筹资的扩展能力。

　　一般来说，当企业预测未来市场情况良好、盈利稳定、预计未来物价上涨较快，企业负债比率不高时，可以考虑以发行债券的方式进行筹资。

　　(3) 设备租赁

　　设备租赁是指出租人和承租人之间订立契约，由出租人应承租人的要求购买其所需的设备，在一定时期内供其使用，并按期收取租金。租赁期间设备的产权属出租人，用户只有使用权，且不得中途解约。期满后，承租人可以从以下的处理方法中选择：将所租设备退还出租人、延长租期、作价购进所租设备、要求出租人更新设备另定租约。

　　采用租赁的方式，虽然比直接购买设备的费用要高，但它却具有用户不必在设备上一次投入大笔资金，可及时利用先进设备、加速企业技术进步等优点，是企业通常采用的一种灵活的筹资方式。设备租赁的方式可分为融资租赁、经营租赁和服务出租。

　　① 融资租赁　融资租赁是设备租赁的重要形式，它将贷款、贸易与出租三者有机地结合在一起，其出租过程为：先由承租人选定制造厂家，并就设备的型号、技术、价格、交货期等与制造厂家商定；再与租赁公司就租金、租期、租金支付方式等达成协议，签订租赁合同；然后由租赁公司通过向银行借款等方式筹贷资金，按照承租人与制造厂家商定的条件将设备买下；最后根据合同出租给承租人。

在融资租赁中，涉及出租方、承租方和供货方，它们的关系如图 5-1 所示。

融资租赁是一种融资与融物相结合的筹资方式，其应用日益广泛。它不需要像其他筹资方式那样，等筹集到足够的货币资本后再去购买长期资产，同时融资租赁还有利于及时引进设备，加速技术改造。但融资租赁的成本相对较高，一般情况下，融资租赁的资金成本率比其他筹资方式（如债券和银行贷款）的资金成本率要高。

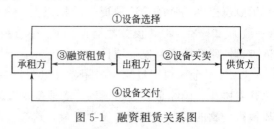

图 5-1　融资租赁关系图

② 经营租赁　即出租人将自己经营的出租设备进行反复出租，直至设备报废或淘汰为止的租赁业务。

③ 服务出租　主要用于车辆的租赁，即租赁公司向用户出租车辆时，还提供保养、维修、验车、事故处理等业务。

（4）应付及预收款

应付款项和预收款项是公共组织在结算中发生的负债。这部分负债的债务主体主要是非政府组织。因为政府组织除公务外一般不涉及盈利性活动，其购买行为亦是有财政资金作保障，很少会出现应付而未付款项；而非政府组织自身业务活动就带有一定程度的盈利性，并且在业务之外亦会从事一些经济活动，例如开办经济实体、提供有偿服务等，这样就会发生应付款项和预收款项。

① 应付款项　应付款项是指公共组织在经济活动中应当支付而尚未支付的各种款项，即企业在生产经营活动过程中，因采购商品物资、原材料、接受劳务供应，应付未付供货单位的款项，包括应付账款、应付票据和其他应付款。

应付账款是公共组织在购买商品或劳务时，应当支付而尚未支付的款项，是公共组织的一项流动负债。

应付票据是指在购买商品或劳务采用商业汇票结算的方式下，公共组织为未能及时支付货款而开出并承兑的商业汇票，包括银行承兑汇票和商业承兑汇票两种。银行承兑汇票是银行承诺在某一日期将款付给收款人，商业承兑汇票是购货方承诺在某一日期将款付给收款人。在未到付款日期前，商业汇票是公共组织的一项流动负债。

其他应付款是指除了应付账款、应付票据之外，公共组织应付给其他单位或个人的款项，包括应付工资、应付福利费、应付水电费、应付租入固定资产的租金、应付统筹退休金、存入保证金、个人交存的住房公积金、应付投资者的收益等。

② 预收款项　预收款项指买卖双方协议商定，由购货方预先支付一部分货款给供应方而发生的一项负债，是企业在销售产品或提供劳务之前向客户预先收取的款项。作为流动负债，预收账款不是用货币抵偿的，而是要求企业在短期内（一般要在一年或一个营业周期内）以某种商品、提供劳务或服务来抵偿。预收款项一般包括预收的货款、预收购货定金、预提费用，施工企业的预收款项主要包括预收工程款、预收备料款等。

（5）借用国外资金

利用各种方式借用国外资金也是我国企业投资不可缺少的重要资金来源，借用国外资金大致可分为以下几种途径。

① 外国政府贷款　外国政府贷款指外国政府通过财政预算每年拨出一定款项，直接向我国政府提供的贷款。这种贷款的特点是利率较低（年利率一般为2‰～3‰），期限较长（一般为20～30年），但数额有限，具有双边经济援助性质，一般都限定用途，如发电站、港口、铁路及能源开发等项目。

② 国际金融组织贷款　国际金融组织贷款主要是指国际货币基金组织、世界银行、国际开发协会、国际金融公司、国际农业发展基金会、亚洲开发银行等组织提供的贷款。向世界银行贷款的项目管理要求较为复杂，这类贷款由我国财政部负责谈判并签订协议，各种大型项目由世界银行直接贷款；各中小工业项目由中国投资银行负责转贷；各中小农业项目由中国农业银行负责转贷。

③ 国外商业银行贷款　国外商业银行贷款包括国外开发银行、投资银行、长期信用银行以及开发金融公司对我国提供的贷款。建设项目投资贷款主要是向国外银行筹措中长期资金，这种贷款的特点是可以较快筹集大额资金，借得资金可由借款人自由支配，但利息和费用负担较重。

④ 发行国际债券　国际债券是指我国政府、金融机构、企业等在国外金融市场上发行的以某种货币为面值的债券。这种筹资方式适用于资金运用要求自由、投资回报率较高的项目。

国际债券的特点是：

a. 债券的偿付期限较长，一般在7年以上；

b. 发行金额一次可在1亿美元以上，筹得的款项可以自由使用，且可连续发行；

c. 债券发行手续比较烦琐，且发行费用较高，同时还要求发行人有较高的信誉，精通国际金融业务。

⑤ 利用出口信贷　出口信贷是西方国家政府为了鼓励资本和商品输出而设置的专门信贷。这种贷款的特点是利息率较低，期限一般为10～15年，借方所贷款项只能用于购买出口信贷国设备。出口信贷可根据贷款对象的不同分为买方信贷和卖方信贷。买方信贷是指发放出口信贷的银行将贷款直接贷给国外进口者（即买方）；卖方信贷是指发放出口信贷的银行将资金贷给本国的出口者（即卖方），以便卖方将产品赊卖给国外进口者（即买方），而不致发生资金周转困难。

⑥ 补偿贸易方式　补偿贸易又称产品返销，是指交易的一方在对方提供信用的基础上，进口设备技术，然后以该设备技术所生产的产品，分期抵付进口设备技术的价款及利息。它既是一种贸易方式也是一种利用外资的形式，其基本特点是：买方以赊购形式向卖方购进机器设备、技术知识等，投产后以所生产的全部产品、部分产品或双方商定的其他商品，在一定期限内逐步偿还贷款本息。

⑦ 国际租赁　国际租赁又称租赁贸易或租赁信贷，也称为国际金融租赁或购买性租赁，系指出租人通过签订租赁合同将设备等物品较长期地租给承租人，承租人将其用于生产经营活动的一种经济合作方式。在租赁期内，出租人享有租赁物的所有权，承租人拥有租赁物的使用权，并定期向出租人缴纳租金，租赁期满后租赁物按双方约定的方式处理。租赁业务主要包括融资性租赁和经营性租赁两种方式。

国际租赁是目前国际上逐步流行的商品信贷和金融信贷结合进行的筹措资金的新形式，它既有利于租用企业更新设备和使用新技术，也有利于承租人有时可享受到国外出租人的税务优惠，降低成本，提高出口产品的竞争力。

5.3 项目融资模式

融资是指为项目投资而进行的资金筹措行为，通常有广义和狭义两种解释。从广义上理解，所有的筹资行为都是融资，包括在前面已经述及的各种方式。但从狭义上理解，项目融资就是通过项目来融资，也可以说是以项目的资产、收益做抵押来融资。项目融资是近些年兴起的一种融资手段，是以项目的名义筹措一年期以上的资金，以项目营运收入承担债务偿还责任的融资形式，形式有很多，也比较灵活。

例如某集团公司为了扩大业务拟新建一建设项目，并决定从金融市场上筹集资金，有三种资金筹措方案：方案一，款项用于建设项目，而归还贷款的款项来源于整个集团公司的收益，如果建设项目投资失败，贷款方对集团公司有完全追索权；方案二，借来的款项用于新建的建设项目，用于偿债的资金仅限于项目建成后生产经营所获得的收益，如果项目投资失败，贷款方只能从清算的资产中收回一部分贷款，除此之外，不能要求集团公司用别的资金来源归还贷款，贷款方对集团公司无追索权；方案三，在签订贷款协议时，只要求该集团公司把特定的一部分资产作为贷款担保，这时，贷款方对该集团公司有有限追索权。一般只把方案二和方案三称为项目融资。

因此，项目融资有时还称无担保或者有限担保贷款，也就是说，项目融资是将归还贷款资金来源限定在特定项目的收益和资产范围内的融资方式。

5.3.1 项目融资的特点

从项目融资与传统贷款方式的比较中可以看出，项目融资有以下一些基本特点。

① 项目导向　资金来源主要是依赖于项目的现金流量而不是依赖于项目的投资者或发起人的资信来安排融资，贷款银行在项目融资中的注意力主要放在项目在贷款期间能够产生多少现金流量用于还款，贷款的数量、融资成本的高低以及融资结构的设计都是与项目的预期现金流量和资产价值直接联系在一起的。

由于项目导向，有些对于投资者很难借到的资金则可以利用项目来安排，有些投资者很难得到的担保条件则可以通过组织项目融资来实现。此外，由于项目导向，项目融资的贷款期限可以根据项目的具体需要和项目的经济寿命期安排设计，可以做到比一般商业贷款期限长。

② 有限追索　追索是指在借款人未按期偿还债务时，贷款人要求借款人用除抵押财产之外的其他资产偿还债务的权利。在某种意义上说，贷款人对项目借款人的追索形式和程度是区分融资是属于狭义项目融资还是属于广义的资金筹措的重要标志。作为有限追索的项目融资，贷款人可以在贷款的某个特定阶段对项目借款人实行追索，或者在一个规定的范围内对项目借款人实行追索。除此之外，无论项目出现任何问题，贷款人均不能追索到项目借款人除该项目资产、现金流量以及所承担的义务之外的任务形式的资产。有限追索项目融资的特例是无追索项目融资。

有限追索融资的实质是由于项目本身的经济强度还不足以掌握一个"无追索"的结构，因而还需要项目的借款人在项目的特定阶段提供一定形式的信用支持。追索的程度则是根据项目的性质，现金流量的强度和可预测性，项目借款人的经验、信誉以及管理能力，借贷双方对未来风险的分担方式等多方面的综合因素通过谈判确定的。

③ 风险分担　为实现项目融资的有限追索，对于与项目有关的各种风险要素，需要以某种形式在项目投资者（借款人）、与项目开发有直接或间接利益关系的其他参与者和贷款人之间进行分担。一个成功的项目融资结构应该是在项目中没有任何一方单独承担起全部项目债务的风险责任。项目主办人通过融资，将原来应由自己承担的还债义务，部分地转移到该项目身上，也就是将原来由借款人承担的风险部分地转移给贷款人，由借贷双方共担项目风险。

④ 非公司负债型融资　非公司负债型融资称为资产负债表之外的融资，是指项目的债务不表现在项目投资者（即实际借款人）的公司资产负债表中的一种融资形式。根据项目融资风险分担的原则，贷款人对于项目的债务追索权主要被限制在项目公司的资产和现金流量上，借款人所承担的是有限责任，因而有条件使融资被安排为一种不需要进入借款人资产负债表的贷款形式。通过对投资者结构和融资结构的设计，可以帮助投资者将贷款安排成为非公司负债型融资。

⑤ 信用结构多样化　在项目融资中，用于支持贷款的信用结构的安排是灵活和多样化的。项目融资的框架结构由四个基本模块组成，即项目投资结构、项目融资结构、项目资金结构和项目的信用保证结构。

a.项目的投资结构，即项目的资产所有权结构，是指项目的投资者对项目资产权益的法律拥有形式和项目投资者之间（如果项目有超过一个以上的投资者）的法律合作关系。采用不同的项目投资结构，投资者对其资产的拥有形式，对项目产品、项目现金流量的控制程度，以及投资者在项目中所承担的债务责任和所涉及的税务结构会有很大的差异，这些差异会对项目融资的整体结构设计产生直接影响。因此，为了满足投资者对项目投资和融资的具体要求，第一步工作就需要在项目所在国法律、法规许可的范围内，设计安排符合这种投资和融资要求的目标投资结构。

b.融资结构是项目融资的核心部分。一旦项目的投资者在确定投资结构问题上达成一致意见之后，接下来的重要工作就是要设计和选择合适的融资结构以实现投资者在融资方面的目标要求。

c.项目的资金结构设计用于决定在项目中股本资金、准股本资金和债务资金的形式、相互之间比例关系以及相应的来源。资金结构是由投资结构和融资结构决定的，但反过来又会影响到整体项目融资结构的设计。针对同一个项目，选择不同的融资结构和资金结构，最终所收到的结果可能会有相当大的差别。项目融资重点解决的是项目的债务资金问题，然而，在整个结构中也需要适当数量和适当形式的股本资金和准股本资金作为结构的信用支持。

d.项目的信用保证结构。对于银行和其他债权人而言，项目融资的安全性来自两个方面：一方面来自项目本身的经济强度；另一方面来自项目之外的各种直接或间接的担保。这些担保可以是由项目的投资者提供的，也可以是由与项目有直接或间接利益关系的其他方面提供的。这些担保可以是直接的财务保证，如完工担保、成本超支担保、不可预见费用担保；也可以是间接的或非财务性的担保，如长期购买项目产品的协议、技术服务协议、以某种定价公式为基础的长期供货协议等。所有这一切担保形式的组合，就构成了项目的信用保证结构。项目本身的经济强度与信用保证结构相辅相成，项目的经济强度高，信用保证结构就相对简单，条件就相对宽松；反之，就要相对复杂和相对严格。

⑥ 融资成本较高　项目融资涉及面广，结构复杂，需要做好大量有关风险分担、税收

结构、资产抵押等一系列技术性的工作,所需文件比传统的资金筹措往往要多出好几倍,需要几十个甚至上百个法律文件才能解决问题。因此,与传统的资金筹措方式相比,项目融资存在的一个主要问题,即相对融资成本较高,组织融资所需要的时间较长。项目融资的这一特点限制了其使用范围。在实际运作中,除了需要分析项目融资的优势之外,也必须考虑到项目融资的规模经济效益问题。

5.3.2 项目融资的阶段与步骤

从项目的投资决策起,到选择项目融资方式为项目建设筹集资金,最后到完成该项目融资为止,大致上可以分为五个阶段,即投资决策分析、融资决策分析、融资结构分析、融资谈判和项目融资的执行。

① 投资决策分析 对于任何一个投资项目,在决策者下决心之前,都需要经过相当周密的投资决策的分析,这些分析包括宏观经济形势的判断、工业部门的发展以及项目在工业部门中的竞争性分析、项目的可行性研究等内容。一旦作出投资决策,接下来的一个重要工作就是确定项目的投资结构,项目的投资结构与将要选择的融资结构和资金来源有着密切的关系。同时,在很多情况下项目投资决策也是与项目能否融资以及如何融资紧密联系在一起的,投资者在决定项目投资结构时需要考虑的因素很多,其中主要包括:项目的产权形式、产品分配形式、决策程序、债务责任、现金流量控制、税务结构和会计处理等方面的内容。投资结构的选择将影响到项目融资的结构和资金来源的选择,反过来,项目融资结构的设计在多数情况下也将会对投资结构的安排做出调整。

② 融资决策分析 在这个阶段,项目投资者将决定采用何种融资方式为项目开发筹集资金。是否采用项目融资,取决于投资者对债务责任分担、贷款资金数量、时间、融资费用以及债务会计处理等方面的要求。如果决定选择采用项目融资作为筹资手段,投资者就需要选择和任命融资顾问,开始研究和设计项目的融资结构。有时,项目的投资者自己也无法明确判断采取何种融资方式为好,在这种情况下,投资者可以聘请融资顾问对项目的融资能力以及可能的融资方案做出分析和比较,在获得一定的信息反馈后,再做出项目的融资方案决策。

③ 融资结构分析 设计项目融资结构的一个重要步骤是完成对项目风险的分析和评估。项目融资的信用结构的基础是由项目本身的经济强度以及与之有关的各个利益主体与项目的契约关系和信用保证等构成的。能否采用以及如何设计项目融资结构的关键点之一就是要求项目融资顾问和项目投资者一起对于项目有关的风险因素进行全面分析和判断,确定项目的债务承受能力和风险,设计出切实可行的融资方案。项目融资结构以及相应的资金结构的设计和选择必须全面反映投资者的融资战略要求和考虑。

④ 融资谈判 在初步确定了项目融资方案以后,融资顾问将有选择地向商业银行或其他投资机构发出参与项目融资的建议书,组织贷款银团着手起草有关文件。与银行的谈判中会经过很多次的反复,这些反复可能是对相关法律文件进行修改,也可能涉及融资结构或资金来源的调整,甚至可能是对项目的投资结构及相应的法律文件做出修改,来满足债权人的要求。在谈判过程中,强有力的顾问可以帮助加强投资者的谈判地位,保护其利益,并能够灵活地、及时地找出方法解决问题,打破谈判僵局,因此融资顾问、法律顾问和税务顾问的作用是十分重要的。

⑤ 项目融资的执行 在正式签署项目融资的法律文件之后,融资的组织安排工作就结

束了,项目融资进入执行阶段。在这期间,贷款人通过融资顾问经常性地对项目的进展情况进行监督,根据融资文件的规定,参与部分项目的决策程序、管理和控制项目的贷款资金投入和部分现金流量。贷款人的参与可以按项目的进展划分为三个阶段:项目建设期、试生产期和正常运行期。

5.3.3 公共项目融资的常见模式

项目融资可以采用很多方式,如直接融资模式、项目公司融资模式、设施使用协议融资模式、生产支付融资模式、杠杆租赁融资模式等比较常见的方式。公共项目是指各种提供公共物品或公共服务的一次性和独特性的任务,是提供公共物品和公共服务的途径和载体,公共项目成果就是公共服务或公共物品。公共项目也指由国家政府事业机构从事的为社会大众提供便利的公共基础设施工程。经过近几年的发展,目前公共项目融资的常见模式有:

(1) BOT方式

BOT融资模式(即Build-Operate-Transfer,建设-经营-移交)是项目融资的诸多方式中的一种,在我国又被称作"特许权投融资方式",其运作方式是:由东道国政府或地方政府通过特许权协议,将项目授予项目发起人为此专设的项目公司,由项目公司负责基础设施(或基础产业)项目的投融资、建造、经营和维护,在规定的特许期内准许其通过向用户收取费用或出售产品以清偿贷款,回收投资并赚取利润;特许权期限届满时,该基础设施无偿移交给东道国政府。BOT方式主要用于建设收费公路、发电厂、铁路、废水处理设施和城市地铁等基础设施项目。BOT融资模式如图5-2所示。

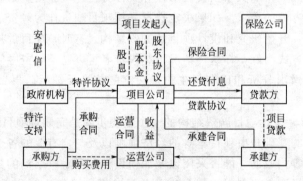

图5-2 BOT融资模式

通常所说的BOT至少包括以下三种具体形式。

标准BOT (Build-Operate-Transfer),即建设-经营-移交:私人财团或国外财团愿意自己融资,建设某项基础设施,并在东道国政府授予的特许期内经营该公共设施,以经营收入抵偿建设投资,并获得一定收益,经营期满后将此设施移交给东道国政府。

BOOT (Build-Own-Operate-Transfer),即建设-拥有-经营-移交:BOOT与BOT的区别在于,BOOT在特许期内既拥有经营权,又拥有所有权。此外,BOOT的特许期要比BOT的长一些。

BOO (Build-Own-Transfer),即建设-拥有-经营:该方式特许承包商根据政府的特许权建设并拥有某项基础设施,但最终不将该基础设施移交给东道国政府。

以上三种方式可统称为 BOT 方式，也可称为广义的 BOT 方式。

① BOT 特点　一方面 BOT 能够保持市场机制发挥作用。BOT 项目的大部分经济行为都在市场上进行，政府以招标方式确定项目公司的做法本身也包含了竞争机制。作为可靠的市场主体的私人机构是 BOT 模式的行为主体，在特许期内对所建工程项目具有完备的产权。这样，承担 BOT 项目的私人机构在 BOT 项目的实施过程中的行为完全符合经济人假设。

另一方面 BOT 为政府干预提供了有效的途径，这就是和私人机构达成的有关 BOT 的协议。尽管 BOT 协议的执行全部由项目公司负责，但政府自始至终都拥有对该项目的控制权。在立项、招标、谈判三个阶段，政府的意愿起着决定性的作用。在履约阶段，政府又具有监督检查的权力，项目经营中价格的制订也受到政府的约束，政府还可以通过通用的 BOT 法来约束 BOT 项目公司的行为。

② BOT 优缺点　优点主要表现在以下几个方面。

a. 降低政府财政负担。扩大资金来源，政府能在资金缺乏的情况下利用外部资金建设一些基础设施项目。

b. 政府可以避免大量的项目风险。实行该种方式融资，使政府的投资风险由投资者、贷款者及相关当事人等共同分担，其中投资者承担了绝大部分风险。

c. 组织机构简单，政府部门和私人企业协调容易。

d. 项目回报率明确，严格按照中标价实施，政府和私人企业间利益纠纷少。

e. 有利于提高项目的运作效率。项目资金投入大、周期长，由于有民间资本参加，贷款机构对项目的审查、监督就比政府直接投资方式更加严格。同时，民间资本为了降低风险，获得较多的收益，客观上就更要加强管理，控制造价，这从客观上为项目建设和运营提供了约束机制和有利的外部环境。

f. BOT 项目常有外国的公司来承包，这会给项目所在国带来先进的技术和管理经验，既给本国的承包商带来较多的发展机会，也促进了国际经济的融合。

缺点主要表现在：

a. 公共部门和私人企业往往都需要经过一个长期的调查了解、谈判和磋商过程，以致项目前期过长，使投标费用过高。

b. 投资方和贷款人风险过大，没有退路，使融资举步维艰。

c. 参与项目各方存在某些利益冲突，对融资造成障碍。

（2）TOT 方式

TOT（Transfer-Operate-Transfer）是"移交-经营-移交"的简称，是国际上较为流行的一种项目融资方式。TOT 是指政府与投资者签订特许经营协议后，把已经投产运行的可收益公共设施项目移交给民间投资者经营，凭借该设施在未来若干年内的收益，一次性地从投资者手中募得一笔资金，用于建设新的基础设施项目；特许经营期满后，投资者再把该设施无偿移交给政府管理。

TOT 具体指原资产所有者将已经投产运行的项目在一定期限内转让给投资者（T），以项目在该期限内所产生的现金流量为标的，一次性从投资者那里获得资金，用于新的项目建设；投资者在协议期限经营资产（O）获得收益，经营期满后，投资者将项目资产无偿转让给原所有者（T）。TOT 方式与 BOT 方式是有明显的区别的，它不需直接由投资者投资建设基础设施，因此避开了基础设施建设过程中产生的大量风险和矛盾，比较容易使政府与投资者达成一致；它不以需要融资的项目的经济强度为保证，而是依赖所获特许经营权的项目的一定时期的未来收益。TOT 方式主要适用于交通基础设施的建设。TOT 融资模式如图 5-3 所示。

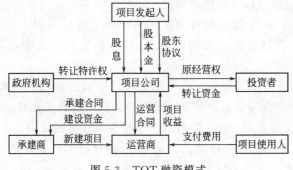

图 5-3　TOT 融资模式

国外出现一种将 TOT 与 BOT 项目融资模式结合起来但以 BOT 为主的融资模式，叫做 TBT。在 TBT 模式中，TOT 的实施是辅助性的，采用它主要是为了促成 BOT。TBT 有两种方式：一是公营机构通过 TOT 方式有偿转让已建设施的经营权，融得资金后将这笔资金入股 BOT 项目公司，参与新建 BOT 项目的建设与经营，直至最后收回经营权；二是无偿转让，即公营机构将已建设施的经营权以 TOT 方式无偿转让给投资者，但条件是与 BOT 项目公司按一个递增的比例分享拟建项目建成后的经营收益。两种模式中，前一种比较少见。

TOT 方式具有以下几个方面的特点。

① 有利于引进先进的管理方式　在 TOT 项目融资方式中，由于经营期较长，外商受到利益驱动，常常会将先进的技术、管理引入到投产项目中，并进行必要的维修，从而有助于投产项目的高效运行，使基础设施的经营逐步走向市场化、国际化道路。

② 项目引资成功的可能性增加　在 TOT 融资方式下，一方面，由于具有大量风险的建设阶段和试生产阶段已经完成，明显地降低了项目的风险，外商面临的风险大幅度减少，基于较低的风险，其预期收益率会合理下调，要价将会降低；另一方面，由于涉及环节较少，评估、谈判等方面的从属费用也势必有较大幅度下降。而东道国面临的风险虽比 BOT 方式有所增加，但却与自筹资金和向外贷款方式中的风险完全相当。在这种背景下，引资成功的可能性将会大大增加。

③ 使建设项目的建设和营运时间提前　采用 TOT 融资方式，由于不涉及所有权问题，加之风险小，政府无需对外商作过多承诺，通过引资而在东道国引起的政治争论的可能性降低，减小了引资的阻力。而且 TOT 融资方式仅涉及风险较小的生产运行阶段，用于评估、谈判的时间较 BOT 来说大大缩短，从而使拟建项目能及早建设，及早投入运营，加快了东道国基础建设的步伐。

④ 融资对象更为广泛　采用 BOT 方式，融资对象多为外国大银行、大建筑公司或能源公司等，而采用 TOT 融资方式，其他金融机构、基金组织和私人资本等都有机会参与投资。这样既扩大了投资者的范围，也加剧了投资者之间竞标的竞争，而政府是其中当然的受益者。

⑤ 具有很强的可操作性　TOT 融资方式将开放基础设施建设市场与开放基础设施经营市场、基础设施装备市场分割开来，使得问题尽量简单化。并且只涉及基础设施项目经营权的转让，不存在产权、股权的让渡，可以避免不必要的争执和纠纷，也不存在外商对国内基础设施的永久控制问题，不会威胁国家的安全。

(3) PFI 方式

PFI（Private-Finance-Initiative）即"私人主动融资"，是英国政府于1992年提出的，其含义是公共工程项目由私人资金启动，投资兴建，政府授予私人委托特许经营权，通过特许协议，政府和项目的其他各参与方之间分担建设和运作风险。它是在BOT之后又一优化和创新了的公共项目融资模式，在这种方式下，政府以不同于传统的由政府负责提供公共项目产出的方式，而采取促进私人部门有机会参与基础设施和公共物品的生产和提供公共服务的一种全新的公共项目产出方式。该方式是政府与私人部门合作，由私营部门承担部分政府公共物品的生产或提供公共服务，政府购买私营部门提供的产品或服务，或给予私营部门以收费特许权，或政府与私营部门以合伙方式共同营运等方式，来实现政府公共物品产出中的资源配置最优化、效率和产出的最大化。它是国际上用于开发基础设施项目的一种模式，其要领是利用私有资金来开发、实施、建设公共工程项目。PFI项目在发达国家的应用领域总是有一定的侧重，以日本和英国为例，从数量上看，日本的侧重领域由高到低为社会福利、环境保护和基础设施，英国则为社会福利、基础设施和环境保护。

PFI在本质上是一个设计、建设、融资和运营模式，政府与私营部门是一种合作关系，对PFI项目服务的购买是由有采购特权的政府与项目私人营运者签订的。PFI方式一般具有下列特点。

① 它是一种吸收民间资本的有效手段　PFI有非常广泛的适用范围，不仅包括基础设施项目，在学校、医院等公共项目上也有广泛的应用。以潜在的巨大市场及利润广泛吸引经济领域的私营部门或非官方投资者，参与公共物品的产出，这不仅大大地缓解了政府公共项目建设的资金压力，也可以改变投资环境，同时提高了政府公共物品的产出水平。

② 可减轻政府的财政负担　采用PFI方式建设的项目，其融资风险及责任均由投资者承担，政府不提供信用担保。因此它是降低政府财政负担和债务的一种良好方式。

③ 有利于加强管理、控制成本　PFI项目可以吸引私人部门的知识、技术和先进的管理方法，提高公共项目的效率和降低产出成本，使社会资源配置更加合理化，以较低的价格最终使消费者受益。

④ 有利于引进先进的设计理念和技术设备　由于PFI方式采用"一揽子"总承包方式，在项目设计中，项目公司中的设计人员有时会带来新的设计观念，有助于产生优秀的设计，达到创新的目的，对整个项目建设起到极大促进作用。在PFI项目的实施中，项目公司为了加速PFI的施工进度，提高施工质量，或为了达标运营，必然会引进或开发研制先进技术设备、仪表仪器等。在项目公司建完项目后，施工设备一般要折价留给当地政府所属的企业单位，从而增加了地方的技术设备，另外更多设备经国外引进后装配在生产线上，从而提高了特许基建项目的技术质量水平，对政府推动技术进步产生积极影响。

⑤ PFI不会像BOT方式那样使政府在特许期内完全失去对项目所有权或经营权的控制　政府在特许权期间不出让项目的所有权，可随时检查PFI的工作进展。

(4) PPP 方式

PPP模式和PFI模式是近年来国外发展得很快的两种民资介入公共投资领域的模式，也是我国公共投资领域投融资体制改革的一个发展方向。PPP（Public Private Partnership），即公共部门与私人企业合作模式，是公共基础设施的一种项目融资模式。在该模式下，鼓励私人企业与政府进行合作，参与公共基础设施的建设。

PPP 模式的构架是：从公共事业的需求出发，利用民营资源的产业化优势，通过政府与民营企业双方合作，共同开发、投资建设，并维护运营公共事业的合作模式，即政府与民营经济在公共领域的合作伙伴关系。通过这种合作形式，合作各方可以达到与预期单独行动相比更为有利的结果。合作各方参与某个项目时，政府并不是把项目的责任全部转移给私人企业，而是由参与合作的各方共同承担责任和融资风险。PPP 融资模式如图 5-4 所示。

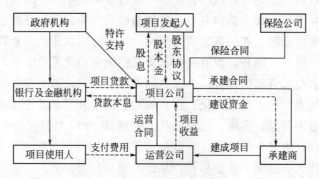

图 5-4 PPP 融资模式

PPP 模式的本质即通过政府政策的引导和监督，在政府资金的支持下，在项目的建设期和运营期广泛采取民营化方式，向公用事业领域引入民间资本。在 PPP 模式中，通常将公用事业的大部分甚至整个项目的所有权和经营权都交给社会投资者，从而引进专业化管理，达到建立市场竞争机制、提高服务水平的目的。PPP 模式的核心就是随着市场竞争机制的形成，通过招标方式选择最佳投资商、建设商和运营商，降低项目建设和运营等环节的成本，从而保证公共事业的服务质量，进一步保障消费者利益。

在项目建设期，政府直接投资可理解为资本补贴或前补贴，在项目运营期，政府提供资金支持可理解为运营补贴或后补贴。简便起见，将这两种在不同阶段介入政府资金的 PPP 模式命名为前补贴模式和后补贴模式。

（5）ABS 方式

ABS 融资模式，即资产收益证券化融资（Asset Backed Securitization），它是以项目所拥有的资产为基础，以项目资产可以带来的预期收益为保证，通过一套提高信用等级计划在资本市场发行债券来筹集资金的一种项目融资方式。ABS 融资模式如图 5-5 所示。

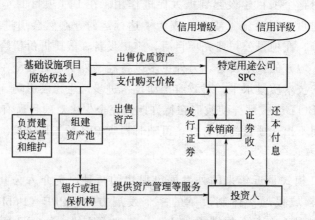

图 5-5 ABS 融资模式

ABS 融资方式的具体运作过程分为以下六个主要阶段。

第一阶段：组建项目融资专门公司。采用 ABS 融资方式，项目主办人需组建项目融资专门公司，可称为信托投资公司或信用担保公司，它是一个独立的法律实体。这是采用 ABS 融资方式筹资的前提条件。

第二阶段：寻求资信评估机构授予融资专门公司尽可能高的信用等级。由国际上具有权威性的资信评估机构，经过对项目的可行性研究，依据对项目资产未来收益的预测，授予项目融资专门公司 AA 级或 AAA 级信用等级。

第三阶段：项目主办人（筹资者）转让项目未来收益权。通过签订合同，项目主办人在特许期内将项目筹资、建设、经营、债务偿还等全权转让给项目融资专门公司。

第四阶段：项目融资专门公司发行债券筹集项目建设资金。由于项目融资专门公司信用等级较高，其债券的信用级别也在 A 级以上，只要债券一发行，就能吸引众多投资者购买，其筹资成本会明显低于其他筹资方式。

第五阶段：项目融资专门公司组织项目建设、项目经营并用项目收益偿还债务本息。

第六阶段：特许期满，项目融资专门公司按合同规定无偿转让项目资产，项目主办人获得项目所有权。

ABS 融资模式有以下几个特点：

a. ABS 融资模式的最大优势是通过在国际市场上发行债券筹集资金，债券利率一般较低，从而降低了筹资成本；

b. 通过证券市场发行债券筹集资金，是 ABS 不同于其他项目融资方式的一个显著特点；

c. ABS 融资模式隔断了项目原始权益人自身的风险使其清偿债券本息的资金仅与项目资产的未来现金收入有关，加之，在国际市场上发行债券是由众多的投资者购买的，从而分散了投资风险；

d. ABS 融资模式通过 SPV 发行高档债券筹集资金，这种负债不反映在原始权益人自身的资产负债表上，从而避免了原始权益人资产质量的限制；

e. 作为证券化项目融资方式的 ABS，由于采取了利用项目融资专门公司增加信用等级的措施，从而能够进入国际高档证券市场，发行那些易于销售、转让以及贴现能力强的高档债券；

f. 由于 ABS 融资模式是在高档证券市场筹资的，其接触的多为国际一流的证券机构，有利于培养东道国在国际项目融资方面的专门人才，也有利于国内证券市场的规范。

（6）BT 方式

BT 是英文 Build（建设）和 Transfer（移交）缩写形式，意即"建设-移交"，是政府利用非政府资金来进行非经营性基础设施建设项目的一种融资模式。BT 模式是 BOT 模式的一种变换形式，指一个项目的运作通过项目公司总承包，融资、建设验收合格后移交给业主，业主向投资方支付项目总投资加上合理回报的过程。目前采用 BT 模式筹集建设资金成了项目融资的一种新模式。

BT 的运作过程可分为以下五个阶段。

项目的确定阶段：政府对项目立项，完成项目建设书、可行性研究、筹划报批等工作。

项目的前期准备阶段：政府确定融资模式、贷款金额的时间及数量上的要求、偿还资金的计划安排等工作。

项目的合同确定阶段：政府确定投资方，谈判商定双方的权利与义务等工作。

项目的建设阶段：参与各方按 BT 合同要求，行使权利，履行义务。

项目的移交阶段：竣工验收合格、合同期满，投资方有偿移交给政府，政府按约定总价，按比例分期偿还投资方的融资和建设费用。

BT 融资方式的特点：

a. BT 模式仅适用于政府基础设施非经营性项目建设；

b. 政府利用的资金是非政府资金，是通过投资方融资的资金，融资的资金可以是银行的，也可以是其他金融机构或私有的，可以是外资的也可以是国内的；

c. BT 模式仅是一种新的投资融资模式，BT 模式的重点是建设阶段；

d. 投资方在移交时不存在投资方在建成后进行经营，获取经营收入；

e. 政府按比例分期向投资方支付合同的约定总价。

5.4 资金成本计算与筹资决策

5.4.1 资金成本的概念

(1) 资金成本的一般含义

资金成本是指企业为筹集和使用资金所支付的代价。广义地讲，企业筹集和使用任何资金，不论是短期的还是长期的，都要付出代价，在这里所说的资金成本主要是指筹集和使用长期资金（包括自有资金和借入长期资金）的成本。资金成本一般包括资金筹集成本和资金使用成本两部分。

① 资金筹集成本　资金筹集成本是指在资金筹集过程中所支付的各项费用，如委托金融机构代理发行股票或债券支付的注册费、代理费等，向银行借款而支付的费用等。资金筹集成本一般属于一次性费用，筹资次数越多，资金筹集成本也就越大。

② 资金使用成本　资金使用成本又称为资金占用费，是指使用（或占用）资金而向资金提供者支付的费用。如采用股票筹集的资金要支付给股东的各种股息和红利，采用发行债券和银行贷款借入的资金要向债权人支付的贷款利息，使用租入的资产要向出租人支付租金等等。资金使用成本一般与所筹集的资金多少以及使用时间的长短有关，具有经常性、定期性的特征。

资金筹集成本与资金使用成本是有区别的，前者是在筹措资金时一次支付的，在使用资金过程中不再发生，因此可作为筹资金额的一项扣除，而后者是在资金使用过程中多次、定期发生的，因此资金使用成本是资金成本的主要内容。

资金成本与资金的时间价值既有联系，又有区别，资金的时间价值反映了资金随着其运动时间的不断延续而不断增值，是一种时间函数，而资金成本除可以看作是时间函数外，还表现为资金占用额的函数。

资金成本虽具有一般产品成本的基本属性，但是只有一部分具有产品成本的性质，即这一部分耗费计入成本，而另一部分则作为利润的分配，不能列入成本。

(2) 决定资金成本高低的因素

在市场经济环境中，多方面因素的综合作用决定着项目资金成本的高低，其中主要因素有：总体经济环境、证券市场条件、企业经营和融资状况、项目融资规模。

① 总体经济环境 总体经济环境决定了整个经济中资本的供给和需求，以及预期通货膨胀的水平。如果整个社会经济中的资金需求和供给发生变动，或者通货膨胀水平发生变化，投资者会相应改变其所要求的收益率而影响资金成本的高低。

② 证券市场条件 证券市场条件影响证券投资的风险。证券市场条件包括证券的市场流动难易程度和价格波动程度，如果某种证券的市场流动性不好，变现风险加大，投资者要求的收益率就会提高，从而提高资金成本。

③ 企业的经营和融资状况 企业的经营和融资状况是指经营风险和财务风险的大小。经营风险是企业投资决策的结果，表现在资产收益率的变动上；财务风险是企业筹资决策的结果，表现在普通股收益率的变动上。如果企业的经营风险和财务风险大，投资者便会有较高的收益率要求，增加资金成本。

④ 融资规模 融资规模大，资金成本较高。如发行的证券金额很大，资金筹集费和资金占用费都会上升，而且证券发行规模的增大还会降低其发行价格，由此也会增加资金成本。

(3) 资金成本的作用

资金成本是市场经济条件下企业财务管理中的一个重要概念，它是选择资金来源、拟定筹资方案的主要依据，也是评价投资项目可行性的主要经济标准。

① 资金成本是选择资金来源、筹资方式的重要依据 企业筹集资金的方式多种多样，如发行股票、债券、银行借款等，不同的筹资方式其资金成本也不尽相同。资金成本的高低可以作为比较各种筹资方式优缺点的一项依据，从而挑选最小的资金成本作为选择筹资方式的重要依据。

② 资金成本是资金结构决策的基本依据 资金结构一般由借入资金与自有资金结合而成，这种组合有多种方案，如何寻求两者间的最佳组合，一般可通过计算综合资金成本的高低作为资金结构决策的基本依据。

③ 资金成本是评价各种投资项目是否可行的一个重要尺度 在评价投资方案是否可行时，一般是以项目本身的投资收益率与其资金成本进行比较，如果投资项目的预期投资收益率高于其资金成本，则是可行的；反之，如果预期投资收益率低于其资金成本，则是不可行的。因此，通常将资金成本视为投资项目的最低收益率作为选择投资方案的主要标准。

④ 资金成本是衡量经营业绩的一项重要标准 资金成本是企业从事生产经营活动必须挣得的最低收益率。企业无论以什么方式取得资金，都要实现这一最低收益率，才能补偿企业因筹资而支付的所有费用。如果将企业的实际资金成本与相应的利润率进行比较，可以评价企业的经营业绩，若利润率高于资金成本，可以认为经营良好；反之，企业经营欠佳，应该加强和改善生产经营管理，进一步提高经济效益。

5.4.2 资金成本的计算

由于在不同情况下筹集资金的总额不同，为了便于分析比较，资金成本一般用相对数表示，即用资金成本率来表示，其一般计算公式为：

$$K = \frac{D}{P-F} \quad \text{或} \quad K = \frac{D}{P(1-f)}$$

式中　K——资金成本（率）；

　　　P——筹资资金总额；

　　　D——使用费；

　　　F——筹资费；

　　　f——筹资费费率（即筹资费占筹资资金总额的比率）。

（1）权益融资成本

① 优先股成本　优先股是相对于普通股而言的，主要指在利润分红及剩余财产分配的权利方面，优先于普通股。优先股股东没有选举及被选举权，一般来说对公司的经营没有参与权。优先股股东不能退股，只能通过赎回条款被公司赎回，但是能稳定分红的股份。优先股通常预先定明股息收益率。

由于优先股票持有人的投资风险大于债券持有人的投资风险，因此优先股的股息率高于债券的利息，而且股息还是以税后利润来支付的，不减少公司应上缴的所得税，因而优先股成本率一般明显高于债券成本率。

优先股资金成本率可按下式计算：

$$K_p = \frac{D_p}{P_0(1-f)} = \frac{P_0 i}{P_0(1-f)} = \frac{i}{1-f}$$

式中　K_p——优先股成本率；

　　　P_0——优先股票面值；

　　　D_p——优先股每年股息；

　　　i——股息率；

　　　f——筹资费费率。

【例5-1】　某公司发行优先股股票，票面额按正常市价计算为200万，筹资费费率为4%，股息年利率为14%，求其资金成本率。

解　资金成本率为

$$K_p = \frac{200 \times 14\%}{200 \times (1-4\%)} = \frac{14\%}{1-4\%} = 14.58\%$$

② 普通股的成本　普通股是随着企业利润变动而变动的一种股份，普通股的基本特点是其投资收益（股息和分红）不是在购买时约定，而是事后根据股票发行公司的经营业绩来确定。公司的经营业绩好，普通股的收益就高；反之，若经营业绩差，普通股的收益就低。

a. 股利增长模型法。普通股的股利往往不是固定的，因此其资金成本率的计算通常用股利增长模型法计算。一般假定收益以固定的年增长率递增，则普通股成本的计算公式为：

$$K_s = \frac{D_c}{P_c(1-f)} + g = \frac{i_c}{1-f} + g$$

式中　K_s——普通股成本率；

　　　P_c——普通股票面值；

　　　D_c——普通股预计年股利额；

　　　i_c——普通股预计年股利率；

　　　g——普通股利年增长率；

　　　f——筹资费费率。

【例5-2】　某公司发行普通股正常市价为30元，估计年增长率为5%，第一年预计发放股利 3 元，筹资费用率为 4%，求其资金成本率。

解 新发行普通股的成本为

$$K_s = \frac{3}{30 \times (1-4\%)} + 5\% = 15.42\%$$

b. 资本资金定价模型法。这是一种根据投资者股票的期望收益来确定资金成本的方法，在这种前提下，普通股成本的计算公式为：

$$K_s = R_F + \beta(R_m - R_F)$$

式中：R_F——无风险报酬率，一般将国债投资或银行存款视为无风险投资；

β——股票的风险指数，衡量个别股票或股票基金相对于整个股市的价格波动情况；

R_m——平均风险股票报酬率。

【例 5-3】 某期间市场无风险报酬率为 10%，平均风险股票必要报酬率为 14%，某公司普通股 β 值为 1.2，求其资金成本率。

解 $K_s = 10\% + 1.2 \times (14\% - 10\%) = 14.8\%$

c. 保留盈余成本。保留盈余又称为留存收益，其所有权属于股东，等于股东对企业进行追加投资，是资金的一种重要来源。股东对这部分投资与以前交给企业的股本一样，也要求有一定的报酬，所以，保留盈余也有资金成本。它的资金成本是股东失去向外投资的机会成本，故与普通股成本的计算基本相同，只是不考虑筹资费用，其计算公式为：

$$K_R = i_c + g$$

式中 K_R——保留盈余成本率；

i_c——普通股预计年股利率；

g——普通股利年增长率。

(2) 负债融资成本

① 债券成本 企业发行债券后，所支付的债券利息是列入企业的费用开支，因而使企业少缴一部分所得税，两者抵消后，实际上企业支付的债券的利息仅为：债券利息×（1－所得税税率）。因此，债券成本率可以按下列公式计算：

$$K_B = \frac{I(1-T)}{B_0(1-f)} = \frac{i(1-T)}{1-f}$$

式中 K_B——债券成本率；

B_0——债券发行总额（若溢价或折价发行，应以实际发行价格计算）；

I——债券年利息总额；

i——债券年利息率；

T——所得税税率；

f——筹资费费率。

【例 5-4】 某公司发行总面额为 1000 万元的 10 年期债券，债券利息率为 12%，发行费用率（筹资费率）为 2%，所得税税率为 33%，求债券的成本率。若债券以 1200 万元发行（即溢价发行），求债券的成本率。

解 平价发行

$$K_B = \frac{12\% \times (1-33\%)}{(1-2\%)} = 8.2\%$$

溢价发行

$$K_B = \frac{1000 \times 12\% \times (1-33\%)}{1200 \times (1-2\%)} = 6.83\%$$

② 银行借款成本 向银行借款,企业所支付的利息和费用一般可作为企业的费用开支,相应减少部分利润,会使企业少缴一部分所得税,因而使企业的实际支出相应减少。

a. 对每年年末支付利息、贷款期末一次全部还本的借款,其借款成本率为:

$$K_g = \frac{I(1-T)}{G-F} = \frac{i(1-T)}{1-f}$$

式中 K_g——借款成本率;
G——贷款总额;
F——贷款费用;
I——贷款年利息(i 为贷款年利率);
T——所得税税率。

b. 如果利息的支付采用贴现的形式,在贷款中预先扣除,而不是在贷款期末支付,其贷款成本率为:

$$K = \frac{I(1-T)}{G-I-T}$$

式中 K——贷款成本率;
G——贷款总额;
I——贷款年利息;
T——所得税税率。

③ 租赁成本 企业租入某项资产,获得其使用权,要定期支付租金,并且租金列入企业成本,可以减少应付所得税。因此,其租金成本率为:

$$K_L = \frac{E}{P}(1-T)$$

式中 K_L——租赁成本率;
P——租赁资产价值;
E——年租金额;
T——所得税税率。

5.4.3 筹资决策

企业从不同来源取得的资金,其成本各不相同。由于种种条件的制约,通常不可能只从某种资金成本较低的来源筹集资金,往往需要通过多种方式筹集所需资金,因此存在着各种筹资方式的有机组合。为了进行筹资决策,就需要计算全部资金来源的综合资金成本率。全部资金来源的综合资金成本率通常采用加权平均来计算,加权平均资金成本一般是以各种资本占全部资本的比重为权重,对个别资金成本进行加权平均确定的,其计算公式为:

$$K = \sum_{i=1}^{n} W_i K_i$$

式中 K——综合资金成本率;
W_i——第 i 种资金来源占全部资产的比重;
K_i——第 i 种资金来源的资金成本率;
n——各种资金来源的总数。

【例 5-5】 某企业账面反映的长期资金共 5000 万元,其中长期借款 1000 万元,应付长期债券 500 万元，普通股 2500 万元，保留盈余 1000 万元；其资金成本分别为 7.7%、9.5%、11.3%、12%。求该企业的长期资金的综合资金成本率。

解 按加权平均资金成本计算

$$K = 7.7\% \times \frac{1000}{5000} + 9.5\% \times \frac{500}{5000} + 11.3\% \times \frac{2500}{5000} + 12\% \times \frac{1000}{5000} = 10.54\%$$

一般来说，降低平均资金成本的途径有两个：一是降低各项资金来源的资金成本，如选择利息较低的贷款；二是优化资本结构，尽量提高资金成本较低的资金在全部资金中的比重。

【例 5-6】 某公司原有资本 1600 万元，其中债务资本 600 万元（年利率 9%），优先股 200 万元（年股息 7%），普通股资本 800 万元（4 万股，年股息 10%，年增长率 5%），所得税税率为 33%。由于扩大业务，需追加筹资 400 万元，其筹资方式有以下两种。

筹资方式 A：发行长期债券 400 万元，年利率为 10%。同时，普通股股息增加到 25 元，以后每年还可增加 6%。

筹资方式 B：发行长期债券 200 万元，年利率为 10%，另发行普通股 200 万元，普通股股息增加到 25 元，以后每年还可增加 5%。

试分别计算两种筹资方案的综合资金成本率，选择最佳筹资方案。

解 ① 第一种筹资方案

原有债务资本的比重：$W_1 = \frac{600}{2000} = 30\%$；资金成本率 $K_1 = \frac{9\% \times (1-33\%)}{1-0} = 6.03\%$

新增债务资本的比重：$W_2 = \frac{400}{2000} = 20\%$；资金成本率 $K_2 = \frac{10\% \times (1-33\%)}{1-0} = 6.70\%$

优先股资本的比重：$W_3 = \frac{200}{2000} = 10\%$；资金成本率 $K_3 = \frac{7\%}{1-0} = 7.00\%$

普通股资本的比重：$W_4 = \frac{800}{2000} = 40\%$；资金成本率 $K_4 = \frac{25}{200} + 6\% = 18.50\%$

第一种筹资方案的综合资金成本率：
$K_A = 30\% \times 6.03\% + 20\% \times 6.70\% + 10\% \times 7.00\% + 40\% \times 18.50\% = 11.25\%$

② 第二种筹资方案

原有债务资本的比重：$W_1 = \frac{600}{2000} = 30\%$；资金成本率 $K_1 = \frac{9\% \times (1-33\%)}{1-0} = 6.03\%$

新增债务资本的比重：$W_2 = \frac{200}{2000} = 10\%$；资金成本率 $K_2 = \frac{10\% \times (1-33\%)}{1-0} = 6.70\%$

优先股资本的比重：$W_3 = \frac{200}{2000} = 10\%$；资金成本率 $K_3 = \frac{7\%}{1-0} = 7.00\%$

普通股资本的比重：$W_4 = \frac{1000}{2000} = 50\%$；资金成本率 $K_4 = \frac{25}{200} + 5\% = 17.50\%$

第二种筹资方案的综合资金成本率：
$K_B = 30\% \times 6.03\% + 10\% \times 6.70\% + 10\% \times 7.00\% + 50\% \times 17.50\% = 11.93\%$

因 $K_A < K_B$，故第二种筹资方案较经济。

复习思考题

1. 什么是项目资本金？其比例如何确定？项目资本金的来源渠道有哪些？
2. 项目融资有哪几种模式？各有何特点？
3. 什么是资金成本？各种不同来源的资金成本如何计算？
4. 权益融资和债务融资有何优缺点？
5. 融资风险有哪些表现形式？
6. 某公司为购买新设备，发行了一批新债券。每张债券票面值为10000元，年利率12%，一年分4次支付利息，15年期满。每张债券发行时市价9500元。如果所得税税率为25%，试计算公司新发行债券的资金成本。
7. 某公司从银行借款10万元，年利率12%，公司所得税为25%，筹资费假设为零，如果以下列方式支付利息，试计算借款的资金成本。

①一年分4次支付利息；②一年分12次支付利息；③一年分2次支付利息。

第6章 建设项目财务评价

6.1 财务评价概述

6.1.1 财务评价的概念

建设项目财务评价是从企业角度出发的经济效果评价,它既是项目经济评价的核心内容,同时也是其他评价的基础,因此建设项目财务评价是工程项目评价的重要内容。

建设项目财务评价是在国家现行财税制度和市场价格体系下,计算分析项目直接发生的财务效益和费用,编制财务报表,计算财务评价指标,考察拟建项目的盈利能力、偿债能力以及外汇平衡等财务状况,据以判别项目的财务可行性,为投资决策提供依据。

财务评价应在初步确定的建设方案、投资估算和融资方案的基础上进行,它与可行性研究的前几个环节都有密切联系。如投资、成本、利润等均来源于前期之调查,投资估算与拟建规模有关,成本与资源条件、原材料价格有关,利润是产品市场预测的基础上估算出来的。因此可行性研究是项目财务评价的基础。但项目财务评价的结果又可反馈到方案的设计中,用于方案的比选,优化方案的设计,因此财务评价与项目方案的选择是一个反复进行对比的一个过程,财务评价结果是项目可行性研究结论的重要组成部分,因此项目财务评价又是项目可行性研究的核心内容。项目财务评价与可行性研究其他各环节的关系如图 6-1 所示。

6.1.2 财务评价的内容、目的与任务

项目在财务上的生存能力取决于项目财务效益和费用的大小及其在时间上的分布情况,项目的合理性是通过编制财务报表及计算相应的评价指标来进行判断的。因此,项目财务评价的内容主要包括:财务效益和费用的识别与计量、资金筹措、财务报表的编制、财务评价指标的计算与分析等。

财务评价的目的和任务主要如下所述。

① 评价拟建项目的获利能力 从项目或企业角度出发,分析投资的效益与企业将由此获得的利益。项目投资的盈利水平是评价项目在财务上可行程度的基本标志,也是企业进行投资决策时考虑的首要因素。

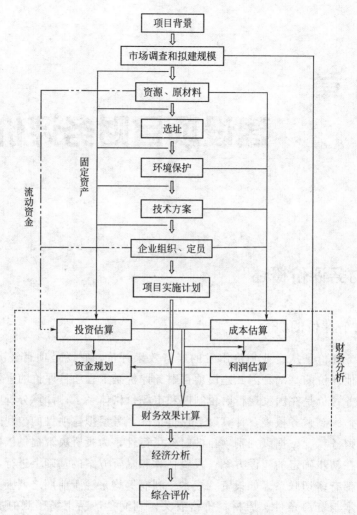

图 6-1 项目财务评价与可行性研究其他各环节的关系

② 评价拟建项目对投资和贷款的偿还能力　主要考察项目的财务状况和按期偿还债务的能力，它直接关系到企业面临的财务风险和财务信用程度。偿债能力的大小是企业进行筹资决策的重要依据。

③ 为企业制订资金规划　合理地筹措和使用资金服务。

④ 评价项目承受风险的能力　项目的盈利能力分析和偿债能力分析所用的工程经济要素数据一般是预测和估计的，具有一定的不确定性，因此应分析这些不确定因素对经济评价指标的影响，估计项目可能存在的风险，考察项目财务评价的可靠性。

⑤ 为协调企业利益和国家利益提供依据　对某些国民经济评价结论好，财务评价不可行但又为国计民生所急需的项目，必要时可向国家提出采取经济优惠措施的建议，使项目具有财务上的生存能力，此时，财务评价可以为优惠方式及幅度的确定提供依据。

6.1.3　财务评价的作用

财务评价对企业投资决策、银行提供贷款及有关部门审批项目具有十分重要的作用。

① 财务评价是项目评价决策的重要组成部分　对投资项目的评价应从多角度、多方面

进行，不仅在投资项目的前评价（决策分析）与评价的各个阶段中，财务评价是必不可少的重要内容，而且在机会研究、项目建议书、初步可行性研究、详细可行性研究各阶段中，财务评价也是其中的重要组成部分。

② 财务评价是投资决策的重要依据　项目决策所涉及的范围中，财务评价虽然不是唯一的决策依据，但却是重要的决策依据。在市场经济条件下，绝大部分项目的有关各方根据财务评价结果做出相应的决策：项目发起人决策是否发起或进一步推进该项目；投资人决策是否投资于该项目；债权人决策是否贷款给该项目；各级项目审批部门在做出是否批准该项目的决策时，财务评价结论也是重要的决策依据之一。具体说来，财务评价的盈利能力分析结论是投资决策的基本依据，其中项目资本金盈利能力分析结论同时也是融资决策的依据；偿债能力分析结论不仅是债权人决策贷款与否的依据，也是投资人确定融资方案的重要依据。因此，通过财务评价，可以科学地做出是否进行投资的决策。

③ 财务评价在项目或方案比选中起着重要作用　项目决策分析与评价的精髓是方案比选，无论是在规模、技术、工程等方面都必须通过方案比选予以优化，使项目整体更趋于合理，此时项目财务数据和指标往往是重要的比选依据。在投资机会不只一个的情况下，如何从多个备选项目中择优，往往是项目发起人、投资者，甚至是政府有关部门关心的事情，财务评价的结果在项目或方案比选中起着重要的作用。

④ 财务评价可以有效地支持投资各方谈判，促进平等合作　投资主体多元化已成为项目融资的主流，投资者之间存在着多种形式的合作，主要有国内合资或合作、中外合资或合作等，在酝酿合资、合作的过程中，财务评价结果起着促使投资各方平等合作的重要作用。

6.1.4　财务评价的步骤

项目财务评价是在项目市场研究和技术研究基础上进行的，它主要利用有关的基础数据，通过编制财务报表，计算财务评价指标进行财务分析，做出评价结论，其程序大致包括以下几个基本步骤。

a. 准备财务评价基础数据与参数。

包括：主要投入品和产出品财务价格、税率、利率、汇率、计算期、固定资产折旧率、无形资产及其他资产摊销年限，生产负荷及基准收益率等基础数据与参数。

b. 计算销售（营业）收入，估算成本费用。

c. 基本财务报表的编制。

将投资、费用、效益等基础数据汇总，分别编制反映项目财务盈利能力、清偿能力和项目生存能力的基本报表。主要有现金流量表、利润和利润分配表、资产负债表以及借款还本付息表等财务分析基本报表。

d. 财务评价指标计算与评价。

根据编制的基本财务报表，直接计算一系列反映项目盈利能力、偿债能力和财务生存能力指标，分别与对应的评价标准进行对比，对财务状况做出评价。反映项目财务盈利能力的指标包括静态（总投资收益率、资本金净利润率和静态投资回收期等）和动态指标（财务内部收益率、财务净现值和动态投资回收期等）；反映项目偿债能力的指标包括借款偿还期、利息备付率和偿债备付率等。

e. 进行不确定性与风险分析。

通过盈亏平衡分析、敏感性分析、概率分析等不确定性分析方法，分析项目可能面临的风险，及在不确定条件下适应市场变化的能力和抗风险的能力，得出风险情况下项目财务评价的结论。

f.最终结论，编写财务评价报告。

财务评价与计算步骤示意如图6-2所示。

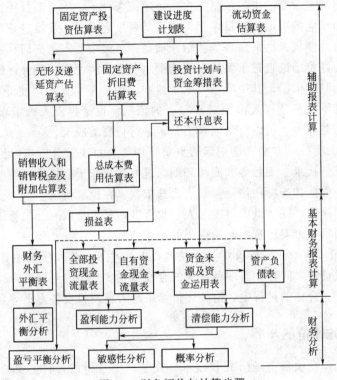

图6-2 财务评价与计算步骤

6.1.5 财务评价的基本原则

(1) 财务分析涉及的价格体系

影响价格变动的因素很多，但归纳起来不外乎两类：一类是相对价格变动因素；另一类是绝对价格变动因素。

相对价格是指商品间的价格比例关系。导致商品相对价格发生变化的因素很复杂，例如，供应量的变化、价格政策的变化、劳动生产率的变化等，都可能引起商品间比价的改变；消费水平变化、消费习惯改变、可替代产品的出现等引起供求关系发生变化，从而使供求均衡价格发生变化，也可以引起商品间比价的改变等。

绝对价格是指用货币单位表示的商品价格水平。绝对价格变动一般体现为物价总水平的变化，即因货币贬值引起的所有商品价格的普通上涨，或因货币升值引起的所有商品价格的下降。

在投资项目财务分析中，要对项目整个计算期内的价格进行预测，这必然会涉及如何处理价格变动的问题，包括通货膨胀因素问题。在整个计算期的若干年内，是采用同一个固定价格，还是各年都变动以及如何变动，这就是投资项目的财务分析采用什么价格体系的问题。

财务分析涉及的价格体系有三种，即固定价格体系、实价体系和时价体系。相应地，涉及三种价格，即基准价、时价和实价。

基准价是指以基年价格水平表示的，不考虑其后价格变动的价格，也称固定价格。如果采用基价，项目计算期内各年的价格都是相同的，就形成了财务分析的固定价格体系。一般选择评价工作进行的年份为基年，基价是确定项目涉及的各种货物预测价格的基础，也是估算建设投资的基础。

时价是指某一时期当时的市场价格。它包含了相对价格变动和绝对价格变动的影响，以当时的价格水平表示。以基准价为基础，按照预计的各种货物的不同价格上涨率，分别求出它们在计算期内任何一年的时价。时价计算的表达式：

$$P_{cn} = P_c(1+c_1)(1+c_2)\cdots(1+c_n)$$

式中 P_{cn}——第 n 年的时价；

P_c——基准价；

c_i——第 i 年的价格上涨率（$i=1,2,\cdots,n$）。

实价是指以基年价格水平表示的，只反映相对价格变动因素影响的价格，可以由时价扣除通货膨胀因素影响来求得实价。只有当物价总水平超过某个幅度时，才称为通货膨胀，通货膨胀率确切地说称为物价总水平上涨率更合适。

例如某货物 A 基准价为 100 元，第 1 年价格上涨率为 2%，通货膨胀率为 3.57%，则第 1 年货物 A 的实价为：

$$\frac{100\times(1+2\%)}{1+3.57\%} = 98.48（元）$$

这可以说明，虽然看起来第 1 年 A 的价格上涨了 2%，但扣除通货膨胀影响后，货物 A 的实际价格反而降低了，这有可能是由于某种原因使得其相对价格发生了变动。

(2) 财务分析的取价原则

① 财务分析应采用预测价格 财务分析是基于对拟建项目未来数年或更长年份的效益与费用的估算，而无论投入还是产出的未来价格都会发生各种各样的变化，为了合理反映项目的效益和财务状况，财务分析应采用预测价格。预测价格应是在选定的基年价格基础上，一般选择评价当年的为基年。至于采用何种价格体系，要视具体情况决定。

② 现金流量分析原则上采用实价体系 采用实价计算净现值和内部收益率，进行现金流量分析是国际上比较通行的做法。这样做，便于投资者考察投资的实际盈利能力。因为实价排除了通货膨胀因素的影响，消除了因通货膨胀（物价总水平上涨）带来的"浮肿利润"，能够相对真实地反映投资的盈利能力，为投资决策提供较为可靠的依据。如果采用含通货膨胀因素的时价进行盈利能力分析，特别是当对投入和产出采用同一时价上涨率时，就有可能使未来收益大大增加，因此形成"浮肿利润"，夸大了项目的盈利能力。

③ 偿债能力分析原则上采用时价体系 用时价进行财务预测，编制利润与利润分配表、财务计划现金流量表及资产负债表，有利于描述项目计算期内各年当时的财务状况，相对合理地进行偿债能力分析。这是国际上比较通行的做法。

为了满足实际投资的需要，在投资估算中必须包含通货膨胀因素引起投资增长的部分，一般通过计算涨价预备费来体现。同样，在融资计划中也应包括这部分费用，在投入运营后的还款计划中自然包括该部分费用的偿还。因此，只有采取既包含相对价格变化，又包含通货膨胀影响在内的时价表示投资费用和融资数额，并在其基础上进行计算，才能真实反映项目的偿债能力。

在实践中，并不要求对所有项目，或在所有情况下，都必须全部采用上述价格体系进行财务分析，多数情况下允许根据具体情况适当简化，可以考虑采用以下几种简化方法：

a. 在建设期间，既考虑通货膨胀因素，又考虑相对价格变化，包括对投资费用的估算和对经营期投入产出价格的预测；

b. 在项目经营期内，盈利能力分析和偿债能力分析可以采用同一套价格，即预测的经营期的价格；

c. 在项目经营期内，可根据项目产出的具体情况，选用固定价格（项目经营期内各年价格不变）或考虑相对价格变化的变动价格（项目经营期内各年价格不同，或某些年份价格不同）；

d. 当有明确要求或通货膨胀严重时，项目偿债能力分析要采用时价体系。

（3）财务评价的基本原则

① 费用与效益计算范围的一致性原则　只有将投入与产出的估算限定在同一范围内，计算的净效益才是投入的真实回报。

② 费用与效益识别的有无对比原则　有是指实施项目后的将来状况，无是指不实施项目时的将来状况。在识别项目的效益和费用时，需注意只有"有无对比"的差额部分才是由于项目的建设增加的效益和费用，即增量效益和费用。

③ 动态分析与静态分析相结合，以动态分析为主的原则　静态分析是指在项目决策分析与评价时，对资金的时间因素不作价值形态的量化，其缺点是很难反映未来时期的发展变化情况。动态分析则是指在项目决策分析与评价时考虑资金的时间价值，用复利计算方法计算资金的时间价值，进行价值判断；其优点表现在将不同时间内资金的流入和流出换算成同一时点的价值，为不同方案和不同项目的比较提供了同等的基础，并能反映出未来时期的发展变化情况。在项目决策分析与评价中可以根据工作阶段和深度要求的不同，采用静态分析与动态分析相结合，以动态分析为主静态分析为辅的决策分析与评价原则。

④ 基础数据确定中的稳妥原则　财务分析结果的准确性取决于基础数据的可靠性，资料数据是决策分析与评价的基础和必要条件，全面准确地了解和掌握决策分析与评价有关的资料数据是决策分析与评价的最基本要求。由于项目决策分析与评价是个动态过程，在实施中要注意新情况的出现，要及时、全面、准确地获取新的资料数据。

6.2　财务效益与费用估算

效益和费用是针对特定目标而言的，效益是对目标的贡献，费用则是对目标的负效益。客观、正确、效益和费用计算口径一致是计算项目财务效益和费用时应遵循的基本原则。项目的财务目标是获取尽可能大的利润，因此正确识别项目的财务效益和费用应以项目为界，以项目的直接收入和支出为目标。至于那些由于项目建设和运营所引起的外部费用和效益，只要不是直接由项目开支或获得的，就不是项目的财务费用和效益。项目的财务效益主要表现为生产经营的产品销售（经营）收入，财务费用表现为建设项目投资、经营成本和税金等各项支出，此外，项目得到的各种补贴、项目寿命期未回收的固定资产余值和流动资金等，也是项目得到的收入，在财务评价中作为效益处理。

6.2.1 财务效益与费用估算步骤

a. 熟悉项目概况，制订财务数据估算工作计划。
b. 收集资料。
c. 进行财务效益与费用估算。

6.2.2 建设投资估算

（1）投资估算的内容

投资估算的费用内容根据分析角度的不同，可有不同的划分。

① 从体现建设项目投资规模的角度，可分为固定资产投资估算和铺底流动资金估算 固定资产投资估算的费用内容又包括建筑安装工程费用、设备及工器具购置费、工程建设其他费用、预备费、建设期贷款利息以及固定资产投资方向调节税等；流动资金是指生产经营性项目投产后，用于购买原材料、燃料、支付工资及其他经营费用等所需的周转资金，流动资金的概念，实际上就是财务中的营运资金。

② 从体现资金的时间价值的角度，可分为静态投资和动态投资两项 静态投资是指不考虑资金的时间价值的投资部分，一般包括建筑安装工程费用、设备及工器具购置费、工程建设其他费用中静态部分（不涉及时间变化因素的部分），以及预备费里的基本预备费（不包括预备费里的涨价预备费）等。

动态投资包括工程建设其他投资中涉及价格、利率等时间动态因素的部分，如预备费里的涨价预备费，建设期贷款利息以及固定资产投资方向调节税。

根据资产保全原则，当项目建成投入经营时，固定资产投资、投资方向调节税和建设期利息形成固定资产、无形资产及递延资产。

固定资产是指使用期限超过一年、单位价值在规定标准以上，并且在使用过程中保持原有物质形态的资产，包括房屋及建筑物、机器设备、运输设备、工器具等。在工程项目投入运营之后，固定资产在使用过程中会逐渐磨损和贬值，其价值逐步转移到产品中去，这种伴随固定资产耗损发生的价值转移称为固定资产折旧。转移的价值以折旧费的形式计入产品成本，并通过产品的销售以货币形式回到投资者手中，固定资产使用一段时间后其原值扣除累计折旧费称为当时资产净值。工程项目寿命期结束时，固定资产的残余价值为期末残值，从原理上讲，固定资产期末残值是一项在期末可回收的现金流入。

无形资产是指能长期使用但没有实物形态的资产，包括专利权、商标权、土地使用权、商誉等。与固定资产类似，无形资产也有一定的有效服务期，无形资产的价值也要在服务期内逐渐转移到产品价值中去，无形资产的价值转移是以无形资产在有效期内逐年摊销的形式体现的，以年摊销费计入产品成本。递延资产是指不能全部计入当年损益，应当在以后年度内分期摊销的各项费用，包括开办费等。递延资产一般在项目投入运营后的一定年限（通常不低于 5 年）内平均摊销，以年摊销费计入产品成本。

在生产经营活动中，流动资金以现金及各种存款、存货、应收及预付款项等流动资产的形态出现，在整个项目寿命期内流动资金始终被占用并且周而复始地流动，到项目寿命期结束时，全部流动资金才能以货币资金的形式被收回。

投资构成与所形成的资产关系如图 6-3 所示。

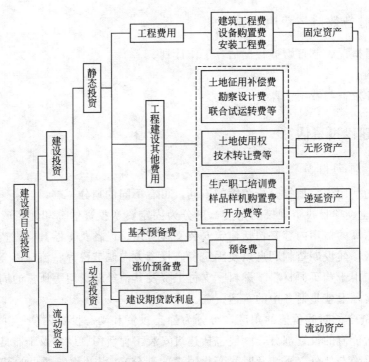

图 6-3 投资构成与所形成的资产关系图

(2) 建设投资估算的编制方法

① 静态投资估算的编制

a. 单位生产能力指数法。这种方法根据已建成的、性质类似的建设项目或生产装置的投资额和生产能力及拟建项目或生产装置的能力估算拟建项目的投资额。根据实际统计资料，生产能力不同的两个同类企业投资生产能力的指数幂成正比，其计算公式为：

$$I_2 = I_1 \left(\frac{C_2}{C_1}\right)^e f$$

式中　I_1，I_2——已建和拟建工程或装置的投资额；
　　　C_1，C_2——已建和拟建工程或装置的生产能力；
　　　f——不同时期、不同地点的定额、单价费用变更等的综合调整系数；
　　　e——投资、生产能力系数，$0 < e < 1$，根据不同类型企业的统计资料确定。

对于 e 的取值，若已建类似项目或装置与拟建项目或装置的规模相差不大，生产规模比值在 0.5~2 之间，则指数 e 的取值近似为 1；若已建类似项目或装置与拟建项目或装置的规模相差不大于 50 倍，且拟建项目规模的扩大仅靠增大设备规模来达到时，则指数 e 的取值约在 0.6~0.7 之间；若是靠增加相同规模设备数量达到目的时，则指数 e 的取值约在 0.8~0.9 之间；

采用这种方法，不需要详细的工程设计资料，只知道工艺流程及规模就可以；计算简单、速度快，但要求类似工程的资料可靠，条件基本相同，否则误差就会加大。

【例 6-1】 已知建设年产 30 万吨乙烯装置的投资额为 60000 万元，试估算建设年产 80 万吨乙烯装置的投资额（生产能力指数 $e = 0.6$，$f = 1.2$）。

解　建设年产 80 万吨乙烯装置的投资额

$$I_2 = I_1 \left(\frac{C_2}{C_1}\right)^e f = 60000 \times \left(\frac{80}{30}\right)^{0.6} \times 1.2 = 129692.164 \text{（万元）}$$

b. 比例估算法。以拟建项目或装置的设备费为基数，根据已建成的同类项目的建筑安装费和其他工程费等占设备价值的百分比，求出拟建项目建筑安装工程费和其他工程费而求出建设项目总投资，其计算公式为：

$$I = E(1 + f_1 P_1 + f_2 P_2 + f_3 P_3) + C$$

式中　　I——拟建工程项目的投资额；

E——拟建工程设备购置费的总和；

P_1, P_2, P_3——分别为已建项目中建筑工程、安装工程及其他工程费等占设备费的比重；

f_1, f_2, f_3——时间因素引起的定额、价格费用标准等变化的综合调整系数；

C——拟建项目的其他费用。

【例 6-2】 某建设项目拟用于设备购置的费用 1200 万元，已建同类工程项目的建筑工程、安装工程及其他工程费等分别占设备费的比重为 150％、70％、35％，三种费用的调整系数分别为 1.2、1.3、1.1，其他费用 60 万元，试估算此建设项目的投资额。

解　此建设项目的投资额为

$$I = E(1 + f_1 P_1 + f_2 P_2 + f_3 P_3) + C = 1200 \times (1 + 150\% \times 1.2 + 70\% \times 1.3 + 35\% \times 1.1) + 60 = 4974 \text{（万元）}$$

c. 朗格系数法。工艺设备是基本建设中最基本、最活跃的与生产能力直接相关的部分，是确定项目内容的基本数据之一，朗格系数法是以拟建工程的主体费用或主体设备费为基数乘以适当系数，来估算拟建项目的投资费用。朗格系数法方法简单，但没有考虑设备规格、材质的差异，准确度不高，其计算公式为：

$$I = CK_1$$

式中　　I——拟建工程项目的投资额；

C——拟建工程的工艺设备费；

K_1——朗格系数，$K_1 = (1 + \sum f_i) f_c$；

f_i——管线、仪表、建筑物等专业工程的投资费用系数；

f_c——包括管理费、合同费、应急费等间接费在内的总估算系数。

【例 6-3】 某建设项目主厂房部分，各专业工程的投资系数如表 6-1 所示，若项目主要工艺设备费为 2500 万元，管理费等为工程费用的 20％，不可预见费为工程费用及管理费用之和的 5％，试估算此建设项目主厂房全部建成的投资额。

表 6-1　各专业工程的投资系数

专业工程名称	专业工程投资系数 f_i	专业工程名称	专业工程投资系数 f_i
主要工艺设备	$f_0 = 1.000$	建筑工程	$f_1 = 0.751$
起重运输设备	$f_2 = 0.760$	工业炉	$f_3 = 0.122$
冷却设备	$f_4 = 0.006$	供电及热传设备	$f_5 = 0.212$
锅炉设备	$f_6 = 1.000$	给水排水工程	$f_7 = 0.035$
照明设备	$f_8 = 0.007$	采暖通风	$f_9 = 0.023$
工艺管道	$f_{10} = 0.004$	自动化仪器	$f_{11} = 0.021$

解　此建设项目主厂房全部建成的投资额为

$$I = CK_1 = C(1+\sum f_i)f_c$$
$$I = 2500 \times (1+0.751+0.760+0.122+0.006+0.212+1.000+0.035+0.007+0.023+$$
$$0.004+0.021) \times (1+20\%) \times (1+5\%) = 12414.15 （万元）$$

d. 指标估算法。在可行性研究阶段已比较齐全地掌握了项目的基本资料下，而且投资估算精度要求较高时，经常采用指标估算法。此方法是分别估算建筑工程费、安装工程费、设备工器具购置费，在此基础上估算工程建设其他费用及基本预备费，进而估算出工程费用。

② 动态投资的估算编制方法　动态投资的估算主要包括涨价预备费和建设期贷款利息的估算两个内容。

a. 涨价预备费。涨价预备费是指建设项目在建设期间由于价格等变化引起工程造价变化的预备、预留费用。涨价预备费的测算方法一般根据国家规定的投资综合价格指数，按估算年份价格水平的投资额为基数，采用复利法计算。计算公式为：

$$V = \sum_{1}^{n} k_t [(1+i)^t - 1]$$

式中　V——涨价预备费；

　　　n——建设期年份数；

　　　i——年均价格变动率（一般可根据工程造价指数信息的累计分析得出）；

　　　k_t——建设期中第 t 年的投资使用计划额（可根据建设项目资金使用计划表得出）。

b. 建设期贷款利息。建设期贷款利息包括向国内银行和其他非银行金融机构贷款、出口信贷、外国政府贷款、国际商业银行贷款以及在境内外发行的债券等在建设期间应偿还的贷款利息。国外贷款利息的计算还应包括国外贷款银行根据贷款协议向贷款方以年利率的方式收取的手续费、管理费、承诺费以及国内代理机构经国家主管部门批准的以年利率的方式向贷款单位收取的转贷费、担保费、管理费等。建设期贷款利息实行复利计算，因信贷规模、计息周期等具体贷款条件的不同，建设期贷款利息应选择合适的计算公式，一般如无特殊规定，可视为均衡贷款，按年计算，具体计算见 2.3 节内容。

（3）铺底流动资金的估算编制方法

铺底流动资金是保证项目投产后，能正常生产经营所需要的最基本的周转资金数额，是项目总投资中的一个组成部分。流动资金属于长期性流动资产，流动资金的筹措可通过长期负债和资本金的方式解决，流动资金利息应计入生产期间财务费用，项目计算期末收回全部流动资金。流动资金估算一般采用两种方法，即扩大指标估算法和分项详细估算法。

① 扩大指标估算法　扩大指标估算法是按照流动资金占有某种基数的比率来估算流动资金，一般常用的基数有销售收入、经营成本（总成本）、固定资产投资以及单位产量资金率等。究竟采用何种基数依行业习惯而定，所采用的比率依经验确定，或根据实际掌握的现有同类企业实际资料来确实，或依照行业、部门的参考值来确定。这种方法估算的准确度不高，适用于项目建议书阶段的投资估算。

② 分项详细估算法　分项详细估算法又称分项定额估算法，指按流动资金的构成分项计算并汇总。分项估算的基本思路是：按照项目各年生产运行的强度，估算出各大类的流动资产的最低需要量，汇总以后减去该年估算出的正常情况下的流动负债，再减去上年已注入的流动资金，就可得到该年流动资金的增加额。当项目达到正常生产运行水平后，流动资金就可不再注入。流动资金估算表见表 6-2。

估算公式：流动资金＝流动资产－流动负债

其中：

流动资产＝现金＋应收及预付账款＋存货

流动负债＝应付账款＋预算账款

现金＝（年工资及福利费＋年其他费用）/周转次数

年其他费用＝制造费用＋管理费用＋财务费用＋销售费用－以上四项中所含的工资及福利费、折旧费、维简费、摊销费、修理费和利息支出

应收（预付）账款＝年经营成本/周转次数

应付账款＝年外购原材料燃料动力＋备品备件费用/周转次数

存货＝外购原材料燃料＋在产品＋产成品

外购原材料燃料＝年外购原材料燃料费用/周转次数

在产品＝（年外购原材料燃料及动力费＋年工资及福利＋年维修费＋年其他制造费）/周转次数

产成品＝年经营成本/周转次数

表 6-2 流动资金估算表

序号	项目	最低周转天数	周转次数	达产期/年			正常生产期/年			
				4	5	6	7	8	...	n
1	流动资产									
1.1	应收账款									
1.2	存货									
1.3	现金									
2	流动负债									
2.1	应付账款									
3	流动资金(1－2)									
4	流动资金本年增加额									

【例 6-4】 某拟建项目，根据可行性报告提供的主厂房工艺设备清单和询价资料，估算出主厂房设备投资约 4600 万元。已建类似项目资料：与设备有关的其他各专业工程投资系数见表 6-3；与主厂房投资有关的辅助工程及附属设施投资系数见表 6-4。

表 6-3 与设备有关的其他各专业工程投资系数

加热炉	汽化冷却	余热锅炉	自动化仪表	起重设备	供电与转动	建安工程
0.13	0.02	0.03	0.01	0.08	0.16	0.42

表 6-4 与主厂房投资有关的辅助工程及附属设施投资系数

动力系统	机修系统	总图运输系统	行政及生活福利设施工程	工程建设其他费用
0.28	0.11	0.22	0.33	0.20

项目资金来源为自有资金和贷款，贷款总额 12000 万元，年贷款利率为 8%（按年计息），建设期三年（第 1 年投入 30%，第 2 年投入 50%，第 3 年投入 20%），预计建设期物价平均上涨 3%，基本预备费 5%，投资方向调节税 0%。试估算拟建项目的固定资产投资

额，编制投资估算表。

解 主厂房投资 = 4600×(1+0.13+0.02+0.03+0.01+0.08+0.16+0.42)
= 4600×1.85 = 8510（万元）

其中

主厂房建安工程投资 4600×0.42 = 1932（万元）

设备购置费 4600×1.43 = 6578（万元）

辅助工程费及工程建设其他费用 = 8510×(1+0.28+0.11+0.22+0.33+0.20) = 18211.4（万元）

基本预备费 = 18211.4×5% = 910.57（万元）

项目静态投资 = 18211.4+810.57 = 19121.97（万元）

建设期各年投资分别为 30%、50%、20%，涨价预备费：

第一年涨价预备费 = 19121.97×30%×[(1+3%)−1] = 172.1（万元）

第二年涨价预备费 = 19121.97×50%×[(1+3%)−1] = 582.26（万元）

第三年涨价预备费 = 19121.97×20%×[(1+3%)−1] = 354.63（万元）

涨价预备费 = 172.1+582.26+354.63 = 1111.99（万元）

建设期贷款利息：

第一年贷款利息 = $\left[0+12000\times30\%\times\dfrac{1}{2}\right]\times8\% = 144$（万元）

第二年贷款利息 = $\left[(3600+144)+12000\times50\%\times\dfrac{1}{2}\right]\times8\% = 539.52$（万元）

第三年贷款利息 = $\left[(9600+144+539.52)+12000\times20\%\times\dfrac{1}{2}\right]\times8\% = 918.68$（万元）

建设期贷款利息合计：144+539.52+918.68 = 1602.2（万元）

编制项目投资估算表，如表 6-5。

表 6-5 拟建项目投资估算表

序号	工程费用名称	系数	建安工程费/万元	设备购置费/万元	工程建设其他费用/万元	合计/万元	占投资总额/%
1	工程费		9931.4	6578		16509.4	75.6
1.1	主厂房		1932	6578			
1.2	动力系统	0.28	2382.8				
1.3	机修系统	0.11	936.1				
1.4	总图系统	0.22	1872.2				
1.5	行政福利生活设施	0.33	2808.3				
2	工程建设其他费用	0.20			1702	1702	7.8
	(1)+(2)					18211.4	
3	预备费				2022.56	2022.56	9.3
3.1	基本预备费				910.57		
3.2	涨价预备费				1111.99		
4	投资方向调节税	0			0	0	
5	建设期贷款利息				1602.2	1602.2	7.3
	项目建设投资(1+2+3+4+5)		9931.4	6578	5326.76	21836.16	100

6.2.3 销售（营业）收入估算

销售（营业）收入是指销售产品或提供服务所取得的收入，是项目财务效益的主体。

$$销售收入 = 销售量 \times 单价（含税）$$

在项目评价中，销售（营业）收入的估算基于一项重要假定：当年商品量等于当年销售量。营业收入估算的具体要求如下。

① 合理确定各年运营负荷 生产负荷是指项目生产运营期内生产能力的发挥程度，也称生产能力利用率，以百分比表示。生产负荷是计算销售收入和经营成本的依据之一，一般应按项目投产期和投产后正常生产年份分别设定生产负荷。运营负荷的高低与项目复杂程度、产品生命周期、技术成熟程度、市场开发程度、原材料供应、配套条件、管理因素等都有关系，在市场经济条件下，运营负荷的高低应主要取决于市场。

② 合理确定产品或服务的价格 产品或劳务取得了销售（营业）收入，就要缴纳相应的税费，包括增值税、消费税、营业税、资源税、城乡维护建设税、教育费附加等，财务评价中合理计算各种税费，是正确计算项目效益与费用的重要基础。在估算销售收入时，需同时估算与销售有关的税金及附加金额，并计算相应的增值税，但项目有多种产品时应分别估算或合理折算。

③ 编制销售（营业）收入、销售税金及附加和增值税估算表 如表 6-6 所示。

表 6-6 销售（营业）收入、销售税金及附加和增值税估算表

序号	项目	合计	建设期			运营期				
			1	2	3	4	5	6	…	n
1	销售(营业)收入									
1.1	产品销售收入									
	单价(含税)									
	数量									
	销项税额									
2	销售(营业)税金及附加									
2.1	营业税									
2.2	消费税									
2.3	城乡维护建设税									
2.4	教育费附加									
3	增值税									
	销项税额									
	进项税额									

6.2.4 成本费用估算

成本是财务评价的前提，是关系到拟建项目未来盈利能力的重要依据，因此应当实事求是地进行估算，力求提高估算的准确度。成本的估算应与销售收入的计算口径对应一致，各项费用应划分清楚，防止重复计算或低估费用支付。成本按生产要素进行归结分为总成本费用和经营成本，按成本与产量的关系分为固定成本和可变成本，为了估算简便，财务评价中

通常按成本要素进行归结分类估算。

总成本费用是指在一定时期内（一般为一年）为生产和销售产品或提供服务而发生的全部费用，按成本要素进行归结，总成本费用由外购原材料费、外购燃料及动力费、工资及福利费、修理费、折旧费、维简费、摊销费、财务费用（主要指利息支出）以及其他费用组成。

经营成本是项目总成本费用扣除折旧费、维简费、摊销费和利息支出以后的全部费用。

总成本费用估算表如表 6-7 所示。

表 6-7 总成本费用估算表

序号	项目	合计	建设期			运营期				
			1	2	3	4	5	6	…	n
1	外购原材料费									
2	外购燃料及动力费									
3	工资及福利费									
4	修理费									
5	折旧费									
6	维简费									
7	摊销费									
8	财务费用									
	其中：利息支出									
9	其他费用									
10	总成本费用(1+2+3+…+9)									
11	经营成本(10−5−6−7−8)									

具体分项成本估算方法如下所述。

① 外购原材料费　外购原材料费指在生产过程中消耗的各种原料、主要材料、辅助材料和包装物等。按入库价对外购原材料费进行估算，并要估算进项税额。

$$外购原材料费 = 消耗数量 \times 单价（含税）$$

② 外购燃料及动力费　外购燃料及动力费指在生产过程中消耗的固体、液体和气体等各种燃料及水、电、蒸汽等。按入库价对外购燃料及动力费进行估算，并要估算进项税额。

$$外购燃料及动力费 = 消耗数量 \times 单价（含税）$$

③ 工资及福利费　工资总额按职工定员人数及人均年工资计算，福利费按工资总额的一定比例（一般为 14%）计算。

$$工资总额 = 定员人数 \times 人均年工资 \qquad 福利费 = 工资总额 \times 一定比例$$

④ 修理费　修理费是指为保持固定资产的正常运转和使用，充分发挥其使用效能，对其进行必要修理所发生的费用。

$$修理费 = 固定资产原值（扣除建设期利息） \times 百分比率$$

百分比率的选取应考虑行业和项目的特点，一般取值为 1%～5%。

⑤ 折旧费　折旧是对固定资产磨损的价值补偿，是定期地计入到成本费用中的固定资产的转移价值。按照我国税法，允许企业逐年提取固定资产折旧，并在所得税前列支。

从计提范围看，企业在用的固定资产，包括经营用固定资产、非经营用固定资产、租出固定资产等，一般均应计提折旧，具体范围包括：房屋和建筑物；在用的机器设备、仪器仪表、运输工具；季节性停用、大修理停用的设备；融资租入和以经营租赁方式租出的固定资产。不计提折旧的固定资产包括：房屋、建筑物以外未投入使用的固定资产；以经营租赁方式租入的固定资产；以融资租赁方式租出的固定资产；已足额提取折旧仍继续使用的固定资产；与经营活动无关的固定资产；单独估价作为固定资产入账的土地；其他不得计算折旧扣除的固定资产。

从计算折旧的起止时间看，企业应当自固定资产投入使用月份的次月起计算折旧；停止使用的固定资产，应当自停止使用月份的次月起停止计算折旧。

为了正确计算折旧，除了正确地确定固定资产原值外，固定资产使用年限的确定也是一个重要的因素，估计使用年限的长短，直接影响到折旧额的大小，从而影响到产品成本的高低。为了使企业成本有可比性，我国对主要固定资产的折旧年限即使用年限有统一规定，根据税法规定，固定资产计算折旧的最低年限：房屋、建筑物为 20 年；飞机、火车、轮船、机器、机械和其他生产设备为 10 年；与生产经营活动有关的器具、工具、家具等为 5 年；飞机、火车、轮船以外的运输工具为 4 年；电子设备为 3 年。

固定资产的净残值是指固定资产报废时，预计可以收回的残余价值扣除预计清理费用后的数额。由于固定资产的预计残余价值和预计清理费用难以准确计算，为了避免人为地高估或低估固定资产净残值，国家规定，各类固定资产的净残值比例在原价的 3%～5% 内确定，净残值率低于 3% 或者高于 5% 的，由企业自主确定，并报主管财政机关备案。

我国税法规定，固定资产一般按照直线法计算折旧费，直线法计算包括平均年限法和工作量法。对于由于技术进步，产品更新换代较快的固定资产及常年处于强振动、高腐蚀状态的固定资产，可以采取加速折旧的方法，即固定资产每期计提的折旧费用，在前期提得较多，使固定资产的成本在使用年限中尽早地得到补偿。加速折旧法包括双倍余额递减法以及年数总和法。

a. 平均年限法。平均年限法是把应提折旧的固定资产总额按规定的折旧年限平均分摊求得每年的折旧额的一种折旧方法，具有计算简便的特点，是一种常用的计算方法。采用这种方法，固定资产在一定时期内应计提折旧额的大小，主要取决于三个因素，即固定资产的原值、预计使用年限和固定资产的净残值。平均年限法的固定资产折旧额计算公式如下：

$$年折旧率 = \frac{1-预计残值率}{折旧年限} \times 100\%$$

$$年折旧额 = \frac{固定资产原值 - 预计净残值}{折旧年限} = 固定资产原值 \times 年折旧率$$

式中，固定资产原值由工程费用（建筑工程费、设备及工器具购置费、安装费）、待摊投资（工程建设其他费用中去掉无形资产和其他资产的部分）、预备费和建设期利息构成。

b. 工作量法。某些固定资产，例如客货运汽车、大型专用设备，可以用实际工作量作为依据计算折旧，工作量法是指按固定资产所能工作的时数平均计算折旧的一种方法。

工作量法的固定资产折旧额计算公式如下。

按行驶里程计算：

$$年折旧额 = \frac{固定资产原值 \times (1-预计净残值率)}{总行驶里程} \times 年行驶里程$$

按工作小时计算：

$$年折旧额 = \frac{固定资产原值 \times (1-预计净残值率)}{总工作小时} \times 年工作小时$$

按台班计算：

$$年折旧额 = \frac{固定资产原值 \times (1-预计净残值率)}{总台班数} \times 年台班数$$

c. 双倍余额递减法。双倍余额递减法是在不考虑固定资产残值的情况下，根据每一期期初固定资产账面净值和双倍直线法折旧额计算固定资产折旧的一种方法。计算公式如下：

$$年折旧率 = \frac{2}{折旧年限} \times 100\%$$

$$年折旧额 = 年初固定资产净值 \times 年折旧率$$

由于双倍余额递减法不考虑固定资产的残值收入，因此，在应用这种方法时必须注意这样一个问题，即不能使固定资产的账面折余价值降低到它的预计残值收入以下。为了便于企业使用这一折旧方法，简化核算手续，有关制度规定，实行双倍余额递减法计提折旧的固定资产应当在其固定资产折旧年限到期前两年内，将固定资产净值扣除预计净残值后的净额平均摊销。

【例 6-5】 某企业一固定资产的原价为 10000 元，预计使用年限为 5 年，预计净残值 200 元，按双倍余额递减法计算折旧，求每年的折旧额。

解 双倍余额年折旧率 $= \frac{2}{5} \times 100\% = 40\%$

第一年应提的折旧额 $= 10000 \times 40\% = 4000$（元）

第二年应提的折旧额 $= (10000-4000) \times 40\% = 2400$（元）

第三年应提的折旧额 $= (6000-2400) \times 40\% = 1440$（元）

从第四年起改按平均年限法（直线法）计提折旧：

第四、第五年的年折旧额 $= \frac{(10000-4000-2400-1440-200)}{2} = 980$（元）

d. 年数总和法。年数总和法也称为合计年限法，是将固定资产的原值减去净残值后的净额和以一个逐年递减的折旧率计算每年的折旧额。年折旧率计算公式为：

$$年折旧率 = \frac{折旧年限-已使用年限}{年数总和} \times 100\% = \frac{折旧年限-已使用年限}{折旧年限 \times (折旧年限+1) \div 2} \times 100\%$$

【例 6-6】 某企业一固定资产的原价为 10000 元，预计使用年限为 5 年，预计净残值 200 元，按年数总和法计算折旧，求每年的折旧额。

解 第一年应提的折旧额 $= (10000-200) \times \frac{5}{(5+4+3+2+1)} \times 100\% = 3266.7$（元）

第二年应提的折旧额 $= (10000-200) \times \frac{4}{(5+4+3+2+1)} \times 100\% = 2613.3$（元）

第三年应提的折旧额 $= (10000-200) \times \frac{3}{(5+4+3+2+1)} \times 100\% = 1960$（元）

第四年应提的折旧额 $= (10000-200) \times \frac{2}{(5+4+3+2+1)} \times 100\% = 1306.7$（元）

第五年应提的折旧额 $= (10000-200) \times \frac{1}{(5+4+3+2+1)} \times 100\% = 653.3$（元）

由计算可以看出，年数总和法所计算的折旧费随着年数的增加而逐渐递减，这样可以保持固定资产使用成本的均衡性和防止固定资产因无损耗而遭受的损失。

⑥ 维简费　维简费的全称是维护简单再生产费，当时在计划经济体制下，规定对采矿地下工程不计提折旧，而是按产量提取矿山维简费作为补偿，因此在传统的项目财务评价方法中将其作为折旧对待，在计算经营成本时予以扣除。目前有的行业已不提矿山维简费而改提折旧，或缩小了计提矿山维简费的范围。矿山维简费的具体计算应按行业习惯或规定计取。

⑦ 摊销费　摊销费包括无形资产摊销和其他资产摊销两部分，摊销采用平均年限法，不计残值。

无形资产从开始使用之日起，在有效使用期限内平均摊入成本，若法律和合同或者企业申请书中均未规定有效期限或受益年限的，按照不少于10年的期限确定。

其他资产包括开办费，从企业开始生产经营月份的次月起，按照不少于5年的期限分期摊入成本。

⑧ 财务费用　财务费用是指因筹资而发生的各项费用，包括利息支出（减利息收入）、汇兑损失（减汇兑收益）以及相关的手续费等。在项目的财务评价中，一般只考虑利息支出，利息支出主要由长期借款利息、流动资金借款利息以及短期借款利息组成。

⑨ 其他费用　其他费用由其他制造费用、其他管理费用和其他销售费用三部分组成，是指从制造费用、管理费用和销售费用中分别去除工资及福利费、修理费、折旧费、矿山维简费、摊销费后的其余部分。

6.3 财务分析报表编制与评价指标计算

财务数据资料的收集、预测估算和整理工作是财务分析成败的关键所在，作为财务评价所需的基本数据，其结果主要汇集于辅助报表中，有了这些辅助报表，就可编制财务评价的基本报表和计算财务评价指标。

6.3.1　财务评价的辅助报表和基本报表

（1）财务评价的辅助报表

财务评价的辅助报表包括固定资产投资估算表、流动资金估算表、投资使用计划与资金筹措表、主要产出物和投入物使用价格依据表、单位产品生产成本估算表、固定资产折旧费估算表、无形及递延资产估算表、总成本费用估算表、产品销售（营业）收入和销售税金及附加估算表、借款还本付息计算表共十种。在财务评价时，这些辅助报表采用与否应根据项目的实际情况决定，一般较常用的有固定资产投资估算表、流动资金估算表、总成本费用估算表、产品销售（营业）收入和销售税金及附加估算表、借款还本付息计算表五种。

① 流动资金估算表　该表反映项目的流动资金数额及其流动资产和流动负债各项构成金额，为生产期的资金筹措提供依据（见表6-2）。

② 固定资产投资估算表　该表反映项目的全部固定资产投资数额及其构成（见表6-5）。

③ 产品销售（营业）收入和销售税金及附加估算表　该表反映项目在建成投产后其产品销售或提供劳务所得全部收入的构成，以及销售税金及附加的估算情况，是衡量项目财务效益和经济效益的决定因素（见表6-6）。

④ 总成本费用估算表 该表综合反映项目在建成投产后年总成本费用的估算值和构成以及由此划出的经营成本（见表6-7）。

⑤ 借款还本付息计算表 该表反映了项目对于建设投资中的借款偿付本金和利息支付情况，可以用来计算建设期利息、按最大能力方式的借款偿还期以及偿债备付率和利息备付率等指标（见表6-8）。

表6-8 借款还本付息计划表

序号	项目	计算期					
		1	2	3	4	...	n
1	外汇借款						
1.1	期初借款余额						
1.2	本年新增借款						
1.3	本年应计利息						
1.4	本年应还本金						
1.5	本年应付利息						
2	人民币借款						
2.1	期初借款余额						
2.2	本年新增借款						
2.3	本年应计利息						
2.4	本年应还本金						
2.5	本年应付利息						
2.6	期末借款余额						
3	还本资金来源						
3.1	未分配利润						
3.2	折旧费						
3.3	摊销费						
4	还本资金合计						
4.1	偿还外汇						
4.2	偿还人民币						

按现行财务制度规定，归还建设投资借款的资金来源主要是当年可用于还本的折旧费和摊销费、当年可用于还本的未分配利润、以前年度结余可用于还本资金和可用于还本的其他资金等。由于流动资金借款本金在项目计算期末一次性回收，因此不必考虑流动资金的偿还问题。

（2）财务评价的基本报表

财务评价的基本报表主要有财务现金流量表、损益表、资金来源与运用表、资产负债表及财务外汇平衡表五种。

① 财务现金流量表 现金流量是现金流入与现金流出的统称，它是以项目作为一个独立系统，反映项目在计算期内实际发生的流入和流出的现金活动及其流动数量。现金流量表是指反映项目在计算期内各年的现金流入、现金流出和净现金流量的计算表格。编制现金流

量表的主要作用是计算各项动态和静态评价指标,进行项目财务盈利能力分析。此外,现金流量表只反映项目在计算期内各年实际发生的现金收支,不反映非现金收支(如折旧费、摊销费、应收及应付款等)。

现金流量表按投资计算基础的不同分为以下几种。

a. 全部投资现金流量表。该表不分投资来源,以全部投资作为计算基础,用以计算全部投资所得税前及税后的财务内部收益率、财务净现值及投资回收期等财务分析指标,考察项目全部投资的盈利能力。

由于项目各个融资方案不同,所采用的利率也是不同的,所以编制项目投资现金流量表时,不考虑融资即利息因素对项目的影响,为各个投资方案的比较建立了共同基础。此外,由于项目的建设性质和建设内容不同,项目的所得税率和享受的国家优惠政策也是不相同的,因此,在编制项目投资现金流量表时,一般要计算所得税前税后的财务内部收益率、财务净现值和投资回收期等指标。全部投资现金流量表见表6-9。

表6-9 全部投资现金流量表

序号	项目	计算期					
		1	2	3	4	…	n
1	现金流入						
1.1	产品销售收入						
1.2	回收固定资产余值						
1.3	回收流动资金						
2	现金流出						
2.1	固定资产投资						
2.2	流动资金						
2.3	经营成本						
2.4	销售税金及附加						
2.5	所得税						
2.6	特种基金						
3	净现金流量(1-2)						
4	累计净现金流量						
5	所得税前净现金流量						
6	所得税前累计净现金流量						

计算指标:
财务内部收益率: (所得税前)   财务内部收益率: (所得税后)
财务净现值: (所得税前)   财务净现值: (所得税后)
投资回收期: (所得税前)   投资回收期: (所得税后)

全部投资现金流量表的现金流入为营业(产品销售)收入、回收固定资产余值、回收流动资金之和。其中,营业(产品销售)收入的各年数据取自产品销售(营业)收入和销售税金及附加估算表,流动资金回收额为全部流动资金,固定资产余值和流动资金均在计算期最后一年回收。

现金流出由投资、成本及税金等分项组成。其中,固定资产投资和流动资金的数额取自投资计划与资金筹措表，经营成本取自总成本费用估算表，销售税金及附加取自产品销售（营业）收入和销售税金及附加估算表，所得税及特种基金的数据则来源于损益表。

项目计算期各年的净现金流量为各年现金流入量减对应年份的现金流出量，各年累计净现金流量为本年及以前各年净现金流量之和。

所得税前净现金流量为上述净现金流量加所得税和特种基金两项，也即在现金流出中不计入所得税和特种基金时的净现金流量。

b. 自有资金现金流量表。该表从投资者角度出发，以投资者的出资额作为计算基础，把借款本金偿还和利息支付作为现金流出（由于现金流入是全部投资所获得的），用以计算自有资金财务内部收益率、财务净现值等评价指标，考察项目自有资金的盈利能力。

自有资金现金流量表的现金流入内容与全部投资现金流量表相同，现金流出除项目投入的自有资金、借款本金偿还、借款利息支付外，其他现金流出与全部投资现金流量表相同。自有资金现金流量表见表6-10。

表6-10　自有资金现金流量表

序号	项　目	计算期					
		1	2	3	4	…	n
1	现金流入						
1.1	产品销售收入						
1.2	回收固定资产余值						
1.3	回收流动资金						
2	现金流出						
2.1	自有资金						
2.2	借款本金偿还						
2.3	借款利息支付						
2.4	经营成本						
2.5	销售税金及附加						
2.6	所得税						
2.7	特种基金						
3	净现金流量(1-2)						

计算指标：
财务内部收益率：　　　　　　　　财务净现值：

② 损益表　该表反映了项目计算期内各年的利润总额、所得税及税后利润的分配情况，用以计算投资利润率、投资利税率和资本金利润率等指标（见表6-11）。

表6-11　损益表

序号	项　目	计算期					
		1	2	3	4	…	n
1	销售收入						
2	销售税金及附加						
3	总成本费用						

续表

序号	项　目	计算期					
		1	2	3	4	…	n
4	利润总额(1-2-3)						
5	弥补以前年亏损						
6	应纳税所得额						
7	所得税						
8	税后利润(5-8)						
9	特种基金						
10	期初未分配利润						
11	可供分配利润(9-10+11)						
11.1	盈余公积金						
11.2	可供分配的利润						
11.3	未分配利润						
12	累计未分配利润						

a. 利润总额。利润总额是项目在一定时期内实现盈亏总额，即产品销售（营业）收入扣除销售税金及附加和总成本费用之后的数额。用公式表示为：

利润总额＝产品销售（营业）收入－销售税金及附加－总成本费用

产品销售（营业）收入和销售税金及附加依据产品销售（营业）收入和销售税金及附加和增值税估算表填列，总成本费用依据总成本费用估算表填列。

b. 项目亏损及亏损弥补的处理。项目在上一个年度发生亏损，可用当年获得的所得税前利润弥补；当年所得税前利润不足弥补的，可以在5年内用所得税前利润延续弥补；延续5年未弥补的亏损，用缴纳所得税后的利润弥补。

c. 所得税的计算。利润总额按照现行财务制度规定进行调整（如弥补上年的亏损）后，作为计算项目应缴纳所得税税额的计税基数。用公式表示为：

应纳税所得额＝利润总额－弥补以前年度亏损

d. 可供分配的利润。所得税后利润即净利润，与期初未分配利润之和，扣除特种基金后构成可供分配的利润。

可供分配利润＝净利润＋期初未分配利润－特种基金

e. 提取法定盈余公积金。法定盈余公积金按当年税后净利润的10%提取，其累计额达到项目法人注册资本的50%以上可不再提取。法定盈余公积金可用于弥补亏损或按照国家规定转增资本金等。

f. 可分配的利润。提取法定盈余公积金后的净利润为可供投资者分配的利润，可分配利润按照下列分配顺序分配。

第一，应付优先股利，是指按照利润分配方案分配给优先股股东的现金股利。

第二，提取任意盈余公积金。除按法律、法规规定提取法定盈余公积金之外，企业按照公司章程规定或投资者会议决议，还可以提取任意盈余公积金，提取比例由企业自定。

第三，应付普通股股利。按照利润分配方案分配给普通股股东的现金股利。项目当年无盈利，不得向投资者分配利润；企业上年度未分配的利润，可以并入当年向投资者分配。

第四，经过上述分配后的剩余部分为未分配利润。未分配利润主要偿还长期借款。按照国家现行财务制度规定，可供分配利润应首先用于偿还长期借款，借款偿还完毕，才可向投资者进行利润分配。

③ 资金来源与运用表　资金来源与运用表反映了项目计算期内各年的资金盈余或短缺情况，用于选择资金筹措方案，制订适宜的借款及偿还计划，并为编制资产负债表提供依据，如表 6-12 所示。

表 6-12　资金来源与运用表

序号	项目	计算期					
		1	2	3	4	…	n
1	资金来源						
1.1	利润总额						
1.2	折旧费						
1.3	摊销费						
1.4	长期借款						
1.5	流动资金借款						
1.6	其他短期借款						
1.7	自有资金						
1.8	回收固定资产余值						
1.9	回收流动资金						
2	资金运用						
2.1	固定资产投资						
2.2	建设期利息						
2.3	流动资金						
2.4	所得税						
2.5	特种基金						
2.6	应付利润						
2.7	长期借款还本						
2.8	流动资金借款还本						
2.9	其他短期借款还本						
3	盈余资金						
4	累计盈余资金						

资金来源与运用表能全面反映项目的资金活动全貌。编制该表时，首先要计算项目计算期内各年的资金来源与资金运用，然后通过资金来源与资金运用的差额反映项目各年的资金盈余或短缺情况。项目的资金筹措方案和借款及偿还计划应能使表中各年度的累计盈余资金始终大于或等于零，否则项目将因资金短缺而不能按计划进行。

④ 资产负债表　资产负债表综合反映了计算期内各年末资产、负债和所有者权益的增减变化及对应关系，以考察项目资产、负债和所有者权益的结构是否合理，用以计算资产负债率、流动比率及速动比率，进行偿债能力分析。

资产负债表是根据会计恒等式进行设计和编制的,会计恒等式为:

$$资产=负债+所有者权益$$

根据会计制度,资产和负债均从易流动向固定排列,并将资产排列在前,负债和所有者权益排列在后。资产主要包括:流动资产(货币资金、应收账款、存货、盈余资金)、在建工程、固定资产净值、无形及其他资产净值。负债主要有:流动负债(短期借款、应付账款、预收账款、其他)、建设投资借款、流动资金借款、建设投资借款、流动资金借款。所有者权益主要是资本金、盈余公积金、未分配利润。

资产负债表根据建设期利息估算表、流动资金估算表、总成本费用估算表、固定资产折旧费估算表、无形资产和其他资产摊销估算表等计算填写。具体如表 6-13 所示。

表 6-13 资产负债表

序号	项目	计算期					
		1	2	3	4	…	n
1	资产						
1.1	流动资产总额						
1.1.1	货币资金						
1.1.2	应收账款						
1.1.3	存货						
1.1.4	累计盈余资金						
1.2	在建工程						
1.3	固定资产净值						
1.4	无形及其他资产净值						
2	负债及所有者权益						
2.1	流动负债总额						
2.1.1	流动资金借款						
2.1.2	应付账款						
2.1.3	其他短期借款						
2.2	长期借款						
	负债小计(2.1+2.2)						
2.3	所有者权益						
2.3.1	资本金						
2.3.2	资本公积金						
2.3.3	累计盈余公积金						
2.3.4	累计未分配利润						

⑤ 财务外汇平衡表 该表适用于有外汇收支的项目,用以反映项目计算期内各年外汇余缺程度、进行外汇平衡分析。对外汇不能平衡的项目,即外汇余缺出现负值的项目应根据外汇短缺程度,提出切实可行的具体解决方案。财务外汇平衡表如表 6-14 所示。

表 6-14 财务外汇平衡表

序号	项目	计算期					
		1	2	3	4	…	n
1	外汇来源						
1.1	产品销售外汇收入						
1.2	外汇借款						
1.3	其他外汇收入(含自筹外汇等)						
2	外汇运用						
2.1	固定资产投资中外汇支出						
2.2	进口原材料						
2.3	进口零部件						
2.4	生产期支付的技术转让费						
2.5	偿付外汇借款利息						
2.6	其他外汇支出						
2.7	外汇余缺						

外汇余缺可由表中其他数据按照外汇来源等于外汇运用的等式直接推算，其他各项数据分别来自与收入、投资、资金筹措、成本费用、借款偿还等相关的估算报表或估算资料。

经济效果计算所依据的是"现金流量表"，资金安排计划则集中表现在"资金来源与资金运用表"上，这是财务评价中两个最重要的基本报表。各种辅助报表与基本报表之间的关系如图 6-4 所示。

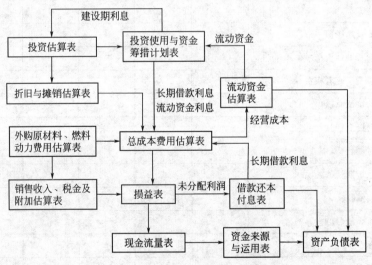

图 6-4 辅助报表与基本报表关系图

6.3.2 财务评价指标的计算与分析

具备了足够的数据、资料，编制完财务评价的辅助报表和基本报表后，就可计算与分析反映项目投资效果的财务评价指标。建设项目财务评价的评价内容、基本报表及评价指标的对应关系见表 6-15，其中财务内部收益率、全部投资回收期、资产负债率为必做指标，其他指标可根据具体情况决定取舍。

表 6-15　财务分析指标与基本报表的关系

评价内容		基本报表	财务评价指标	
			静态指标	动态指标
融资前分析	盈利能力分析	全部投资现金流量表	全部投资静态回收期(P_t)	财务内部收益率(IRR) 财务净现值(NPV) 全部投资动态回收期
融资后分析	盈利能力分析	自有资金现金流量表		财务净现值(NPV) 财务内部收益率(IRR)
		损益表	投资利润率(利税率)(ROI) 资本金利润率(ROE)	
	清偿能力分析	资产负债表	资产负债率($LOAR$) 流动比率 速动比率	
		借款还本付息计算表	利息备付率(ICR) 偿债备付率($DSCR$)	
		资金来源与运用表	借款偿还期	
	外汇平衡分析	财务外汇平衡表		外汇净现值 外汇节汇成本 外汇换汇成本
不确定性分析	盈亏平衡分析	总成本费用表	盈亏平衡点产量(或单价、成本) 平衡点生产能力利用率	
	敏感性分析	现金流量表		财务内部收益率 财务净现值 (敏感度系数、临界点)
	概率分析			财务净现值期望值 净现值≥0 的累计概率

盈利能力是反映项目财务效益的主要标志，根据项目融资与否，财务分析分为融资前分析和融资后分析，一般宜先进行融资前分析，在融资前分析结论满足要求的情况下，初步设定融资方案，再进行融资后分析。在项目建议书阶段，可只进行融资前分析。

融资前分析应以动态分析为主，静态分析为辅。融资前分析计算的相关指标，应作为初步投资决策与融资方案研究的依据和基础。

融资后分析应以融资前分析和初步的融资方案为基础，融资后分析用于比选融资方案，帮助投资者做出融资决策。

不确定性分析至少应包括盈亏平衡分析和敏感性分析，根据项目特点和实际需要，有条件时还应进行概率分析。敏感性分析的指标通常为财务内部收益率，概率分析一般是计算项目财务净现值的期望值及净现值大于等于零的累计概率。

上述大部分经济效果指标（如财务净现值、财务内部收益率、投资回收期、投资收益率、借款偿还期、资产负债率、流动比率、利息备付率等）的含义与计算及评判标准，我们在前面已经详细讨论过，具体内容详见第 3 章。它们主要通过现金流序列进行计算，因此我们的关键是要在正确划分效益费用的基础上，从已有的数据资料中导出投资项目的现金流序列，从而计算这些指标。

对于大量使用外汇和创汇的项目，要在净外汇流量基础上计算财务外汇净现值和财务换汇成本或节汇成本。

财务外汇净现值的计算公式：

$$NPV_F = \sum_{t=1}^{n}(FI-FO)_t(1+i)^{-t}$$

式中　NPV_F——财务外汇净现值；
　　　　FI——外汇流入；
　　　　FO——外汇流出；
　　$(FI-FO)_t$——第 t 年的净外汇流量；
　　　　i——折现率，一般可取外汇贷款利率。

在计算外汇流量时，应包括直接效果和间接效果两个部分，直接效果指项目的直接净外汇流量，间接效果指替代进口效果产生的外汇流量。

财务外汇净现值是评价建设项目实施后对国家外汇状况影响的重要指标，如 $NPV_F \geqslant 0$，表明项目能创汇，对国家外汇有净贡献；反之，说明项目不能创汇。

财务换汇成本是指换取 1 美元外汇所需要的人民币金额，其计算原则是项目计算期内生产出口产品所投入的国内资源的现值，与生产出口产品的外汇净现值之比。

财务换汇成本的计算公式：

$$财务外汇成本 = \frac{\sum_{t=1}^{n} DR_t (1+i)^{-t}}{\sum_{t=1}^{n} (FI-FO)_t (1+i)^{-t}}$$

式中　DR_t——建设项目在第 t 年生产出口产品投入的国内资源的现值。

当项目的产品按替代进口对待时，应计算经济节汇成本，即节汇 1 美元所需的人民币金额，它等于项目为生产替代进口产品而投入的国内资源现值与经济外汇净现值之比。

6.3.3　不确定性分析

不确定性分析用于估计项目可能承担的风险及项目抗风险能力，进行项目在不确定情况下的财务可靠性分析。不确定性分析方法在前面已经详细讨论过，具体内容详见第 4 章。

6.4　建设项目财务评价案例

本项目为新建化工项目，由国内 A、B 两投资方组建的项目公司建设和经营，拟生产目前国内外市场较为紧俏的产品。这种产品目前国内市场供不应求，每年需要一定数量的进口，项目投产后可以以产顶进。

项目生产规模为年产 2.3 万吨，主要技术和设备拟从国外引进。厂址位于城市近郊，占地约 300 亩，靠近主要原料和燃料产地，且交通运输方便，水电供应可靠。

项目主要设施包括生产车间、与工艺生产相适应的辅助生产设施、公用工程，以及有关的生产管理和生活福利等设施。

本项目经济评价前的基础工作已经完成，对项目市场、生产规模、工艺技术方案、原材料和燃料及动力供应、建厂条件和厂址方案、公用工程和辅助设施、环境保护、工厂组织和劳动定员，以及项目实施规划等基础数据资料均为项目可行性研究报告推荐的技术方案、产品方案、建设条件。项目计算期包括建设期和生产经营期，根据项目实施计划建设期为 3 年，生产运营期为 15 年，项目计算期为 18 年。

6.4.1 有关财务基础数据资料

(1) 投资估算、投资使用计划及资金筹措

① 固定资产投资估算

a. 本项目固定资产投资概算估算额为53786万元,其中外汇为4452万美元,基本预备费按工程费和其他费用合计的10%计算,涨价预备费的计算仅考虑国内投资的涨价因素,建设期年平均涨价率为6%,外汇与人民币换算的汇率为1美元=6.75元人民币。

b. 本项目固定资产投资方向调节税为5%,据此估算的项目固定资产投资方向调节税为2689万元。

c. 建设期利息根据资金来源及投资使用计划估算,估算值为5013万元,其中外汇为606万美元。固定资产投资估算结果见表6-16(辅助报表1)。

② 流动资金估算 本项目流动资金按分项详细估算法进行,估算总额为7266万元。流动资金估算结果见表6-17(辅助报表2)。

③ 项目总投资 本项目总投资为固定资产投资、固定资产投资方向调节税、建设期贷款利息及流动资金之和。即:总投资=53786+2689+5013+7266=68754(万元),其中外汇为5058万美元。

④ 投资使用计划 根据项目实施进度计划,项目建设期为3年,投资分年使用比例为第一年20%、第二年55%、第三年25%。流动资金从投产第一年起按生产负荷安排使用,项目第四年投产,当年生产负荷为设计能力的70%,投产第二年为90%,投产第三年起达设计能力的100%。

⑤ 资金筹措 项目自有资金为2.2亿元,其余均为借款,外汇借款年有效利率9%,固定资产投资人民币借款的年有效利率为9.6%,流动资金人民币借款的年有效利率为8.46%。投资使用计划与资金筹措表详见表6-18(辅助报表3)。

(2) 项目折旧及摊销费

① 固定资产折旧费 项目计入固定资产原值的费用包括:固定资产投资中的工程费用、土地费用和预备费、投资方向调节税、建设期利息。固定资产原值合计58282万元,按年限平均法计算折旧,折旧年限为15年,净残值率4%,计算得到年折旧额为3730万元。固定资产折旧费估算表详见表6-19(辅助报表6)。

② 无形资产及递延资产摊销费 项目固定资产投资中第二部分费用(即其他费用项)除土地费进入固定资产原值外其余费用为无形资产及递延资产,其值为3206万元,其中无形资产为2476万元、递延资产730万元。无形资产按10年摊销,年摊销费计算得约248万元,递延资产按5年摊销,年摊销费计算得146万元。无形及递延资产摊销费估算表详见表6-20(辅助报表7)。

(3) 销售收入、销售税金及附加

产品销售价格根据财务评价的定价原则确定。考虑到本项目产品属国内外市场较紧俏产品,在一段时间内仍呈供不应求状态,经分析论证确定产品销售价格以近几年国内市场已实现的价格为基础,预测到生产期初的市场价格,每吨产品出厂价(含税价)按1.68万元计算,正常生产年份的年销售收入估算值为38640万元(含税销售收入)。

销售税金及附加按国家规定计取。产品缴纳增值税,增值税税率17%,城市维护建设税按增值税额的7%计取,教育费附加按增值税额的3%计取。正常年份的年销售税金及附加估算值为3206万元。

销售收入、销售税金及附加估算表详见表6-21(辅助报表9)。

表 6-16　固定资产投资估算表（辅助报表 1）

序号	工程费用名称	估算价值					固定资产投资比例/%	备注
		建筑工程/万元	设备购置/万元	安装工程/万元	其他费用/万元	合计/万元	其中外汇/万美元	
1	固定资产投资	3466	28864	11452	10003	53786	4452	100
1.1	工程费用	3466	28864	11452		43782	3736	81
1.1.1	主要生产项目	1031	23976	10121	1121	35128	3736	
	其中:外汇		2615	870				
1.1.2	辅助生产车间	383	1052	51		1486		
1.1.3	公用工程	449	2488	1017		3954		
1.1.4	环保工程	185	1100	225		1510		
1.1.5	总图运输	52	248			300		
1.1.6	服务性工程	262				262		
1.1.7	生活福利工程	1104				1104		
1.1.8	厂外工程			38		38		
1.2	其他费用				3818	3818		7
	其中:土地费用				612	612	311	
	合计(1.1+1.2)	3466	28864	11452	3818	47600	4047	
1.3	预备费				6186	6186	405	12
1.3.1	基本预备费				4760	4760	405	
1.3.2	涨价预备费				1426	1426		
2	投资方向调节税				2689	2689		
3	建设期利息				5013	5013	606	
	合计(1+2+3)	3466	28864	11452	17706	61488	5058	

表 6-17 流动资金估算表（辅助报表 2）

单位：万元

序号	项目	最低周转天数	周转次数	投资期限/年			到达设计生产能力期限/年											
				4	5	6	7	8	9	10	11	12	13	14	15	16	17	18
1	流动资产			6170	7933	8814	8814	8814	8814	8814	8814	8814	8814	8814	8814	8814	8814	8814
1.1	应收账款	30	12	1278	1643	1826	1826	1826	1826	1826	1826	1826	1826	1826	1826	1826	1826	1826
1.2	存款			4851	6237	6930	6930	6930	6930	6930	6930	6930	6930	6930	6930	6930	6930	6930
1.3	现金	15	24	41	52	58	58	58	58	58	58	58	58	58	58	58	58	58
2	流动负债			1084	1393	1548	1548	1548	1548	1548	1548	1548	1548	1548	1548	1548	1548	1548
2.1	应付账款	30	12	1084	1393	1548	1548	1548	1548	1548	1548	1548	1548	1548	1548	1548	1548	1548
3	流动资金 (1-2)			5086	6540	7266	7266	7266	7266	7266	7266	7266	7266	7266	7266	7266	7266	7266
4	本年增长额			5086	1454	726	0	0	0	0	0	0	0	0	0	0	0	0

表 6-18 投资使用计划与资金筹措表（辅助报表 3）

序号	项目	合计人民币/万元	年份					
			1	2	3	4	5	6
1	总投资	68754	11317 万元(其中外汇 931 万美元)	32605 万元(其中外汇 2642 万美元)	17566 万元(其中外汇 1485 万美元)	5086 万元	1453 万元	727 万元
1.1	固定资产投资	53786	10472 万元(其中外汇 891 万美元)	29534 万元(其中外汇 2449 万美元)	13779 万元(其中外汇 1114 万美元)			
1.2	投资方向调节税	2690	523 万元	1477 万元	690 万元			
1.3	建设期利息	5013	322 万元(其中外汇 40 万美元)	1594 万元(其中外汇 193 万美元)	3097 万元(其中外汇 371 万美元)			
1.4	流动资金	7266				5086 万元	1453 万元	727 万元
2	资金筹措	68754	11317 万元(其中外汇 931 万美元)	32605 万元(其中外汇 2642 万美元)	17566 万元(其中外汇 1485 万美元)	5086 万元	1453 万元	727 万元
2.1	自有资金	22000	3920 万元	10780 万元	4900 万元	2400 万元		
2.1.1	资本金	22000	3920 万元	10780 万元	4900 万元	2400 万元		
2.1.2	资本溢价							
2.2	借款	46754	7397 万元(其中外汇 931 万美元)	21825 万元(其中外汇 2642 万美元)	12666 万元(其中外汇 1485 万美元)	2686 万元	1453 万元	727 万元
2.2.1	长期借款	41888	7397 万元(其中外汇 931 万美元)	21825 万元(其中外汇 2642 万美元)	12666 万元(其中外汇 1485 万美元)	2686 万元	1453 万元	727 万元
2.2.2	流动资金借款	4866						
2.2.3	短期借款							

表 6-19　固定资产折旧费估算表（辅助报表 6）

单位：万元

序号	项目	合计	折旧年限	折旧率/%	投产期限/年					到达设计生产能力期限/年									
					4	5	6	7	8	9	10	11	12	13	14	15	16	17	18
1	固定资产合计																		
1.1	原值	58282																	
1.2	折旧费		15	6.40	3730	3730	3730	3730	3730	3730	3730	3730	3730	3730	3730	3730	3730	3730	3730
	净值				54552	50822	47092	43362	39632	35902	32172	28442	24712	20982	17252	13522	9792	6062	2332

表 6-20　无形及递延资产摊销估算表（辅助报表 7）

单位：万元

序号	项目	摊销年限	原值	投产期限/年			到达设计生产能力期限/年						
				4	5	6	7	8	9	10	11	12	13
1	无形资产												
1.1	摊销费	10	2476	248	248	248	248	248	248	248	248	248	248
1.2	净值			2228	1980	1732	1484	1236	988	740	492	248	0
2	递延资产（开办费）												
2.1	摊销费	5	730	146	146	146	146	146					
2.2	净值			584	438	292	146	0					
3	无形及递延资产合计		3206										
3.1	摊销费			394	394	394	394	394	248	248	248	248	248
3.2	净值			2812	2418	2024	1630	1382	1236	988	740	492	0

表 6-21　销售收入、销售税金及附加估算表（辅助报表 9）

单位：万元

序号	项目	投产期限/年		到达设计生产能力期限/年											
		4	5	6	7	8	9	10	11	12	13	14	15	16	17	18
1	销售收入	27048	34776	38640	38640	38640	38640	38640	38640	38640	38640	38640	38640	38640	38640	38640
1.1	产品销售收入（含税）	27048	34776	38640	38640	38640	38640	38640	38640	38640	38640	38640	38640	38640	38640	38640
	单价（含税）/元	16800	16800	16800	16800	16800	16800	16800	16800	16800	16800	16800	16800	16800	16800	16800
	数量/吨	16100	20700	23000	23000	23000	23000	23000	23000	23000	23000	23000	23000	23000	23000	23000
	销项税额	3930	5053	5614	5614	5614	5614	5614	5614	5614	5614	5614	5614	5614	5614	5614
2	销售税	2244	2886	3206	3206	3206	3206	3206	3206	3206	3206	3206	3206	3206	3206	3206
2.1	增值税额	2040	2623	2915	2915	2915	2915	2915	2915	2915	2915	2915	2916	2915	2915	2915
	销项税额	3930	5053	5614	5614	5614	5614	5614	5614	5614	5614	5614	5614	5614	5614	5614
	进项税额	1890	2430	2699	2699	2699	2699	2699	2699	2699	2699	2699	2699	2699	2699	2699
2.2	城市维护建设税	143	184	204	204	204	204	204	204	204	204	204	204	204	204	204
2.3	教育费附加	61	79	87	87	87	87	87	87	87	87	87	87	87	87	87

(4) 产品成本费用估算

a. 所有的原材料、辅助材料及燃料动力价格均以近几年国内市场已实现的价格为基础,预测到生产期初的价格(到厂含税价)。单位产品生产成本估算表详见表 6-22(辅助报表 5),总成本费用估算表见表 6-23(辅助报表 8)。

表 6-22 单位产品生产成本估算表(辅助报表 5)

序号	项目	消耗定额	单价	金额/元
1	外购原材料			7185
	A	1.027t	5350 元/t	5494
	B	0.590t	1680 元/t	991
	C	0.790t	240 元/t	190
	D	0.140t	2520 元/t	353
	E	0.011t	1470 元/t	16
	F	0.870t	162 元/t	141
2	燃料动力费			893
	水	43.442t	6.1 元/t	265
	电	747.619kW·h	0.84 元/(kW·h)	628
3	工资及福利费			122
4	制造费			3067
5	生产成本(1+2+3+4)			11267

b. 工资及福利费按全厂定员和人均月工资及福利估算,由此得年工资及福利费总额 399 万元。

c. 修理费按折旧额的 50%估算,年修理费约 1865 万元。

d. 财务费用包括长期借款利息和流动资金借款利息。长期借款利息见表 6-24(辅助报表 10);流动资金借款利息按当年及以前年份流动资金借款合计乘以流动资金借款年有效利率计算,正常生产年份的年应计利息为 420 万元。

e. 其他费用包括在制造费用、销售费用、管理费用中扣除工资及福利费、折旧费、摊销费、修理费后的费用和土地使用税。其他费用共计每年为 1068 万元,其中土地使用税 70 万元。

(5) 利润及利润分配

本项目利润及利润分配估算表见表 6-25(基本报表 2)。

a. 所得税按利润总额的 33%计取,不计特种基金。

b. 用可供分配利润支付长期借款还本后无余额的年份,可供分配利润全部计入未分配利润用于支付长期借款还本,不计提盈余公积金。其余年份先按分配利润的 10%计提盈余公积,然后视需要留出用于支付长期借款还本的金额计入未分配利润,最后将剩余部分作为应付利润分配给项目投资主体。

表6-23 总成本费用估算表（辅助报表8）

单位：万元

序号	项目	投产期限/年		到达设计生产能力期限/年												
		4	5	6	7	8	9	10	11	12	13	14	15	16	17	18
	生产负荷/%	70	90	100	100	100	100	100	100	100	100	100	100	100	100	100
1	外购原材料	11568	14873	16526	16526	16526	16526	16526	16526	16526	16526	16526	16526	16526	16526	16526
2	外购燃料	1438	1849	2054	2054	2054	2054	2054	2054	2054	2054	2054	2054	2054	2054	2054
3	工资福利费	399	399	399	399	399	399	399	399	399	399	399	399	399	399	399
4	修理费	1865	1865	1865	1865	1865	1865	1865	1865	1865	1865	1865	1865	1865	1865	1865
5	折旧费	3730	3730	3730	3730	3730	3730	3730	3730	3730	3730	3730	3730	3730	3730	3730
6	摊销费	394	394	394	394	394	394	394	394	394	0	0	0	0	0	0
7	财务费用	4048	3785	3224	2457	1956	1572	1188	804	394	420	420	420	420	420	420
7.1	长期借款利息	3816	3427	2804	2037	1536	1152	768	384	0	0	0	0	0	0	0
7.2	流动资金借款利息	232	358	420	420	420	420	420	420	420	420	420	420	420	420	420
8	其他费用	1068	1068	1068	1068	1068	1068	1068	1068	1068	1068	1068	1068	1068	1068	1068
	其中：土地使用税	70	70	70	70	70	70	70	70	70	70	70	70	70	70	70
9	总成本费用	24510	27963	29260	28493	27992	27608	27224	26840	26456	26062	26062	26062	26062	26062	26062
	其中：固定成本	11504	11241	10680	9913	9412	9028	8644	8260	7876	7482	7482	7482	7482	7482	7482
	可变成本	13006	16722	18580	18580	18580	18580	18580	18580	18580	18580	18580	18580	18580	18580	18580
10	经营成本	16337	20053	21911	21911	21911	21911	21911	21911	21911	21911	21911	21911	21911	21911	21911

表 6-24 借款还本付息计算表（辅助报表 10）

单位：万元

序号	项目	建设期限/年		投产期限/年				到达设计生产能力期限/年			
		1	2	3	4	5	6	7	8	9	10	11
1	外汇借款(9%)											
1.1	年初借款本息累计		6280	24117	34138	29871	25603	21336	17069	12802	8534	4267
1.1.1	本金		6010	22537	30050	29871	25603	21336	17069	12802	8534	4267
1.1.2	建设期利息		270	1579	4088							
1.2	本年借款	6010	16527	7512								
1.3	本年应计利息	270	1309	2509	3072	2688	2304	1920	1536	1152	768	384
1.4	本年偿还本金				4267	4267	4267	4267	4267	4267	4267	4267
1.5	本年支付利息				3072	2688	2304	1920	1536	1152	768	384
2	人民币借款(9.6%)											
2.1	本年借款本息累计		1117	5105	7750	7697	5208	1215	0	0	0	0
2.1.1	本金		1066	4769	6825	7697	5208	1215	0	0	0	0
2.1.2	建设期利息		51	336	925							
2.2	本年借款	1066	3704	2056								
2.3	本年应计利息	51	285	589	744	739	500	117	0	0	0	0
2.4	本年偿还本金				54	2489	3993	1215	0	0	0	0
2.5	本年支付利息				744	739	500	117	0	0	0	0
3	本年应还本息合计				8137	10183	11064	7519	5803	5419	5035	4651
3.1	本年应还本合计				4321	6756	8260	5482	4267	4267	4267	4267
3.2	本年付利息合计				3816	3427	2804	2037	1536	1152	768	384

表 6-25 损益表（基本报表 2）

单位：万元

序号	项目	投产期限/年		到达设计生产能力期限/年												
		4	5	6	7	8	9	10	11	12	13	14	15	16	17	18
	生产负荷/%	70	90	100	100	100	100	100	100	100	100	100	100	100	100	100
1	销售收入	27048	34776	38640	38640	38640	38640	38640	38640	38640	38640	38640	38640	38640	38640	38640
2	销售税金及附加	2244	2886	3206	3206	3206	3206	3206	3206	3206	3206	3206	3206	3206	3206	3206
3	总成本费用	24510	27963	29260	28493	27992	27608	27224	26840	26456	26062	26062	26062	26062	26062	26062
4	利润总额（1−2−3）	294	3927	6174	6941	7442	7826	8210	8594	8978	9372	9372	9372	9372	9372	9372
5	所得税	97	1296	2037	2290	2456	2583	2709	2836	2963	3093	3093	3093	3093	3093	3093
6	税后利润（4−5）	197	2631	4137	4651	4986	5243	5501	5758	6015	6279	6279	6279	6279	6279	6279
7	特种基金															
8	可供分配利润（6−7）	197	2631	4137	4651	4986	5243	5501	5758	6015	6279	6279	6279	6279	6279	6279
8.1	盈余公积金	197			465	499	524	550	576	602	628	628	628	628	628	628
8.2	应付利润				2828	4343	4429	4661	4982	5413	5651	5651	5651	5651	5651	5651
8.3	未分配利润	197	2631	4137	1358	144	290	290	290	0						
	累计未分配利润	197	2828	6965	8323	8467	8757	9047	9337	9337	9337	9337	9337	9337	9337	9337

(6) 借款还本付息

本项目长期借款的还本付息估算表见表 6-24（辅助报表 10）。累积到生产期初的建设期利息转为借款本金，生产期应计利息计入财务费用，还本资金来源为折旧费、摊销费和未分配利润。其中：

a. 外汇借款从投产第一年起按 8 年等额还本，还本付息估算表中外汇借款还本付息已折算为人民币，项目产品出售时全部收取人民币（项目全部以产顶进，没有外汇收入）。

b. 人民币借款的偿还，是在优先保证外汇借款偿还的前提下，按投产后的最大偿还能力计算。

c. 项目流动资金借款本金在项目计算期末用回收流动资金偿还，流动资金借款利息计入财务费用。

(7) 基准参数

行业基准收益率为 12%，行业投资回收期为 10.3 年（静态）。

6.4.2 财务评价

(1) 盈利能力分析

① 全部投资现金流量表　见表 6-26（基本报表 1.1），从表中可知所得税前的净现金流量及所得税后的净现金流量，然后即可计算出所得税前及税后的财务内部收益率、财务净现值、投资回收期。

所得税前：财务内部收益率 15.92%；财务净现值 13371 万元；投资回收期 8.21 年。

所得税后：财务内部收益率 12.90%；财务净现值 2829 万元；投资回收期 9.01 年。

从计算结果分析：本项目从全部投资角度看，财务净现值大于零，财务内部收益率大于基准收益率，投资回收期小于基准回收期，即项目盈利能力已满足行业基准要求，且能在规定时间内收回投资。

② 项目自有资金现金流量表　见表 6-27（基本报表 1.2），从表中可知净现金流量，然后即可计算出财务内部收益率为 14.89%；财务净现值为 5257 万元。

从计算结果分析：本项目财务净现值大于零，财务内部收益率大于基准收益率，即表明项目在财务上可行。

③ 投资收益率　由项目损益表见表 6-25（基本报表 2）和项目投资估算数据，得：

$$投资利润率 = \frac{年平均利润额}{总投资} = \frac{7664}{68754} \times 100\% = 11.15\%$$

$$投资利税率 = \frac{年平均利税额}{总投资} = \frac{10784}{68754} \times 100\% = 15.69\%$$

$$资本金利润率 = \frac{年平均利润额}{资本金} = \frac{7664}{22000} \times 100\% = 34.84\%$$

(2) 清偿能力分析

a. 资金来源与运用表见表 6-28（基本报表 3），根据此表及表 6-24（辅助报表 10）还本付息估算表可以计算得：固定资产国内借款偿还期为 6.27 年（按最大偿还能力计算）；外汇借款的还本付息已按要求的偿还（8 年等额本金还贷）。

b. 项目资产负债表见表 6-29（基本报表 4），表中计算了反映项目各年财务风险程度和偿债能力的资产负债率、流动比率及速动比率指标。

表 6-26 现金流量表（全部投资）（基本报表 1.1）

单位：万元

序号	项目	建设年限/年			投产期限/年		到达设计生产能力期限/年											
		1	2	3	4	5	6	7	8	9	10	11	12	13	14	15	16	17	18
	生产负荷/%				70	90	100	100	100	100	100	100	100	100	100	100	100	100	100
1	现金流入				27048	34776	38640	38640	38640	38640	38640	38640	38640	38640	38640	38640	38640	48237	38640
1.1	产品销售收入				27048	34776	38640	38640	38640	38640	38640	38640	38640	38640	38640	38640	38640	38640	38640
1.2	回收固定资产余额																		2331
1.3	回收流动资金																		7266
2	现金流出	10996	31011	14468	23764	25688	27881	27407	27573	27700	27826	27953	28080	28210	28210	28210	28210	28210	28210
2.1	固定资产投资	10996	31011	14468															
2.2	流动资金				5086	1453	727	0	0	0	0	0	0	0	0	0	0	0	0
2.3	经营成本				16337	20053	21911	21911	21911	21911	21911	21911	21911	21911	21911	21911	21911	21911	21911
2.4	销售税金及附加				2244	2886	3206	3206	3206	3206	3206	3206	3206	3206	3206	3206	3206	3206	3206
2.5	所得税				97	1296	2037	2290	2456	2583	2709	2836	2963	3093	3093	3093	3093	3093	3093
2.7	特种基金																		
3	净现金流量(1-2)	−10996	−31011	−14468	3284	9088	10759	11233	11067	10940	10814	10687	10560	10430	10430	10430	10430	10430	20027
4	累计净现金流量	−10996	−42007	−56475	−53191	−44103	−33344	−22111	−11044	−104	10710	21397	31957	42387	52817	63247	73677	84107	104134
5	所得税前净现金流量	−10996	−31011	−14468	3381	10384	12796	13523	13523	13523	13523	13523	13523	13523	13523	13523	13523	13523	23120
6	所得税前累计净现金流量	−10996	−42007	−56475	−53094	−42710	−29914	−16391	−2868	10655	24178	37701	51224	64747	78270	91793	105316	118839	141959

表 6-27 现金流量表（自有资金）（基本报表 1.2）

单位：万元

序号	项目	建设年限/年			投产期限/年		到达设计生产能力期限/年											
		1	2	3	4	5	6	7	8	9	10	11	12	13	14	15	16	17	18
	生产负荷/%				70	90	100	100	100	100	100	100	100	100	100	100	100	100	100
1	现金流入				27048	34776	38640	38640	38640	38640	38640	38640	38640	38640	38640	38640	38640	38640	48237
1.1	产品销售收入				27048	34776	38640	38640	38640	38640	38640	38640	38640	38640	38640	38640	38640	38640	38640
1.2	回收固定资产余额																		2331
1.3	回收流动资金																		7266
2	现金流出	3920	10780	4900	29447	34776	38640	35346	33797	33540	33282	33024	28500	28630	28630	28630	28630	28630	33496
2.1	自有资金	3920	10780	4900	2400														
2.2	借款本金偿还				4321	6756	8260	5482	4267	4267	4267	4267	0	0	0	0	0	0	4866
2.3	借款利息支付				4048	3785	3225	2457	1957	1573	1189	804	420	420	420	420	420	420	420
2.4	经营成本				16337	20053	21911	21911	21911	21911	21911	21911	21911	21911	21911	21911	21911	21911	21911
2.5	销售税金及附加				2244	2886	3206	3206	3206	3206	3206	3206	3206	3206	3206	3206	3206	3206	3206
2.6	所得税				97	1296	2037	2290	2456	2583	2709	2836	2963	3093	3093	3093	3093	3093	3093
2.7	特种基金																		
3	累计净现金流量(1-2)	-3920	-10780	-4900	-2399	0	0	3294	4843	5100	5358	5616	10140	10010	10010	10010	10010	10010	14741

表 6-28 资金来源与运用表（基本报表 3）

单位：万元

序号	项目	建设年限/年			投产期限/年			到达设计生产能力期限/年											
		1	2	3	4	5	6	7	8	9	10	11	12	13	14	15	16	17	18
1	资金来源	11318	32605	17566	9504	9506	11025	11066	11566	11950	12334	12718	13102	13102	13102	13102	13102	13102	13102
1.1	利润总额				294	3929	6174	6942	7442	7972	8356	8740	9124	9124	9372	9372	9372	9372	9372
1.2	折旧费				3730	3730	3730	3730	3730	3730	3730	3730	3730	3730	3730	3730	3730	3730	3730
1.3	摊销费				394	394	394	394	394	248	248	248	248	248	0	0	0	0	0
1.4	长期借款	7398	21825	12666															
1.5	流动资金借款				2686	1453	727												
1.6	其他短期借款																		
1.7	自有资金	3920	10780	4900	2400														
1.8	回收固定资产余额																		2331
1.9	回收流动资金																		7266
2	资金运用	11318	32605	17566	9504	9506	11025	10599	11067	11368	11715	7817	8465	8595	8744	8744	8744	8744	13610
2.1	固定资产投资	10996	31011	14468															
2.2	建设期利息	322	1594	3098															
2.3	流动资金				5086	1453	727												
2.4	所得税				97	1296	2037	2290	2456	2583	2709	2836	2963	3093	3093	3093	3093	3093	3093
2.6	应付利润				0	0	0	2827	4344	4518	4739	4981	5502	5502	5651	5651	5651	5651	5651
2.7	长期借款还本				4321	6757	8261	5482	4267	4267	4267	0	0	0	0	0	0	0	0
2.8	流动资金借款还本				0	0	0	0	0	0	0	0	0	0	0	0	0	0	4866
3	盈余资金	0	0	0	0	0	0	467	499	582	619	4901	4637	4507	4358	4358	4358	4358	9089
4	累计盈余资金	0	0	0	0	0	0	467	966	1548	2167	7068	11705	16212	20570	24928	29286	33644	42733

表 6-29 资产负债表（基本报表 4）

单位：万元

序号	项目	建设年限/年			投产期限/年						到达设计生产能力期限/年								
		1	2	3	4	5	6	7	8	9	10	11	12	13	14	15	16	17	18
1	资产	11317	43922	61488	63634	61173	53931	54273	50648	47204	43786	40394	41006	41617	42245	42873	43501	44129	44757
1.1	流动资金总额				6170	7933	8814	9279	9778	10312	10872	11457	16046	20632	24993	29351	33709	38367	42425
1.1.1	应收账款				1278	1643	1826	1826	1826	1826	1826	1826	1826	1826	1826	1826	1826	1826	1826
1.1.2	存货				4851	6237	6930	6930	6930	6930	6930	6930	6930	6930	6930	6930	6930	6930	6930
1.1.3	现金				41	52	58	58	58	58	58	58	58	58	58	58	58	58	58
1.1.4	累计盈余资金				0	0	0	465	964	1498	2058	2643	7232	11821	16179	20537	24895	29253	33611
1.2	在建工程	11317	43922	61488															
1.3	固定资产净值				54552	50822	43092	43362	39632	35902	32172	28442	24712	20982	17252	13521	9791	6061	2331
1.4	无形及递延资产净值				2812	2419	2025	1631	1238	990	743	495	248	0	0	0	0	0	0
2	负债及所有者权益	11317	43922	61488	63534	61173	57931	54273	50648	47204	43786	40394	41006	41617	42245	42873	43501	44129	44757
2.1	流动负债总额				3770	5533	6414	6414	6414	6414	6414	6414	6414	6414	6414	6414	6414	6414	6414
2.1.1	应付账款				1084	1393	1548	1548	1548	1548	1548	1548	1548	1548	1548	1548	1548	1548	1548
2.1.2	流动资金借款				2686	4139	4866	4866	4866	4866	4866	4866	4866	4866	4866	4866	4866	4866	4866
2.1.3	其他短期借款																		
2.2	长期借款	7397	29222	41888	37567	30811	22551	17069	12802	8534	4267	0	0	0	0	0	0	0	0
2.2	负债小计	7397	29222	41888	41337	36344	28965	23483	19216	14949	10681	6414	6414	6414	6414	6414	6414	6414	6414
2.3	所有者权益	3920	14700	19600	22179	24839	28966	30790	31432	32255	33105	33980	34592	35203	35813	36459	37087	37715	38842
2.3.1	资本金	3920	14700	19600	22000	22000	22000	22000	22000	22000	22000	22000	22000	22000	22000	22000	22000	22000	22000
2.3.2	资本公积金	0	0	0															
2.3.3	累计盈余公积金	0	0	0	197	2829	6966	8324	8468	8758	9047	2643	3255	3866	4494	5122	5750	6378	7006
2.3.4	累计未分配利润											9337	9337	9337	9337	9337	9337	9337	9337

(3) 不确定性分析

① 盈亏平衡分析 按项目第六年（达设计生产能力年份）的固定成本、可变成本、产品销售收入和税金计算，以生产能力利用率表示项目的盈亏平衡点（BEP）为：

$$BEP = \frac{10680}{38640 - 18580 - 3206} \times 100\% = 63.37\% < 70\%$$

上述计算结果表明项目具有一定的抗风险能力。

② 敏感性分析 分别就项目固定资产投资、经营成本、产品销售收入三个主要因素，对项目全部投资所得税前的财务内部收益率进行单因素敏感性分析，取变化率为±10%，计算结果见表6-30，敏感性分析图见图6-5。

表6-30 财务敏感性分析计算表　　　　　　　　　　　单位：%

变动因素	变化率	财务内部收益率	较基本方案增减
固定资产投资	+10	14.44	−1.48
	−10	17.61	+1.69
经营成本	+10	12.98	−2.94
	−10	18.64	+2.72
产品销售收入	+10	19.85	+3.93
	−10	11.51	−4.41

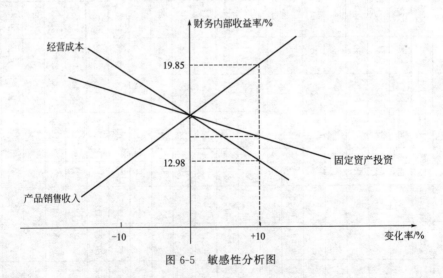

图6-5 敏感性分析图

由计算可见，各因素变化对项目全部投资所得税前的财务内部收益率的影响程度不同，按敏感程度排序由大到小依次为产品销售收入、经营成本、固定资产投资。另外，在±10%变化范围内，仅产品销售收入下降10%时计算的内部收益率指标略低于行业基准收益率，表明项目有较好的抗风险能力。

(4) 财务评价结论

根据上述评价结果看，本项目财务内部收益率高于行业基准收益率，财务净现值大于零，投资回收期低于行业基准投资回收期，借款偿还能满足要求，项目各年的状况也较好且具有一定的抗风险能力。因此，从财务上看本项目可行。

复习思考题

1. 投资项目财务评价的内容、方法和基本财务报表是什么？
2. 项目财务盈利能力分析的内容是什么？运用哪些主要指标？如何运用这些指标进行投资决策？
3. 试分析项目财务评价税前与税后的评价指标在计算与评价标准上的差异？
4. 如何进行项目清偿能力的分析？
5. 如何进行项目财务生存能力的分析？
6. 某拟建项目固定资产投资估算总额为 3600 万元，其中，预计形成固定资产 3060 万元（含建设期贷款利息 60 万元），无形资产 540 万元。固定资产使用年限为 10 年，残值率为 4%，固定资产余值在项目运营期末收回。该项目的建设期为 2 年，运营期为 6 年。项目的资金投入、收益、成本等基础数据见表 6-31。

固定资产借款合同规定的还款方式为：投产后的前 4 年等额本金偿还。借款利率为 6%（按年计息）；流动资产借款利率为 4%（按年计息）。无形资产在运营期 6 年中，均匀摊入成本。流动资金为 800 万元，在项目的运营期末全部收回。

设计生产能力为年产量 120 万件某种产品，产品售价为 38 元/件，销售税金及附加税率为 6%，所得税率为 33%，行业基准收益率为 8%，行业融资前税前财务基准收益率为 10%，资本金税后基准收益率为 15%。

问题：① 编制还本付息表、总成本费用表和利润表及利润分配表。
② 计算总投资收益率和资本金净利润率。
③ 编制项目自有资金现金流量表。计算项目静态、动态投资回收期和财务净现值。
④ 从财务角度评价项目的可行性。

表 6-31 某建设项目资金投入、收益及成本表　　　　　单位：万元

序号	年份 项目	1	2	3	4	5~8
1	建设投资：					
	自有资金	1200	340			
	贷款(不含贷款利息)		2000			
2	流动资金：					
	自有资金部分			300		
	贷款部分			100	400	
3	年销售量(万件)			60	120	120
4	年经营成本			1682	3230	3230

第 7 章 建设项目的国民经济评价

7.1 建设项目国民经济评价概述

我国现行建设项目评价的一般做法是在进行项目财务评价之后再进行国民经济评价,随着我国经济改革的不断深入,国民经济评价工作不断取得新的进展。为了适应社会主义市场经济的发展,进一步加强建设项目经济评价工作,根据《国务院关于投资体制改革的决定》精神,国家发改委和建设部于 2006 年 7 月 3 日批准发布了《关于建设项目经济评价工作的若干规定》《建设项目评价方法》和《建设项目经济评价参数》三个文件,要求在开展投资建设项目经济评价工作中使用。

项目国民经济评价(也称经济分析),是指在项目财务评价(也称财务分析)的基础上,从项目微观角度转化为从国家经济整体利益的角度出发,以影子价格决定资源的合理性分配与利用,计算项目对国民经济的贡献,分析项目的经济效益、效果和对社会的影响,评价项目在宏观经济上的合理性。

在建设项目可行性分析研究中,经济评价既贯穿始终又作为独立阶段,而财务评价和国民经济评价,则是项目评价的关键环节和核心内容。财务评价和国民经济评价项目既有联系又有区别。国民经济评价是从国家整体角度考察项目的效益和费用,计算项目给国民经济带来的净效益,评价项目经济上的合理性。进行国民经济评价时可以在财务评价的基础上进行,也可以直接进行。在财务评价基础上进行国民经济评价时,首先剔除在财务评价中已计算为效益或费用的转移支付,增加财务评价中未反映的间接效益和间接费用,并以此为基础计算项目的国民经济评价指标;直接做国民经济评价的项目,首先应识别和计算项目的直接效益、间接效益、直接费用和间接费用,并在此基础上计算项目的国民经济评价指标。

7.1.1 建设项目国民经济评价的作用

(1) 建设项目国民经济评价是真实反映建设项目对国民经济净贡献的需要

在许多国家,特别是发展中国家,由于产业结构不合理、市场体系不健全以及过度保护民族工业等，导致国内的价格体系产生较为严重的扭曲和失真，不少商品的价格不能反映其价值，也不能反映其供求关系。在这种情况下，按现行价格计算项目的投入和产出，无法正确反映出项目对国民经济的影响。只有通过国民经济评价，运用能反映商品真实价值的价格来计算项目的费用和效益，才能真实反映建设项目对国民经济的净贡献，从而判断该项目的建设是否对国民经济总目标有利。

任何项目的费用和效益不仅体现在它的直接投入物和产出物中，还会体现在国民经济相邻部门及整个社会中，这就是项目的间接费用和间接效益，通常称为"外部效果"。因此，只有通过国民经济评价，才能全面权衡项目的"内部效果"和"外部效果"，即项目对国民经济整体的净贡献。

(2) 建设项目国民经济评价是宏观上合理配置有限资源的需要

对于一个国家来说，用于发展的资源（资金、劳动力、土地及其他自然资源）都是有限的，资源的稀缺与需要的增长存在着较大的矛盾。只有通过优化资源配置，使资源得到最佳利用，才能有效促进国民经济发展。而仅仅通过财务评价，是无法正确反映资源的有效利用的，只有通过国民经济评价，才能从宏观上引导国家有限的资源进行合理配置，鼓励和促进那些对国民经济有正面影响的项目的发展，抑制和淘汰那些对国民经济有负面影响的项目。

(3) 建设项目国民经济评价是投资决策科学化的需要

通过国民经济评价，合理运用评价指标和评价参数，可以有效地引导投资方向，控制投资规模，避免不必要的投资，实现企业利益、地区利益与全社会及国家整体利益的有机结合和平衡。这些是财务评价所不具备的，因此，投资必须在财务评价的基础上，再进行国民经济评价，保证投资决策科学化。

7.1.2 财务评价与国民经济评价的联系和区别

财务评价和国民经济评价是从两个不同角度对项目的投资效益进行分析和评价。国民经济评价是把项目置于整个国民经济系统中，站在国家的立场上来考察和研究项目投产后对国民经济所作的贡献（即效益）及国民经济为实现此项目所付出的代价（即费用），并以贡献和代价的大小作为取舍拟建项目的依据，不涉及项目自身的财务生存能力。由于项目对整个国民经济的影响不仅仅表现在项目自身的财务效果上，还会对国民经济其他部门和单位产生影响，所以从全社会合理配置资源的角度而言，从项目局部利益出发的财务评价不能确保资源的合理配置和有限使用。原因在于：第一，不同项目的财务分析包含了不尽相同的税收、贷款条件等，使不同项目的财务盈利效果失去了公正比较的基础；第二，财务盈利仅是项目内部的直接经济效果，不包括项目以外的经济效果，即没有考虑项目的外部影响；第三，财务分析所采用的价格是项目与外界的实际交易价格，这种价格往往严重背离资源的真实价值，从而使财务分析的结论有可能背离社会资源合理配置的要求。所以，对投资项目不仅要进行财务分析，而且应进行国民经济分析，财务评价是国民经济评价的基础，国民经济评价则是财务评价的深化，二者既有联系，又有区别。

(1) 国民经济评价与财务评价的联系

① 评价目的相同　二者都以寻求经济效益最好的项目为目的，追求以最小的投入获得最大的产出。

② 评价基础相同　二者都是在完成项目的市场预测、方案构思、投资估算、资金筹措等可行性研究的基础上进行评价的。

③ 评价计算期相同　二者都使用相同的计算寿命期。

④ 评价方法相似　二者都采用现金流量法，通过基本报表来计算相关指标。

⑤ 评价指标相似　二者都采用净现值和内部收益率来评价项目的经济效果。

（2）国民经济评价与财务评价的区别

① 评价角度不同　财务评价是站在企业的立场上，从项目的微观角度，按照现行的财税制度去分析项目的盈利能力和贷款偿还能力，以判断项目是否有财务上的生存能力；国民经济评价是站在国家的立场上，从国民经济综合平衡的角度，分析项目对国民经济发展和国家资源配置等方面的影响，以考察投资行为的经济合理性。

② 跟踪对象不同　财务评价跟踪的是与项目直接相关的货币流动，由项目之外流入到项目之内的货币为财务收益，由项目之内流出到项目之外的货币为财务费用；国民经济评价跟踪的是围绕项目发生的资源流动，减少社会资源的项目投入为国民经济费用，增加社会资源的项目产出为国民经济收益。

③ 费用与效益的划分不同　财务评价根据项目的实际收支来计算项目的效益与费用，凡是项目的收入都计为效益，凡是项目的支出均计为费用；国民经济评价根据项目实际消耗的有用社会资源以及项目向社会贡献的有用产品或服务来计算项目的效益和费用。

在财务评价中作为费用或效益的税金、国内借款利息和财政补贴等，在国民经济评价中被视为国民经济内部转移支付，不作为项目的费用或效益；在财务评价中环境污染和降低劳动强度等不计为费用或效益，在国民经济评价中则需计为费用或效益。

④ 采用的价格体系不同　财务评价，要求评价结果反映投资项目实际发生的情况，采用的是以现行市场价格体系为基础的预算价格；国民经济评价，要考虑国内市场价格的失真情况，采用的是对现行市场价格进行调整所得到的影子价格。

⑤ 采用的评价参数不同　在进行项目的外币折算时，财务评价采用的是特定时期的官方汇率，而国民经济评价采用的是国家统一测定的相对稳定的影子汇率；在计算净现值等指标或用内部收益率进行评价时，财务评价采用行业财务基准收益率，而国民经济评价则采用国家统一测定的社会折现率。

⑥ 评价的内容不同　财务评价的主要内容是盈利能力分析和清偿能力分析，必要时还应进行外汇平衡分析；国民经济评价的主要内容是盈利能力分析和外汇效果分析，不必进行清偿能力分析。

财务评价与国民经济评价的主要联系与区别如表 7-1 和表 7-2 所示。

表 7-1　财务评价与国民经济评价的主要联系

项　目	项目财务评价	项目国民经济评价
主要联系（相同点）	两者的任务相同：项目财务评价和国民经济评价的共同任务，都是对项目的经济效益做出定量和定性的分析评价，从而为项目的经济可行性和投资决策提供可靠的依据	
	二者都是从分析项目的费用和效益入手，评价项目的利弊	
	二者的效益分析原理和方法大致相同，比如都采用投资回收期、贴现法、净现值法、内部收益率法等	

表 7-2 财务评价与国民经济评价的区别

项 目		项目财务评价	项目国民经济评价
区别	评价角度不同	是微观经济效益评价,是从项目的微观角度出发,考察货币收支和盈利状况及借款偿还能力,以确定投资行为的财务可行性	是宏观效益评价,是从国民经济宏观角度出发,分析评价项目对社会资源的净消耗与净得利之间的关系,考察项目对国民经济的影响
	评价的经济目标不同	财务评价的目标是企业利润,要考察项目自身的盈利水平,因为评价以项目自身作为相对封闭的独立系统,现金流出和流入系统,即费用和效益比较容易识别,基本上都可以在相应的企业会计科目中找到	而国民经济评价的目标是社会净收益,分析系统范围扩及整个社会,其费用和收益不但发生在项目以内,还会发生在项目以外
	评价的范围不同(效益与费用的含义及划分范围不同)	根据项目的实际收支确定项目的效益和费用,即只计算项目直接发生的效益与费用。税金、利息等均计为费用	着眼于项目对社会提供的有用产品和服务及项目所耗费的全社会的有用资源来考察项目的效益和费用。除项目直接的、可用货币度量的效果外,还要考虑外部的、间接的、连带的相关经济效益,以及许多不能用货币度量的各种社会效果,即外部效果,也要进行计算和分析。税金、国内借款利息和补贴等不计为效益和费用
	评价采用的价格、主要参数不同	对投入物和产出物采用现行市场价格;采用官方汇率,并以因行业而异的基准收益率作为折现率	采用根据机会成本和供求关系确定的影子价格;采用由国家统一测定的影子汇率和社会折现率

7.1.3 国民经济评价结论与财务评价结论的关系

财务评价和国民经济评价是相辅相成、缺一不可的,两种评价各有其任务和作用,一般应以国民经济评价的结论作为项目或方案取舍的主要依据。对于费用与效益计算比较简单,建设期和运营期比较短,不涉及进出口平衡等一般项目,如果财务评价的结论能够满足投资决策需要,可不进行国民经济评价;对于关系公共利益、国家安全以及市场不能有效配置资源的经济和社会发展项目,除应进行财务评价外,还应进行国民经济评价;对于特别重大的建设项目,还应辅以区域经济与宏观经济影响分析方法进行国民经济评价。依据国民经济评价结论和财务评价结论,对一项建设项目的取舍原则如下:

a. 两项评价的结论均认为可行的项目,当然应予通过;

b. 两项评价的结论均认为不可行的项目,应予否定;

c. 财务评价的结论认为可行,而国民经济评价的结论认为不可行的项目,应予否定;

d. 对某些国计民生急需的项目,财务评价的结论认为不可行,而国民经济评价的结论认为可行的项目,评价时可提出采取优惠经济措施的建议,如财政补贴、减免税等,使财务评价成为可行,使项目在财务上具有生命力。

项目的财务评价和国民经济评价的结果如表 7-3 所示。

表 7-3 项目财务评价和国民经济评价的结果

评价种类	评价结果			
项目财务评价	可行	可行	不可行	不可行
项目国民经济评价	可行	不可行	可行	不可行
项目评价抉择结论	可行	不可行	考虑给予补贴、优惠后可行	不可行

财务评价与国民经济评价之间的联系是很密切的，在很多情况下，国民经济评价是在财务评价的基础上进行的，利用财务评价中已经使用过的数据资料，以财务评价为基础进行所需要的调整，得到国民经济评价的结论。

项目的国民经济评价，主要内容包括效益和费用的识别、效益和费用的计量（影子价格）及国民经济评价等。

7.2 效益和费用的识别与确定

7.2.1 效益与费用分析法

效益与费用分析起源于 1844 年法国人 Jules Dupuit 撰写的《论公共工程效益的衡量》一文，起初是作为评价公共事业部门投资的一种方法而发展起来的，后来被广泛应用于评价各种工程项目方案，现在，效益与费用分析是发达国家广泛采用的用于对建设项目进行国民经济评价的方法，也是联合国向发展中国家推荐的国民经济评价方法。它是从国家和社会的宏观利益出发，通过对工程项目的经济效益和经济费用进行系统、全面的识别和分析，求得项目的经济净收益，并以此来评价工程项目可行性的一种方法。

项目的国民经济评价是建立在社会费用-效益分析法的基础上的，其分析法的理论基础是潜在的帕累托（Pareto）准则（也称补偿原理），其核心观点：社会的效益和费用是社会成员的效益和费用的总称，项目的得益者可以补偿损失者，故在评选项目时可不考虑效益和费用在社会成员之间的分配问题。因此，如果某个项目的实施能够使社会所得（即效益）补偿得了社会所失（即费用），则该项目的实施就有利于社会。

国民经济评价中的费用与效益，与财务评价中的划分范围是不同的。国民经济评价以工程项目耗费资源的多少，以及项目给国民经济带来的收益来界定项目的费用与效益，无论最终由谁支付和获取，都视为该项目的费用与效益，而不仅仅是考察项目账面上直接显现的收支。因此，在国民经济评价中，需要对这些直接或间接的费用与效益，逐一加以识别、归类和处理。

效益与费用分析的核心是通过比较各种备选方案的全部预期效益和全部预计费用的现值来评价这些备选方案，并以此作为决策的参考依据。

7.2.2 效益与费用的识别

在项目的财务评价中，项目可视为一个相对独立的封闭系统，货币在这一系统的流入和流出容易识别，且大都可以从相应的会计核算科目中找到答案；在项目的国民经济评价中，效益和费用的划分与财务评价相比有了质的变化，通常识别起来是比较困难的。

正确地识别效益与费用，是保证国民经济评价正确性的重要前提条件，其识别的基本原则是：凡是项目对国民经济所作的贡献，均计为项目的收益；凡是国民经济为项目所付出的代价，均计为项目的费用。这是由于在国民经济评价中，是把项目作为国民经济整体的一部分看待的，项目的各种投入物都来自国家的有限资源，是国民经济为项目付出的代价，故都是费用，而项目的产出物则是提供给国家的资源，是对国民经济的贡献，故都是效益。

在国民经济效益和费用计算中主要体现在以下几个方面。

① 系统的边界 财务分析从项目自身的利益出发，其系统分析的边界就是项目自身，凡是流入项目的资金就是效益，凡是流出项目的资金就是费用；而国民经济分析从国民经济的整体利益出发，其系统分析的边界是整个国家，国民经济分析不仅需要识别项目自身的直接经济效果，而且需要识别项目对国民经济其他部门和单位产生的间接效果；不仅应当识别可用货币计量的有形效果，而且应识别难以用货币计量的无形效果。

财务分析只考虑项目的直接效果，而国民经济分析不仅要考虑项目的直接效果，而且还需要考虑项目的外部效果（间接效果和无形效果）。

② 追踪的对象 财务分析在考察财务效益和费用的过程中，其追踪的对象是货币，凡是由项目外流入项目内的货币就是财务收益，凡是项目内流出的货币就是财务费用。识别国民经济分析中的效益和费用就没有财务识别这样简单，国民经济分析以实现资源最优配置从而保证国民收入最大增长为目标，而国民收入是由全社会最终产品的总和决定的。对于一个投资项目而言，项目资源的投入意味着减少了这些资源在国民经济其他方面的可用量，从而减少了国民经济其他方面的最终产品产出量，正是从这种意义上说，该项目对资源的使用产生了国民经济费用。同理，项目的产出是国民经济收益，是由于项目的产出能够增加社会资源。由此可以理解，在考察国民经济费用和效益的过程中，其追踪的对象不是货币，而是由项目投入和产出所产生的社会资源变动，这是识别国民经济费用和效益的关键。

7.2.3 直接效果

直接效果也称内部效果，是项目财务收益（直接收益）和财务费用（直接费用）的总称。

（1）直接收益

直接收益是由项目产出物直接产生，并在项目范围内计算的经济效益。一般包括以下内容：

a. 增加项目产出物（或服务）的数量，以增加国内市场的供应量，其效益就是满足国内需求；

b. 项目产出物（或服务）代替相同或类似企业的产出物（或服务），使被替代企业减产，从而减少国家有用资源的耗用（或损失），其效益就是被替代企业释放出来的资源；

c. 项目产出物（或服务）减少了进口量，即替代了进口货物，其效益为所节约的外汇支出。

（2）直接费用

直接费用是指项目使用投入物所产生的，并在项目范围内计算的经济费用。一般包括以下内容：

a. 国内其他部门为本部门项目提供投入物，而扩大了该部门的生产规模，其费用为该部门增加生产所消耗的资源；

b. 项目投入物本来用于其他项目，由于改用于拟建项目而减少了对其他项目投入物的供应，其费用为其他项目（或最终消费）因此而放弃的消费；

c. 项目的投入物来自国外，即增加进口，其费用为增加的外汇支出；

d. 项目的投入物本来首先用于出口，为了满足项目需求而减少了出口，其费用为减少出口所减少的外汇收入。

7.2.4 外部效果

某个投资项目,除了会产生与其投入与产出所对应的直接费用和直接收益外,还会对社会其他部门产生间接费用或间接收益。间接效益是指由项目引起而在直接效益中没有得到反映的效益;间接费用是指由项目引起而在直接费用中没有得到反映的费用。项目的外部效果是间接收益和间接费用的统称,外部效果是国民经济分析所特有的费用或收益项,其识别和计量都是比较困难的。

项目外部效果,必须同时满足两个条件:一是相关条件,即项目将影响对其无直接关联的其他项目或消费者的生产水平和效用水平;二是不计价条件,即该效益或费用在财务报表中并没有得到反映,或者没有将其量化。

外部效果通常可以分为环境外部效果、价格外部效果、技术性外部效果和产业关联效果等。

(1) 环境外部效果

项目对自然环境造成的污染和对生态平衡产生的破坏,是一种间接费用,这种费用一般较难定量计算,可按同类项目所造成的损失或按恢复环境质量所需的费用来近似估算,无法定量计算应作定性说明;某些建设项目属于环境治理项目,或含有环境治理工程,对环境会产生好的影响,在国民经济评价中应估算其间接效益。

(2) 价格外部效果

它是指由于项目兴建而使社会商品或服务价格发生变化进而改变社会收入分配效果。简单地说,它是指由于造成相对价格的变化,使第三者的效益发生变化。由拟建项目引起的价格变动形成价格连锁效果,这种作用异常复杂,正负效果皆有,部分或全部相互抵消,且在项目分析完成中难以识别计量。例如某项目的产出物品增加了国内市场的供应量,导致产品的市场价格下跌,使消费者受益,这种益处只是将生产商减少的收益转移给了产品的消费者,对整个国民经济而言,效益并未改变,因此消费者得到的收益不能计为该项目的间接效益;若拟建项目的产出物大量出口,导致国内同类产品出口价格下跌,则由此造成的外汇收入减少,应计为该项目的间接费用。

(3) 技术性外部效果

它是指项目的投建和运行带给项目外部的实际影响。技术性外部效果应作为效益或费用,因为它反映了社会生产和消费的真实变化,这种真实变化必然引起社会资源配置的显著变化。例如一个技术先进项目的实施,会培养和造就大量的工程技术人员、管理人员或技术较强的操作人员,也会产生或发明一些先进技术,由于人员的流动和技术外流,使整个社会经济的发展受益,这种效益属技术外溢收益。而一个发电厂项目排放的烟尘可使附近田园的农作物产量减少、质量下降,化工厂排放的污水可使附近江河的鱼类资源骤减等,都是技术外溢费用。

(4) 产业关联效果

产业关联效果包括纵向的相邻效果和横向的乘数外部效果。

① 相邻效果　项目的相邻效果是指由于项目的实施而给上游企业或下游企业带来的辐射效果。上游企业是指为该项目提供原材料或半成品的企业。项目的实施可能会刺激这些上游企业得到发展,使新增加的生产能力或原有的生产能力得到充分的利用;下游企业是指使

用项目的产出物作为原材料或半成品的企业。项目的产品可能对下游企业的经济效益产生影响，使其闲置的生产能力得到充分利用，或使其在生产上节约成本。

在大多数情况下，项目的相邻效果可以在项目的投入物和产出物的影子价格中得到体现，不应再计算间接效果。在某些特殊情况下，间接影响难以在影子价格中反映时，需要作为项目的外部效果计算。

② 乘数外部效果　乘数外部效果是指由于项目的实施而使与该项目相关的产业部门的闲置资源得到有效利用，产生一种连锁的外部效果。一般情况下乘数外部效果不能连续扩展计算，只须计算一次相关效果。

例如，某地区或产业的重型机械设备制造能力过剩，大量设备闲置无用或利用率低，现在该地区或产业拟建某项目，需要重型机械设备部门提供大型设备，这就使原先不能提供产出价值的闲置生产能力得以启用，从而大大减少了实际制造费用（因为利用闲置设备和人员进行生产，新投入的固定成本很少，仅仅发生原材料、燃料动力投入等可变成本，所以产品的实际总成本会大大降低）。这种费用的减少就是项目带来的外部收益，而且，由于重型机械设备制造厂家的生产扩大，还会带动与它相关联的其他部门的剩余生产能力得以启用，这种启用同样会带来降低生产费用的外部效果。这种由项目导致的一系列相关部门启用过剩生产能力以及由此带来的一系列资源节约效果，就是项目的乘数外部效果。

乘数外部效果归因于某一具体项目时要具备以下两个条件：一是在整个经济中存在未被利用的生产要素，其未被利用的原因是国内需求不足，除了该项目的投资外，并没有其他办法来提高这种需求；二是该项目的资金来源不能用于其他项目（否则，其他项目也可产生类似的乘数外部效果）。

由于闲置生产能力并不能真正算作稀缺的经济资源，因而由此引起的外部效果，也可以在国民经济评价时不予考虑。通常，只有在研究项目相对落后地区开发产生影响时，才考虑这种乘数外部效果。

（5）无形效果

它是指不在市场上出售或现有市场不能完全确定它们的社会价值的效果。例如，地区均衡发展、就业、生态平衡、社会安定、国家安全等。这些无形效果是真实存在的，是进行项目选择时必须考虑的，因此需仔细地进行识别。一般可以根据支付意愿估计效益的方法，对这些无形效果进行估价。

7.2.5　转移支付

项目财务分析中的某些财务费用和财务收入并未伴有资源的相应投入和产出，不影响社会最终产品的增减，因而不反映国民收入的变化。它们只表现为资源的支配权力从项目转移到社会其他实体，或者从社会其他实体转移给项目。这种转移只是货币在项目和社会其他实体之间的转移，并不同时发生社会资源的相应变动。项目与社会实体之间的这种并不伴随资源增减的纯粹货币性质的转移，称为项目的转移支付。

在项目效益与费用的识别过程中，经常会遇到项目与各种社会实体之间的货币转移，这些都是财务评价中的实际支出，从国民经济角度来看，它们并不影响社会最终产品的增减，都未造成资源的实际耗用和增加，仅仅是资源的使用权在不同的社会实体之间的一种转移。在国民经济评价中，转移支付不能计入项目的效益或费用，但关键是对转移支付的识别和处理。如果以项目的财务评价为基础进行国民经济评价，应从财务效益与费用中剔除在国民经济评价中计作转移支付的部分。常见的转移支付有税金、补贴、国内外贷款和其债务偿还（还本付息）折旧、工资、土地费用。

(1) 税金

税金在财务评价中显然是建设项目的一种财务支出。企业纳税，就要减少它的净收益，但是企业纳税并未减少国民收入，并未发生社会资源的变动，从国民经济整体来看，税金作为国家财政收入的主要来源，只不过是将企业的这笔货币收入转移到政府手中而已，是收入的再分配。所以，从整个社会角度看，税金并不是经济费用，税金只是一种转移支付。不管税金的名目和具体形式如何，即不论它是增值税、所得税、调节税等都不能计为国民经济评价中的效益或费用。

需要说明的是，被作为转移支付看待的税金，只局限于那些体系纯粹货币转移的税款，对于那些似乎具有税金形式，但实质上是对劳务投入和其他投入作相应回报的支付，如港口的装卸费、场地占用费、保险费等，不能作为转移支付处理。

(2) 补贴

补贴是一种货币流动方向与税收相反的转移支付，包括价格补贴和出口补贴等。政府如果对某些产品实行价格补贴，可能会降低项目投入的支付费用或者增加项目的收入。补贴虽然使工程项目的财务收益增加，但同时也使国家财政收入减少，实质上仍然是国民经济中不同实体之间的货币转移。补贴既未增加社会资源，也未减少社会资源，整个国民经济并没有因此发生变化，仅是货币在项目和政府间的转移，因此，国家给予的各种形式的补贴都不能计为国民经济评价中的效益或费用。

需要说明的是，补贴的形式如何是无关紧要的。补贴的常见的形式有两种：一种形式是将投入物的价格压到它的真实价值以下，或将产出物的价格抬到它的真实价值以上，这是一种直接补贴；另一种是更为广泛的间接补贴，比如对进口产品实行高额征税或者禁止这种产品进口，以维持国产商品在国内市场上的高价，由此产生的较高控制价格与不采取限制进口措施所形成的较低价格之间的差额，代表了一种间接补贴，也是一种由商品用户向生产厂家的转移支付。

(3) 国内贷款及其还本付息

项目的国内贷款及其还本付息也是一种转移支付。从项目角度看，从贷款机构得到贷款就是货币流入，因而在自有资金的财务分析中，还本付息视为与贷款相反的货币流动过程，被视作财务支出（现金流出）项。从国民经济评价来说，情况则不同，贷款并没有增加国民收入，还本付息也没有减少国民收入，这种货币流动过程仅仅代表资源支配权利的转移，社会实际资源并未增加或减少，它表示项目对国民经济的贡献有一部分转移到了政府或国内贷款机构。因此，它也不是国民经济评价中的效益或费用。

(4) 国外贷款与还本付息

在国民经济评价中，国外贷款和还本付息，根据分析角度不同，有两种不同的处理原则。

① 评价全部投资经济效益时的处理原则　对项目进行国民经济分析的目的，是使有限的资源得到最佳配置，因此应当对项目所用全部资源的利用效果做出分析评价，这种评价就是全部投资（包括国外贷款投资在内）国民经济效益评价。应当注意，对使用国外贷款的项

目进行全部投资经济评价是有条件的,这个条件就是国外贷款不是针对某一项目专款专用,该贷款还应允许用于其他项目。这种情况下,与贷款对应的实际资源虽然来自国外,但受贷国在如何有效利用这些资源的问题上,面临着与国内资源同样的优化配置,因而把国外贷款也看作国内投资,此项目的全部投资作为计算基础,对拟建设项目使用的全部资源的使用效果进行评价。由于随着国外贷款的发放,国外相应的实际资源的支配权利也同时转移到了国内,因此,国外贷款资源与国内资源一样,在这种评价中,国外贷款和还本付息与国内信贷交易和处理原则一样,不能作为效益或费用。

如果国外贷款的有无只取决于某特定项目,这时便无须进行全投资经济效益评价,可只进行国内投资资金的经济效益评价。这是因为全投资经济效益评价的目的在于对包括国外贷款在内的全部资源多种用途进行比较和选优,既然国外贷款的用途已经唯一限定,别无其他选择,也就没有必要对其利用效果做出评价了。

② 评价国内投资经济效益时的处理原则　项目的国民经济分析是以项目所在国的经济利益为根本出发点,所以项目必须考察国外贷款及其还本付息对项目举办国的真实影响。项目全部投资经济效果的好坏并不一定反映受贷国的真正受益情况,如果国外贷款利率较高,高于全部投资的内部收益率,那么一个全部投资经济效益较好的项目,也可能由于偿还国外债务而造成大部分收益外流,致使本国投资得不偿失。为了考察项目对本国国民经济的实际贡献,应以国内投资作为计算基础,进行国内投资的国民经济效果评价。在考察国内投资的国民经济效益时,国外贷款还本付息意味着国内资源流入国外,因而应当把国外贷款还本付息视为费用(现金流出)项。

(5) 折旧

折旧是会计意义上的生产费用要素,是从收益中提取的部分资金,与实际资源的耗用无关。因为在经济分析时,已将固定资产投资所耗用的资源视为项目的投资费用,而折旧无非是投资形成的固定资产在再生产过程中价值转移的一种方式而已。因此,不能将折旧为国民经济评价中的效益或费用,否则就是重复计算。

(6) 工资

工资是企业与职工之间的转移支付,因此在国民经济评价中工资不应列为费用。国民经济评价中的工资是按照劳动力的机会成本计算的,即按照劳动力转移给原来所在部门造成的国民收入的减少以及社会为此而付出的代价所形成的影子价格计算。

(7) 土地费用

土地费用中除居民搬迁费等是社会为项目增加的资源消耗应列入项目的费用外,其余的土地征购等支出都是国民经济内部的转移,在国民经济评价中不应列为费用。国民经济评价中的土地费用,反映的是土地不用于拟建项目所能创造的净收益和社会为拟建项目占用该土地所增加的资源消耗。

7.3 国民经济评价重要参数

为适应社会主义市场经济发展,加强和规范建设项目经济评价工作,满足政府和其他各投资主体投资决策的需要,保证经济评价的质量,引导和促进各类资源的合理有效配置,发挥投资效益，提高项目决策的科学化水平，应制订取值合理的参数。

经济评价参数由国家有关部门统一组织测定，并实行阶段性调整。1987年，原国家计委发布《建设项目经济评价方法与参数》（第一版），对我国建设项目的科学决策起了巨大的推动作用，举世瞩目的长江三峡工程就是照此进行了详细的经济评价；1993年，原国家计委和建设部联合批准发布了《建设项目经济评价方法与参数》（第二版），推动了我国投资决策科学化进程；2006年7月3日，国家发改委和原建设部发布了《建设项目经济评价方法与参数》（第三版），包括"建设项目经济评价工作的若干规定""建设项目经济评价方法"和"建设项目经济评价参数"三个部分，要求在开展投资项目经济评价工作时借鉴和使用。这对于加强固定资产投资宏观调控，提高投资决策的科学化水平，引导和促进各类资源合理配置，优化投资结构，减少和规避投资风险，充分发挥投资效益，具有重要作用。

国家有关行政主管部门根据国家与行业的发展战略与发展规划、国家的经济状况、资源供给状况、市场需求状况、各行业投资经济效益、投资风险、资金成本及项目投资者的实际需要，组织测定和发布的建设项目评价参数有利于促进社会资源的合理配置，有利于实现政府利用信息引导经济，有利于社会信息资源的共享，有利于充分利用各行业专家资源，有利于避免参数测算中的盲目、主观、片面、局部、狭隘、短视、静止等弊端。

建设项目经济评价参数，按照使用范围分为财务评价参数和国民经济评价参数。国民经济评价参数包括计算、衡量项目的经济费用效益的各类计算参数和判定项目经济合理性的判据参数。常用的建设项目国民经济评价参数有社会折现率、影子汇率、影子价格等。

7.3.1 社会折现率

社会折现率也叫影子利率，表示从国家角度对资金机会成本和资金时间价值的估量，它反映了资金占用的费用，其存在的基础是不断增长的扩大再生产。

社会折现率是根据一定时期内的社会投资收益水平、资金供给状况、资金机会成本、合理的投资规模以及项目国民经济评价的实际情况等因素进行综合分析，由国家相关部门统一测定和发布，它体现了国家的社会经济发展目标、发展战略、发展优先顺序、发展水平、宏观调控意图。《建设项目经济评价方法与参数》（第三版）根据影响社会折现率的各主要因素，结合经济发展的实际情况规定社会折现率为8%，并对一些具体情况做出了相应规定和说明。对于一些特殊的项目，主要是水利工程、环境改良工程、某些稀缺资源的开发利用项目，采取较低的社会折现率，可能会有利于项目的优选和方案的优化；对于受益期长的建设项目，如果远期效益较大，效益实现的风险较小，社会折现率可适当降低，但不应低于6%；对于永久性工程或者受益期超长的项目，如水利设施等大型基础设施和具有长远环境保护效益的工程项目，宜采用低于8%的社会折现率。

社会折现率是从整个国民经济角度所要求的资金投资收益率标准，代表占用社会资金所应获得的最低收益率，是重要通用参数。在投资项目的国民经济评价中，社会折现率主要用来作为计算净现值时的折现率，或者用作评价项目国民经济内部收益率高低的基准（即用作基准内部收益率）。

社会折现率作为基准收益率，是项目内部收益率的判据，其取值高低直接影响项目经济可行性的判断结果，只有经济内部收益率大于或等于社会折现率的项目才可行。它也是项目方案比选的主要判据，其取值高低会影响比选的结果，取值较高会使远期收益在折算为现值时发生较高的折减，因此不利于初始投资较大而后期费用节约或收益增大的项目方案入选，当取值较低时，情况正好反过来。

国家根据宏观调控意图和现实经济状况，制定发布统一的社会折现率，有利于统一评价标准，避免参数选择的随意性。采用适当的社会折现率进行项目评价，有利于正确引导投资，控制建设规模，调节资金供求平衡，促进资金在短期与长期项目之间的合理配置。

7.3.2 影子汇率

一般发展中国家都存在着外汇短缺的问题，政府在不同程度上实行外汇管制和外贸管制，外汇不允许自由兑换，在这种情况下，官方汇率往往不能真实地反映外汇的价值。因此，在建设项目的国民经济评价中，为了消除用官方汇率度量外汇价值所导致的误差，有必要采用一种更合理的汇率，即影子汇率，来使外贸品和非外贸品之间建立一种合理的价格转换关系，使二者具有统一的度量标准。

影子汇率的概念最早由经济学家哈伯格在 20 世纪 60 年代提出，它最初的定义是单位外汇的社会福利价值，以后的文献当中通常把影子汇率定义为单位外汇的经济价值，即指能反映外汇增加或减少对国民经济贡献或损失的汇率，也可以说是外汇的影子价格。影子汇率是项目国民经济评价的重要参数，它体现了从国民经济角度对外汇价值的估量，在项目的国民经济评价中涉及外汇与人民币之间的换算，同时也是经济换汇和经济节汇成本指标的判据。

影子汇率通过影子汇率换算系数计算，影子汇率换算系数是影子汇率与国家外汇牌价的比值，由国家统一测定发布，并定期调整，国家相关部门根据现阶段的外汇收支、外汇供求、主要进出口商品的国内外价格的比较、出口换汇成本及进出口关税等因素综合分析。在项目评价中，将外汇牌价乘以影子汇率换算系数即得影子汇率。《建设项目经济评价参数》（第三版）中的影子汇率换算系数取值确定为 1.08。

影子汇率作为项目国民经济评价中的重要通用参数，它的取值对于项目决策有着重要的影响。影子汇率取值的高低可以影响项目进出口的抉择，国家可以利用影子汇率作为经济杠杆来影响项目方案的选择和项目的取舍。影子汇率越高，外汇的影子价格就越高，产品是外贸货物的项目经济效益就越好，项目就容易通过，反之项目就不容易通过；影子汇率较高时，引进方案的费用较高，评价的结论将不利于引进项目。

影子汇率以美元与人民币的比价表示，对于美元以外的其他国家货币，应根据项目评价确定的某个时间国家公布的国际金融市场美元与该币种兑换率，先折算为美元，再用影子汇率换算成人民币。

7.3.3 影子价格

国民经济评价中最核心的问题便是价格问题，价格是对投资项目的费用和效益进行定量分析的重要前提。对于财务评价而言，计算项目的财务费用和效益都是采用市场价格计量的，如果在较完全的市场机制下，这样的价格能够真实反映各种资源的经济价值，那么国民经济评价也应当采用这种市场价格。然而，在我国现实经济生活中，市场竞争机制还不完善，各种产品和服务的价格往往不能正确反映其实际经济价值，存在着价格失真，它不能作为资源配置的正确信号和计量依据。因此在国民经济评价中，必须对其价格进行还原，使其价格能够确切地反映供应与需求达到均衡时的产品和资源价格，这种价格定义为影子价格，即国民经济评价中的费用和效益应采用影子价格计量。

影子价格最早来源于数学规划，它是 20 世纪 30 年代末 40 年代初由荷兰数理经济学家、计量经济学创始人之一詹恩·丁伯根，及前苏联数学家、经济学家、诺贝尔经济学奖获得者列·维·康托罗维奇分别提出来的。在西方最初称为预测价格，在前苏联称为最优计划价格，后来美籍荷兰经济学家库普曼主张统一称为影子价格，这一提法为理论界所普遍接受。它被定义为：某种资源处于最佳分配状态时，其边际产出价值；具体地说，影子价格是在完善的市场经济条件下，资源的分配和利用达到最优状态（供求均衡）时的均衡价格，它真实地反映了社会必要劳动消耗、资源稀缺程度和市场供求状况，能实现资源配置的最优化。影子价格不是用于实际的交换，而是用于经济评价、预测、计划等工作。

例如某项目需要 m 种有限资源，可用于生产 n 种产品，问应如何安排生产方案，才能使 m 种资源的投入取得最大的产出？

这是一个资源分配问题，可对这一问题建立线性规划模型。

目标函数：$Z_{\max} = \sum_{i=1}^{n} P_i x_i$ 约束条件：$(s \cdot t) \begin{cases} \sum_{i=1}^{n} C_{ij} x_i \leqslant b_j \\ x_i \geqslant 0 \end{cases}$

式中 $Z_{\max}$——总收益的最大值；

P_i——第 i 种产品价格；

x_i——第 i 种经济活动的产品产量；

b_j——现有第 j 种资源的数量；

C_{ij}——每生产第 i 种单位产品所需 j 资源的数量。

对上述模型求解，可同时得到最优生产计划和最优目标函数值。

若对上一问题换一种提法就是，假如这个项目打算将这些资源全部卖掉，应如何确定各种资源的价格，才能保证总收益不低于原来用于从事生产活动的收益？对这一问题同样可建立线性规划模型。

目标函数：$Z'_{\min} = \sum_{j=1}^{m} b_j y_j$ 约束条件 $(s \cdot t) \begin{cases} \sum_{i=1}^{n} C_{ij} y_j \geqslant P_i \\ \text{且 } y_j \geqslant 0 \end{cases}$

式中 $Z'_{\min}$——资源的总价值的最小值；

P_i——第 i 种产品价格；

y_j——第 j 种资源的价格；

b_j——现有第 j 种资源的数量；

C_{ij}——每生产第 i 种单位产品所需 j 资源的数量。

由线性规划理论知道这个规划问题正好是前一个规划问题的对偶问题，第二个线性规划问题的最优解 y_j^* 就是各种资源的所谓影子价格。由线性规划的对偶原理可知，对于原始问题和对偶问题的最优解总有：

$$Z_{\max} = Z_{\min}$$

即：

$$Z^* = Z'^* = \sum_{j=1}^{m} b_j y_j$$

式中 Z^*——按最优解 x_i^* 进行生产的产出总价值；

Z'^*——按影子价格 y_j^* 计算的资源总值。

得影子价格的数学表达式为:

$$y_j^* = \frac{\partial Z^*}{\partial b_j}$$

通过上述讨论可知：理论上的影子价格在数学上表现为目标函数对某一约束条件的一价偏导数。

在经济上，由于目标函数不一致，在以最少费用为目标时，它表现为增加单位产品所耗费的边际成本；在以最大收益为目标时，它表现为增加单位资源投入所获得的边际收益；在以消费者最大效用为目标时，它表现为增加单位物品供应所需增加的边际效用，或者表现为消费者为获取效用所愿意支付的价格。

对于一个企业，如果某种资源市场价格低于影子价格，则继续购进这种资源有利，如果市场价格高于或等于影子价格，则再购进就无利。同理，对于一个国家，当某一资源的国际市场价格低于影子价格时，应进口这种资源，反之就不应进口。

对于国民经济评价而言，要求的是对整个国家的各种资源影子价格，求解要涉及数量庞大的各种资源和产品，而建立和求解这样庞大复杂的线性规划模型是十分困难的，需要采用一些实用的方法来确定。一些西方学者提出了一种从根本上解决的办法，即在国民经济评价中，以国际市场价格为基础来调整国内市场价格而得到影子价格。国际市场价格虽不是真正的影子价格，但由于它是在国际范围的市场竞争中形成的，不受任何国家控制，比较真实地反映了商品的价格，而且以国际市场价格为基础来确定影子价格，方法简单实用。国际上通常采用的方法主要有：由利特尔（I. M. D. Little）和米尔里斯（J. Mirrless）提出的，并被经济合作发展组织和世界银行采用的利特尔-米尔里斯法（简称 L-M 法），它以本国货币表示的边境价格作为计算基准；另一种是联合国工业发展组织推荐的 UNIDO 法，它选用国内价格水平的本国货币作为计量单位。

以 L-M 法或 UNIDO 法确定影子价格时，首先把货物区分为贸易货物和非贸易货物两大类，然后根据项目的各种投入和产出对国民经济的影响分别进行处理；在我国考虑到我们仍然是发展中国家，整个经济体系还没有完成工业化过程，国内市场和国际市场的完全融合仍需一定时间等具体情况，将投入物和产出物区分为外贸货物、非外贸货物和特殊投入物分别进行处理，采用不同的思路确定其影子价格。《建设项目经济评价方法与参数》（第三版）对不同情况影子价格的确定作了规定。

(1) 可外贸货物的影子价格

可外贸货物通常称外贸货物，是指其生产和使用将对国家进出口产生直接或间接影响的货物，它分为投入物和产出物两大类，其影子价格是以口岸价格为基础，按项目各项产出和投入对国民经济的影响，根据口岸、项目所在地、投入物的国内产地、产出物的主要市场所在地以及交通运输条件等方面的差异对流通领域的费用支出进行调整而分别确定的。对于项目产出物，确定的是出厂影子价格；对于项目投入物，确定的是到厂影子价格。

① 产出物影子价格的确定

a. 直接出口产品的影子价格。直接出口产品的影子价格的计算公式为：

$$SP = FOB \times SER - (T_1 + T_{R1})$$

式中　SP——影子价格；

FOB——离岸价，以外汇计价；

SER——影子汇率；

T_1——出口产品出厂到口岸的运费；

T_{R1}——出口产品的贸易费用。

b.间接出口产品的影子价格。所谓间接出口是指项目的产品在国内销售，顶替其他同类货物，使其他的货物增加出口。间接出口产品影子价格的计算公式为：

$$SP = FOB \times SER - (T_2 + T_{R2}) + (T_3 + T_{R3}) - (T_4 + T_{R4})$$

式中 T_2，T_{R2}——原供应厂到口岸的运费及贸易费用；

T_3，T_{R3}——原供应厂到用户的运费及贸易费用；

T_4，T_{R4}——项目产出厂到用户的运费及贸易费用。

c.替代进口产品的影子价格。所谓替代进口是指项目的产品在国内销售，以产顶进，减少进口。替代进口产品影子价格的计算公式为：

$$SP = CIF \times SER - (T_4 + T_{R4}) + (T_5 + T_{R5})$$

式中 CIF——到岸价；

T_5，T_{R5}——被替代进口货物从口岸到用户的运费及贸易费用。

② 投入物影子价格的确定

a.直接进口投入物的影子价格：

$$SP = CIF \times SER + (T_1 + T_{R1})$$

式中 SP——影子价格；

CIF——到岸价；

SER——影子汇率；

T_1，T_{R1}——直接进口投入物从我国口岸到项目地点的运费及贸易费用。

b.间接进口投入物的影子价格 所谓间接进口是指项目使用国内产品，但挤占其他用户，使得国家的进口增加。间接进口投入物影子价格的计算公式为：

$$SP = CIF \times SER + (T_5 + T_{R5}) - (T_3 + T_{R3}) + (T_6 + T_{R6})$$

式中 T_5，T_{R5}——间接进口投入物从口岸到原用户的运费及贸易费用；

T_3，T_{R3}——国内生产供应厂到原用户的运费及贸易费用；

T_6，T_{R6}——国内生产供应厂到项目地点的运费及贸易费用。

c.减少出口投入物的影子价格 所谓减少出口是指项目的投入物是国内生产的，但由于项目的使用而使国家减少了该种产品的出口。减少出口投入物影子价格的计算公式为：

$$SP = FOB \times SER - (T_2 + T_{R2}) + (T_6 + T_{R6})$$

式中 T_2，T_{R2}——投入物原来出口由生产厂到口岸的运费及贸易费用；

T_6，T_{R6}——投入物由生产厂到项目地点的运费及贸易费用。

（2）非贸易货物的影子价格

非贸易货物是指其生产和使用对国家进出口不产生影响的货物。它包括：天然非贸易货物，如国内建筑物、国内运输等基础设施产品和服务；非天然非贸易货物，如受到国内外政策限制及经济上不合理等因素约束而不能进行外贸的货物。

非贸易货物影子价格确定有以下原则：

a.若具有市场价格的货物或服务，处于竞争性市场环境中，市场价格能够反映支付意愿或机会成本，应采用市场价格作为计算项目投入物或产出物影子价格的依据。

b.若项目的投入物或产出物的规模很大，项目的实施将足以影响其市场价格，导致

"有项目"和"无项目"两种情况下市场价格不一致，在项目评价实践中，取二者的平均值作为测算影子价格的依据。

① 产出物影子价格

a. 增加供应量，满足国内消费的项目产出物的影子价格。

若国内市场供求均衡，应采用市场价格定价；若国内市场供不应求，应参照国内市场价格并考虑价格变化的趋势定价，但不应高于质量相同的同类产品的进口价格；对于无法判断供求情况的，应按稳妥原则取上述价格较低者。

b. 不增加国内市场供应数量，只是替代其他生产企业的产品，使被替代产品的企业减产或停产的产出物的影子价格。

若产品质量与被替代产品相同，应按被替代产品的可变分解成本定价，其中可变分解成本是指某种产品已有一定的富余生产能力，要增加产量，只需要增加投入物和少量的辅助费用，不需要增加固定资产、流动资金、人工费和管理费等固定成本。

若产品质量较被替代产品有所提高，应按被替代产品的可变成本再加上因产品质量提高而带来的国民经济效益定价，其中因提高质量而带来的国民经济效益，可近似地按国际市场价格与被替代产品的国内市场价格之差确定。

c. 占国内市场份额较大，项目建成后会导致市场价格下跌的项目产出物的影子价格。

这类产出物可按照项目建成前的市场价格和项目建成后的市场价格的平均值定价。

② 投入物影子价格

a. 项目所需的某种投入物能通过原有企业生产能力挖潜满足供应，不必增加新的投资。这说明此种货物原有生产能力过剩，属于长线物资。确定其影子价格时，对其可变成本进行分解，得到货物的出厂影子价格，加上运输费用和贸易费用，就可得到该项目投入物的影子价格。

b. 项目所需的某种投入物必须通过投资，扩大生产规模，才能满足拟建项目的需要，说明此种货物的生产能力已充分利用，不属于长线物资。确定其影子价格时，需对其全部成本进行分解，得到货物的出厂影子价格，加上运输费用和贸易费用，就可得到该项目投入物的影子价格。

c. 项目所需的某种投入物，在项目计算期内，其原有生产能力无法得到满足，又不可能新增生产能力，只有通过减少对原有用户的供应量才能得到。确定其影子价格时，应参照国内市场价格、国家统一价格加补贴（若有补贴）和协议价格这三者之中的最高者，再加上运输费用和贸易费用，即可得到该项目投入物的影子价格。

(3) 特殊投入物的影子价格

特殊投入物是指项目在建设和生产经营中所使用的特殊资源。在社会资源方面主要是人力资源；在自然资源方面主要是土地、矿产、森林、水等资源。

① 影子工资　在项目的财务评价中，项目要占用人力资源，因使用劳动力要支付工资，工资作为成本的构成内容被看作财务费用。在项目的国民经济评价中，由于经济的、社会的和传统的原因，劳动者的货币工资常常偏离竞争性劳动市场所决定的工资水平，因而不能真实地反映单位劳动的边际产品价值，要通过影子工资来对劳动成本进行必要的调整。

在国民经济评价中把劳动力作为特殊投入来对待。影子工资是指项目使用劳动力，社会为此付出的代价，反映该劳动力用于拟建项目而使社会为此放弃的原有效益，由劳动力的边际产出和劳动力的就业或转移而引起的社会资源消耗构成。

劳动力的边际产出，也称劳动力机会成本，是指劳动力在本项目被使用，而不能在其他项目中使用而被迫放弃的劳动收益；或者说不被拟建项目招用，而在原来岗位上的边际产出，它是影子工资的主要组成部分。应当注意，在具体确定劳动力的边际产出时，必须对项目所处的经济环境作深入的调查研究，劳动力的边际产出与劳动力的技术熟练程度和供求状况有关，技术越熟练，需求程度越高，其边际产出越高，反之越低。

劳动力的就业或转移而引起的社会资源消耗是指社会为职工就业或转移而付出的，但职工又未得到的其他代价；如为劳动力就业或转移而支付的搬迁费、培训费、交通费等。

影子工资一般是通过影子工资换算系数计算得到的，影子工资换算系数是指影子工资与项目财务分析中的劳动力工资之间的比值，即：

影子工资＝财务工资及职工福利基金×影子工资换算系数

影子工资确定原则：

a.影子工资应该根据项目所在地的劳动力就业状况、劳动力就业或转移成本测定；

b.技术劳动力的工资报酬一般可由市场供求决定，影子工资可以以财务实际支付工资计算，即影子工资换算系数取值为1；

c.对于非技术劳动力，其影子工资换算系数取值为0.25～0.8；根据当地的非技术劳动力供求状况决定，非技术劳动力较为富余的地区可取较低值，不太富余的地区可取较高值，中间状况可取0.5。

② 土地的影子价格　土地是一种特殊投入物，项目使用了土地，对国家来说就造成了费用。国家对建设项目使用土地实行政府管制，我国目前取得土地使用权的方式有出让（招标、拍卖、协议）、划拨、转让等，土地使用价格受到土地管制的影响，不一定能反映土地的真实价值。在项目国民经济评价中要以土地的影子价格计算土地费用。

土地的影子价格是指建设项目使用土地资源而使社会付出的代价。项目占用的土地无论是否需要实际支付财务成本，均应根据土地用途的机会成本原则或消费者支付意愿的原则计算其影子价格。土地影子价格由土地机会成本和新增资源消耗两部分组成，土地机会成本按拟建项目占用土地而使国民经济为此放弃的该土地最佳替代用途的净效益计算；新增资源消耗，即土地改变用途而发生的新增资源消耗，主要包括拆迁补偿费、劳动力安置补助费、养老保险费等。

a.城市土地影子价格依据以下原则确定：

• 通过招标、拍卖和挂牌出让方式取得使用权的国有土地，其影子价格应按财务价格计算；

• 通过划拨或双方协议方式取得使用权的土地，应分析价格优惠或扭曲情况，参照公开市场交易价格，对价格进行调整；

• 经济开发区优惠出让使用权的国有土地，其影子价格应参照当地土地市场交易价格类比确定；

• 当难以用市场交易价格类比方法确定土地影子价格时，可采用收益现值法确定（按社会折现率折现），或以开发投资应得收益加土地开发成本确定。

b.农村土地影子价格依据以下原则确定。项目使用的农村土地，一般是来自政府征用的农村农民集体所有的土地。政府征用农民的土地，被征用土地的农民失去了土地，需要由政府重新安置，安置新的居住房屋，安排新的就业，使农民获得新的生活资料来源。政府征用农民土地，要向农民支付征地补偿费用，包括：耕地补偿费、青苗补偿费、地上建筑物补偿费、安置补助费等。这些征地补偿费，通常全部或者部分由项目建设方来向政府交付。除此之外，项目建设方还要向政府缴纳征地管理费、耕地占用税、耕地开垦费、土地管理费、土地开发费等其他费用。

建设项目占用农村土地，以土地征用费调整计算土地影子价格。具体规定如下：
- 项目征用农村土地，土地征用费中的耕地补偿费及青苗补偿费应视为土地机会成本；地上建筑物补偿费及安置补助费应视为新增资源消耗；征地管理费、耕地占用税、耕地开垦费、土地管理费、土地开发费等其他费用应视为转移支付，不列为费用。
- 项目所支付的征地费中，耕地补偿费、青苗补偿费、安置补助费等的确定，如果与农民进行了充分的协商，能够充分保证农民的应得利益，则土地影子价格可按土地征地费中的相关费用确定；如果没有与农民进行充分协商，导致相应的补偿和安置补助费低于市场定价，不能充分保证农民利益，则土地影子价格应参照当地正常征地补助标准进行调整；如果项目建设方支付给政府的耕地补偿费、青苗补偿费、安置补助费等没有全部覆盖政府实际支付的补偿费用，政府另外以货币或非货币形式对农民进行补偿，则相应的土地影子价格应当根据政府的额外补偿进行调整。

7.4 国民经济评价指标

国民经济评价和财务评价相似，也是通过评价指标的计算，编制相关报表来反映项目的国民经济效果。国民经济评价指标计算和财务评价指标的计算在形式上相同，评价指标相应地包括国民经济盈利能力分析和外汇效果分析，以经济内部收益率为主要评价指标。根据项目特点和需要，也可计算经济净现值等指标。产品出口创汇及替代进口节汇的项目，要计算经济外汇净现值、经济换汇成本和经济节汇成本等指标。

7.4.1 国民经济盈利能力分析指标

项目国民经济盈利能力分析的主要指标有经济净现值、经济内部收益率等。

① 经济净现值 ENPV 经济净现值是反映项目对国民经济净贡献的绝对指标，它是指项目按照社会折现率将计算期内各年的经济净效益流量折现到建设初期的现值之和，其计算表达式为：

$$ENPV = \sum_{t=1}^{n}(B-C)_t(1+i_s)^{-t}$$

式中　$ENPV$——经济净现值；
　　　B——经济效益流量；
　　　C——经济费用流量；
　　　$(B-C)_t$——第 t 期的经济净效益流量；
　　　i_s——社会折现率；
　　　n——项目计算期。

在项目国民经济评价中，如果经济净现值等于或大于 0，则表明项目可以达到符合社会折现率的效益水平，认为该项目从经济资源配置的角度可以被接受。

② 经济内部收益率 EIRR 经济内部收益率是反映项目对国民经济净贡献的相对指标，

它是项目在计算期内经济净效益流量的现值累计等于零时的折现率,其计算表达式为:

$$\sum_{t=1}^{n}(B-C)_t(1+EIRR)^{-t}=0$$

式中 $EIRR$——经济内部收益率;
　　　B——经济效益流量;
　　　C——经济费用流量;
　　$(B-C)_t$——第 t 期的经济净效益流量;
　　　n——项目计算期。

如果经济内部收益率等于或者大于社会折现率,则表明项目对国民经济的净贡献达到或超过了要求的水平,认为该项目可以被接受。

7.4.2 外汇效果分析指标

外汇作为一种重要的经济资源,对国民经济的发展具有特殊的价值,外汇平衡对一个国家的经济形势有着特殊的影响。因此,对产品出口创汇及替代进口节汇的项目,应进行外汇效果分析。项目的外汇效果指标主要有经济外汇净现值、经济换汇成本和经济节汇成本。

① 经济外汇净现值　经济外汇净现值是反映项目实施后对国家外汇收支直接或间接影响的重要指标,用来衡量项目对国家外汇的净贡献(创汇)或净消耗(用汇)。经济外汇净现值是项目计算期内各年的净外汇流量用社会折现率折算到建设期初的现值之和,其计算表达式为:

$$ENPV_F=\sum_{t=0}^{n}(FI-FO)_t(1+i_s)^{-t}$$

式中 $ENPV_F$——经济外汇净现值;
　　　FI——外汇流入量;
　　　FO——外汇流出量;
　　$(FI-FO)_t$——第 t 年的净外汇流量;
　　　n——项目的计算期,年;
　　　i_s——社会折现率。

经济外汇净现值一般应按项目的实际外汇收支来计算,但折现率应使用社会折现率,而不应使用外汇借款利率。当项目有较大产量的产品替代进口时,也可按净外汇效果来计算其经济外汇净现值。所谓外汇净效果,是指净外汇流量再加上产品替代进口所得到的节汇额(国家节约的用于进口的外汇支出)。

如果项目的经济外汇净现值等于 0,则表明项目对国家的外汇收支没有消耗;如果项目的经济外汇净现值大于 0,则表明项目对国家的外汇收支有净贡献。从外汇获取或节约的角度看,这两种情况的项目是可以接受的。

② 经济换汇成本　当项目有产品直接出口时,应计算经济换汇成本。经济换汇成本是指用货物的影子价格、影子工资和社会折算率计算的为生产出口产品而投入的国内资源现值(以人民币表示)与生产出口产品的经济外汇净现值(通常以美元表示)的比值,即换取一美元外汇所需要的人民币金额,是分析评价项目产品出口的国际竞争力,进而判断其产品应否出口的指标,其计算表达式为:

$$\frac{\sum_{t=1}^{n} DR_t (1+i_s)^{-t}}{\sum_{t=1}^{n} (FI' - FO')_t (1+i_s)^{-t}}$$

式中　　DR_t——项目在第 t 年为出口产品投入的国内资源（包括应分摊的投资、原材料、劳动力影子工资及其他投入）价值，以人民币计；

　　　　FI'——生产出口产品的外汇流入，以美元计；

　　　　FO'——生产出口产品的外汇流出（包括应由出口产品分摊的固定资产投资及经营费用中的外汇流出），以美元计；

　　　　$(FI'-FO')_t$——第 t 年的净外汇流量；

　　　　n——项目的计算期，年；

　　　　i_s——社会折现率。

当经济换汇成本小于或等于影子汇率时，表明项目生产出口品是有利的；当经济换汇成本大于影子汇率时，则是不利的。

③ 经济节汇成本　对于有产品替代进口的项目，应计算其经济节汇成本。所谓经济节汇成本，是指项目计算期内生产替代进口产品所投入的国内资源的现值与生产替代进口品的经济外汇净现值的比值，即节约 1 美元外汇所需投入的国内资源，其计算表达式为

$$\frac{\sum_{t=1}^{n} DR_t (1+i_s)^{-t}}{\sum_{t=1}^{n} (FI'' - FO'')_t (1+i_s)^{-t}}$$

式中　　DR_t——项目在第 t 年为出口产品投入的国内资源（包括应分摊的投资、原材料、劳动力影子工资及其他投入）价值，以人民币计；

　　　　FI''——生产替代进口产品所节约的外汇，以美元计；

　　　　FO''——生产替代进口产品的外汇流出，以美元计；

　　　　$(FI''-FO'')_t$——第 t 年的净外汇流量；

　　　　n——项目的计算期，年；

　　　　i_s——社会折现率。

经济节汇成本指标可以反映项目产品以产顶进时，在经济上是否合理。如果经济节汇成本小于或等于影子汇率，则表明项目的产品替代进口是有利的；否则，替代进口是不利的。

复习思考题

1. 建设项目国民经济评价的作用是什么？
2. 简述国民经济评价与财务评价的关系？
3. 什么是直接效益、间接效益、直接费用、间接费用？
4. 国民经济评价中费用与效益的识别原则是什么？
5. 国民经济评价为什么要采用影子价格来度量建设项目的费用与效益？
6. 国民经济评价主要参数的含义各是什么？

7. 已知某项目产出物所在地最近的口岸的离岸价格为60美元/吨，影子汇率换算系数为1.08元人民币/美元，项目所在地距口岸250千米，国内运费为每千米0.1元/吨，贸易费用率按离岸价格的6%计算，试求该项目产出物出厂价的影子价格。

8. 已知某出口产品的国内现行市场价格为1000元/吨，其价格换算系数为1.08，国内运费和贸易费用为100元/吨，影子汇率为1美元＝7.76元人民币，试求该进口产品的到岸价格。

9. 项目的某种产品出口离岸价为160美元/吨，国内运费为人民币30元/吨，贸易费用人民币50元/吨，国家外汇牌价1美元＝6.76元人民币，试求该产品出厂的影子价格。

10. 项目使用的一种投入物直接进口，到岸价500美元/吨，口岸到项目地点的运费为30元/吨，贸易费用率为6%，国家外汇牌价1美元＝6.76元人民币，影子汇率换算系数为1.08元人民币/美元，试计算该投入物的影子价格。

11. 某建设单位拟以有偿方式取得某地区一宗土地的使用权。该宗土地面积33000m²，土地使用权出让金标准为5000元/m²。据调查，目前该区域尚有平房住户80户，建筑面积总计4480 m²，试对该土地费用进行估计。该地区征地拆迁补偿费约1500元/m²。

第 8 章 价值工程

价值工程与一般的投资决策理论不同，一般的投资决策理论研究的是项目的投资效果，强调的是项目的可行性，而价值工程是研究如何以最少的人力、物力、财力和时间获得必要的功能的技术经济分析方法，强调的是产品的功能分析和功能改进。目前，它已被广泛地应用于国民经济的各个领域中，是改进产品质量、降低产品成本、提高经济效益的有效方法之一，也是广大工程技术人员和管理人员应掌握的现代管理技术之一。

8.1 概述

8.1.1 价值工程的产生与发展方向

价值工程（VE——Value Engineering），又称价值分析（VA），最早于20世纪40年代由美国通用电气公司的工程师麦尔斯提出（1947年，麦尔斯发表了《价值分析程序》）。二次世界大战期间，物资供应十分紧张，供职于通用电气公司采购部门的麦尔斯，从多年采购工作实践中，逐步摸索到短缺材料可以寻找相同功能者作"代用品"的经验，认为购买材料的目的是获得某种功能而不是材料本身，所以，只要满足功能，就可以选用购买得到的或较为便宜的材料，代替原设计指定的材料使用。通过一系列成功的实践活动，麦尔斯总结出一套在保证同样功能的前提下降低成本的比较完整的科学方法，定名为"价值分析"。以后随着其研究内容的不断丰富与完善，其研究领域也从材料代用逐步推广到产品设计、生产、工程、组织、服务等领域，形成了一门比较完整的科学体系——价值工程。

在美国，最早应用价值分析并取得较好经济的部门是军事部门和军工企业，1954年美国海军首先开始推行，主要用这种方法指导新产品的设计。1959年美国价值工程师协会（SAVE）成立，美国有近30所大学开设价值工程课程。1977年，美国参议院做出决议，肯定价值工程是节约能源、降低成本、保障服务的有效方法，号召各部门加以采用。

1955年价值工程传入日本后，价值工程成为了日本许多企业各级管理和工程人员的必备知识和技能，使日本对价值工程研究和实践达到了国际先进水平。

1992年价值工程协会世界联盟（WFVS）成立，有20多个国家和地区加入。

我国从1978年开始引进并推广价值工程，1984年原国家经委将价值工程作为十八种现代化管理方法之一，向全国推广，1987 年 10 月颁布了中华人民共和国国家标准（GB 8223—87）。以后，价值工程学在工程设计和施工、产品研究开发、工业生产、企业管理等方面取得了长足的发展，产生了巨大的经济效益和社会效益。

价值工程作为一门现代管理技术具有很强的实用性和可操作性，但在更高层次上仍研究不足，理论深度不够，思维空间狭窄，同时，面对各种不同的复杂事物，数学模式单一，不利于更好、更有力地发挥它在促进社会生产力中的作用。事实上，许多非工程类社会系统同样希望以最少的代价来取得最大的功能效应，同样可以进行价值分析。以最少的代价获取最优的功能不仅是价值工程的基本思想，也是许多学科的基本思想。SAVE（美国价值工程师协会）在 1996 年 6 月 9 日的芝加哥年会上，更名为 SAVE International（美国国际价值工程师协会），提出的口号是：The Value Society——价值的协会。新会号和新口号旨在面向世界、面向所有学科的价值领域，与所有以提高价值为目的的组织或个人团结协作，这标志着价值工程开始全面走向世界、全面走向其他学科领域。

价值工程要取得重大发展，必须突破原有的理论框架和思维空间，以更宽阔的视野和更一般的意义来研究价值工程问题。

① 丰富功能的内涵，扩展功能的外延，对不同形式的功能进行辩证分析和统一度量　功能是指事物的特性对于目标对象的某一特定目的所能产生的效用，价值工程一般只对功能进行物理意义上的分析和度量，进一步可以进行经济学意义上的分析和度量，而不能进行价值意义上的分析和度量，因而对不同形式的功能难以进行分析和比较，缺乏统一的度量标准、度量方法和度量单位。虽然所有事物的功能都有一个或若干个直接或间接的目标对象，但最终的目标对象是人类主体，而人类对功能需求的目的，归根结底是维持和发展自身的本质力量（对于个人来说就是发展个体的劳动能力，对于社会来说就是发展社会生产力），即任何功能的最终效用就是维持和发展自身的本质力量，这是功能的本质或核心。因此任何具体的功能在本质上都是直接或间接的使用价值，任何形式的功能或使用价值可以从价值论的角度用统一的度量标准、度量方法和度量单位进行分析和度量，使功能的外延从物理意义上的功能扩展到社会经济、政治和文化等的功能。

② 丰富成本的内涵，扩展成本的形式，对所有形式的成本能够进行辩证分析和统一度量　事物任何功能的形成、维持和发展都以一定的成本为前提条件，人类社会为获取功能而付出的成本，主要体现为人力、物力和财力资源的投入。价值工程通常只能对具有经济和资源意义上的成本进行分析与计度量，度量单位通常是货币，但对那些非经济类型的成本却难以进行分析和度量，因而受到很大局限。而从成本的内涵和外延分析可以看出，任何形式的成本最终都是劳动价值或使用价值的成本，都可以从价值论的角度用统一的度量标准、度量方法和度量单位进行分析和度量。这样，价值工程可以对众多复杂的、多种形式的成本进行客观的分析和度量，使成本的外延从经济和资源意义上的成本扩展到社会经济、政治和文化等的成本。

③ 丰富价值的内涵，把时间因素纳入价值的内涵之中，对众多的事物或系统的价值进行辩证分析和统一度量　在价值工程中，价值是功能与耗费的比值，只能反映事物或系统在某一确定时间内投入产出的相对量，而不能反映这个事物或系统的价值收益率，不能反映其在单位时间内的投入产出效率。事物或系统之间的竞争并不是对投入产出比大小的竞争，而是对价值收益率大小的竞争，事物或系统的价值收益率越大，价值资源向其分配的方向就越明确，向其流动的速度也就越快。比较事物或系统价值的意义，不应依据投入产出比，而应

依据事物或系统的投入产出效率或价值收益率。对价值的内涵进行扩展，可以帮助我们对众多形式的、非线性的、动态的、多层次的物质系统和社会人文系统的价值特性进行分析和统一度量，从而大大提高价值工程的客观性、精确性和应用范围。

④ 丰富工程的内涵，扩展工程的外延，对不同社会领域的工程系统进行辩证分析和统一度量　科学技术发展的巨大而深刻的影响，使工程一词广泛应用于经济、政治和文化等非物理领域，而价值工程通常以一般的物质系统（特别是制造业及工程系统）为研究对象，很少涉及社会的经济、政治、文化等领域。如今，应该广泛地理解工程的内涵，不应把它局限于人工制作的物质系统，而应该把它扩展为一切为人类社会的一定价值目的服务的物质系统与非物质系统。事实上，许多社会事物如社会组织、社会团体、制度、文化传统、伦理道德、科学、教育、法律等都有其特定的功能特性；同时，为建立、维持、发展、传播和运行这些社会事物需要耗费一定的人力、物力和财力，即任何事物都有它特定的功能价值，同时都有它的成本与耗费，因而可以进行价值分析。对工程的内涵进行扩展，可以对各种类型的经济、政治和文化系统的价值特性进行分析比较和统一度量，从而进一步扩展价值工程的应用范围。

8.1.2 价值工程的基本概念

价值工程是通过分析产品或其他 VE 对象的功能与成本，以求用最低的寿命周期成本实现一定的产品或作业的必要功能，而致力于功能分析的有组织的活动，是一种管理技术。价值工程中"工程"一词的概念与日常习惯上讲的土木工程等的"工程"概念不一样，这里"工程"的含义是指为实现提高价值的目标所进行的一系列分析研究的活动，价值工程中所述的"价值"也是一个相对的概念，是指作为某种产品（或作业）所具有的功能与获得该功能的全部费用的比值。由此可见，价值工程涉及价值、功能和寿命周期成本等三个基本要素。

（1）价值

价值工程的目的在于提高产品或其他 VE 对象的价值，价值工程中的价值是指以最低的寿命期费用实现必要的功能，因此它不是对象的使用价值，也不是对象的交换价值，而是对象的比较价值，是作为评价事务有效程度的一种尺度提出来的。在数量上，它是产品或其他 VE 对象的必要功能与为获得这种功能而支付的费用之比，这种对比关系可用一个数学公式表示为：

$$V = \frac{F}{C}$$

式中　V——研究对象的价值；
　　　F——研究对象的必要功能；
　　　C——研究对象的寿命周期成本。

根据上述公式可知，提高产品价值的途径有以下五种。

① 功能不变，成本降低，即：

$$\frac{F \rightarrow}{C \downarrow} = V \uparrow$$

② 成本不变，功能提高，即：

$$\frac{F\rightarrow}{C\rightarrow}=V\uparrow$$

③ 成本略有提高，功能有较大幅度提高，即：

$$\frac{F\uparrow\uparrow}{C\uparrow}=V\uparrow$$

④ 功能略有下降，成本大幅度下降，即：

$$\frac{F\downarrow}{C\downarrow\downarrow}=V\uparrow$$

⑤ 功能提高，成本降低，即：

$$\frac{F\uparrow}{C\downarrow}=V\uparrow$$

在产品形成的各个阶段都可以应用价值工程提高产品的价值，但应注意，在不同的阶段进行价值工程活动，其经济效果的提高幅度却大不相同。对于大型复杂的产品，应用价值工程的重点是在产品的研究设计阶段，产品的设计图纸一旦设计完成并当产品投入生产后，产品的价值就已基本确定，这时再进行价值工程分析就变得更加复杂，不仅原来的许多工作成果要付之东流，而且改变生产工艺、设备工具等可能会造成很大的浪费，使价值工程活动的技术经济效果大大下降。因此，价值工程活动更侧重在产品的研制与设计阶段，以寻求技术突破，取得最佳的综合效果。

（2）功能

价值工程中的功能是对象能够满足某种需求的一种属性，即指一种产品或服务所起的作用、所担负的职能或具有的效用，是满足社会和用户需要的效益。任何产品都具有功能，它蕴藏于内部而以不同的物理形态表现出来，如住宅的功能是提供居住空间，建筑物基础的功能是承受荷载等。功能是产品的本质属性，因为产品具备了功能才能得以使用和存在，人们购买产品实际上是购买产品所具有的功能。

价值工程寻求的目标是完善产品的必要功能而又不提高寿命期成本，最好降低成本；如果为改善必要功能而不得不提高寿命期成本，则要求成本提高的程度低于必要功能改善的程度。

（3）寿命周期成本

价值工程的最终目的是以最低成本实现产品必要的功能，产品功能的实现需经过两个阶段：产品功能形成，即开发、设计、生产过程；产品功能发挥作用，即使用过程。两个阶段各有相应的费用支出，这就是生产成本和使用成本，产品在整个寿命周期过程中所发生的全部费用，称为寿命周期成本，即：

$$C=C_1+C_2$$

式中　C——寿命周期成本；
　　　C_1——生产成本；
　　　C_2——使用成本。

在一定范围内，产品的生产成本和使用成本存在着此消彼长的关系。随着产品功能水平的提高，产品的生产成本 C_1 增加，使用成本 C_2 降低；反之，产品功能水平降低，其生产成本 C_1 降低，但使用成本 C_2 会增加。因此当功能水平逐步提高时，寿命周期成本呈马鞍形变化，如图8-1所示，寿命周期成本为最小值 C_{min} 时，所对应的功能水平是仅从成本方面考虑的最适宜功能水平。

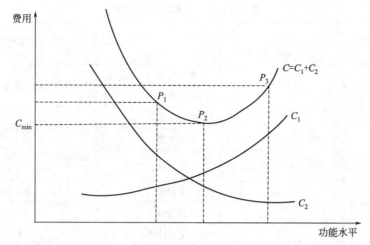

图 8-1 功能水平与费用的关系

对于寿命期长的建筑产品,由于形体庞大,产品物化劳动和活劳动消耗多,不仅生产成本可观,而且使用费往往数目也很大,因此,开展价值工程具有特别重要的意义。

8.1.3 价值工程的特点

① **价值工程的目标** 是以最低的寿命周期成本,使产品具备它所必须具备的功能。

② **价值工程的核心** 是对产品进行功能分析。价值工程中的功能是指对象能够满足某种要求的一种属性,具体来说功能就是效用。例如手表有计时、显时的功能,电冰箱具有冷藏的功能。用户向生产企业购买产品,是要求生产企业提供这种产品的功能,而不是产品的具体结构。企业生产的目的,也是通过生产获得用户所期望的功能,而结构、材质等是实现这些功能的手段,目的是主要的,手段可以广泛选择。因此,运用价值工程分析产品,是在分析功能的基础之上再去研究结构、材质等问题。

③ **价值工程将产品价值、功能和成本作为一个整体同时来考虑** 也就是说,价值工程中对价值、功能、成本的考虑,不是片面和孤立的,而是在确保产品功能的基础上综合考虑生产成本和使用成本,兼顾生产者和用户的利益,创造出总体价值最高的产品。

④ **价值工程强调不断改革和创新** 开拓新构思和新途径,获得新方案,创造新功能载体,从而简化产品结构,节约原材料,提高产品的技术经济效益。

⑤ **价值工程要求将功能定量化** 即将功能转化为能够与成本直接相比的量化值。

⑥ **价值工程是以集体的智慧开展的有计划、有组织的管理活动** 开展价值工程,要组织科研、设计、制造、管理、采购、供销、财务等各方面有经验的人员参加,组成一个智力结构合理的集体,发挥集体智慧,博采众长地进行产品设计,以达到提高方案价值的目的。

8.1.4 价值工程的一般工作程序

价值工程也像其他技术一样具有自己独特的一套工作程序。价值工程的工作程序,实质就是针对产品的功能和成本提出问题、分析问题、解决问题的过程,其工作步骤如表 8-1 所示。

表 8-1 价值工程的工作程序

价值工程的工作阶段	工作步骤		对应问题
	基本步骤	具体步骤	
一、分析问题	1. 功能定义	(1)选择对象	(1)价值工程的研究对象是什么?
		(2)收集资料	
		(3)功能定义	(2)这是干什么用的?
		(4)功能整理	
	2. 功能评价	(5)功能分析与功能评价	(3)它的成本是多少? (4)它的价值是多少?
二、综合研究		(6)方案创造	(5)有无其他方法实现同样功能?
三、方案评价	3. 制订创新方案与评价	(7)概括评价	(6)新方案的成本是多少? (7)新方案能满足要求吗?
		(8)指定具体方案	
		(9)实验研究	
		(10)详细评价	
		(11)提案审批	

8.2 价值工程的对象选择与信息资料收集

8.2.1 对象选择

(1) 对象选择的基本原则

价值工程是就某个具体对象开展的有针对性的分析评价和改进,所以必须首先确定分析对象才有分析的具体内容和目标。对于产品生产来讲,凡是为获取功能而发生费用的活动,都可以作为价值工程的研究对象。

价值工程的对象选择过程就是逐步收缩研究范围、寻找目标、确定主攻方向的过程。因为生产建设中的技术经济问题很多,涉及的范围也很广,只能精选其中的一部分来实施,因此,能否正确选择对象是价值工程收效大小与成败的关键,这就需要应用一定的原则和方法科学地加以选定。

价值工程的目的在于提高产品价值,研究对象的选择要从市场需要出发,结合实际情况,系统考虑。对象选择的一般原则是:首先选择市场反馈迫切要求改进、易于进行且功能改进和成本降低潜力较大的对象。一般说来,对象的选择有以下几个原则。

① 从设计方面看 对产品结构复杂、性能和技术指标差距大、体积大、质量大的产品进行价值工程活动,可使产品结构、性能、技术水平得到优化,从而提高产品价值。

② 从生产方面看 对量多面广、关键部件、工艺复杂、原材料消耗高和废品率高的产品或零部件,特别是对量多、产值比重大的产品,只要成本下降,所取得总的经济效果就大。

③ 从市场销售方面看 选择用户意见多、系统配套差、维修能力低、竞争力差、利润率低的、生命周期较长的、市场上畅销但竞争激烈的新产品、新工艺等进行价值工程活动,以赢得消费者的认同,占领更大的市场份额。

④ 从成本方面看 选择成本高于同类产品、成本比重大的,如材料费、管理费、人工

费等，推行价值工程就是要降低成本，以最低的寿命周期成本可靠地实现必要功能。

对于建筑产品而言，可以定性地考虑以下几个方面。

① 投资额大的工程项目　对于这类项目，从可行性研究、编制设计文件、施工准备到组织施工都可以开展价值工程。在保持预定功能的条件下，即使降低投资额或施工成本百分率很小，但因总额基数很大，其资金节约也将十分显著。

② 面广量大的工程项目　对于一个地区或企业涉及类似项目较多的工程项目，虽然每个项目的投资不一定很大，但价值工程如果在一个项目上取得的成果具有较大的推广应用前景，则会产生显著的经济效益。

③ 结构复杂、建筑自重大、稀缺材料用量多的项目　工程结构越复杂，简化的潜力就越大，可取消的辅助功能越多；建筑自重过大，则改进结构节约投资的潜力也大；若稀缺材料用量多，则应尽量减少使用或寻找替代材料，节约挖潜。

④ 能耗大、能量转换率低的工程项目　合理使用能源和节约能源是我国经济建设中的一项基本国策，目前存在的关键问题是能量转换率低，因此把这类工程列为价值工程对象，有利于节约能源，促进能源科学技术水平的提高。

⑤ 污染严重的工程项目　经济合理地处理废水、废渣、噪声，甚至变废为宝是价值工程需要研究的重要对象。

⑥ 用户意见多的建筑产品　用户认为功能不足或售价过高的建筑产品应是建筑工程的研究对象。

（2）价值工程对象选择的方法

价值工程对象选择往往要兼顾定性分析和定量分析，选择的方法有多种，不同方法适宜于不同的价值工程对象，应根据具体情况选用适当的方法，以取得较好的效果。

1）经验分析法

经验分析法，也称因素分析法，是指根据价值工程对象选择时应注意的问题和要求，凭借分析人员经验集体研究确定选择对象的一种方法。

经验分析法是一种定性分析方法，依据分析人员经验做出选择，其优点是简便易行、节约时间，特别是在被研究对象彼此相差比较大以及时间紧迫的情况下比较适用；缺点是缺乏定量依据，准确性较差，对象选择的正确与否，主要决定于价值工程活动人员的经验及工作态度，不够精确可靠。该种方法一般仅用于初选阶段。

2）不均匀分布定律法

不均匀分布定律法又称帕累托分析法，也叫 ABC 分析法，是应用数理统计分析的方法来选择对象。这种方法源于意大利经济学家帕累托（Pareto）提出的不均匀分布规律，它是根据事物在技术或经济方面的主要特征，进行分类排队，分清重点和一般，从而有区别地确定管理方式的一种分析方法。该分析方法的核心思想是在决定一个事物的众多因素中分清主次，识别出少数的但对事物起决定作用的关键因素和多数的但对事物影响较少的次要因素。方法的基本思路是将某一个产品的成本组成逐一分析，将每一零件按成本的大小由高到低排列起来，绘成费用累积分配图（见图 8-2），纵坐标表示成本，以百分数表示，横坐标表示影响成本的各零部件，并按成本大小从左向右排列，曲线表示各种影响总成本大小的累计百分数。一般地，可将曲线的累计频率分为三级，与之相对应的部件分为以下三类。

① A 类　占总成本 70%～80% 而占零部件总数 10%～20% 的零部件划分为 A 类部件，该类属于少数零件占多数成本的零件，是价值工程的主要研究对象；

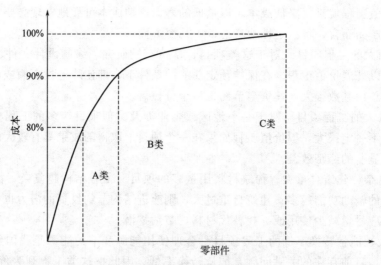

图 8-2 费用累积分配图

② B 类　占总成本 10%~20% 而占零部件总数 10%~20% 的零部件划分为 B 类部件；

③ C 类　占总成本 5%~10% 而占零部件总数 60%~80% 的零部件划分为 C 类部件。

对于有些产品，不是由各个部件组成的，如工程项目投资等，对这类产品可按费用构成项目分类，如分为管理费、动力费、人工费等，将其中所占比重最大的作为价值工程的重点研究对象。这种分析方法也可从产品成本利润率、利润比重角度分析，其中利润额占总利润比重最低，而且成本利润率也最低的，应当考虑作为价值工程的研究对象。

不均匀分布定律法抓住成本比重大的零部件作为研究对象，比较直观地显示出产品成本这一因素的主要问题，有利于集中精力重点突破，取得较大效果，同时简便易行，因此广泛为人们所采用。但在实际工作中，由于不均匀分布定律法未结合功能方面的因素来考虑，有时由于成本分配不合理，虽成本比重不大但用户认为功能亟待改进的对象可能被漏选或者排序推后，这一缺点可以通过经验分析法、价值系数法等方法来补充修正。

3）价值系数法

根据价值的表达式，在产品成本已知的基础上，将产品功能定量化，就可以计算产品的价值系数。因此利用价值系数法，应先求出分析对象的功能评价系数和成本系数，然后将它们相比求出价值系数，最后根据价值系数的大小进行分析，确定价值工程分析对象。当一个产品（如工程项目）由多种部件（分项工程）组成，且这些部件的重要性各不相同时，可用此法找出应在成本或功能方面加以改进的部件。

运用这种方法的步骤如下所述。

① 确定功能评价系数 F_i　组织熟悉业务的若干技术人员，对组成产品的零部件按其重要性一对一地比较，并按一定的评判标准进行定量评分，逐次比较后，将各零部件的得分结果进行统计，求出参评人员对同一零部件的功能评分之和，再将所有零部件的评分值加总，两者相比，即可得出某一零部件的功能评价系数，其表达式：

$$F_i = \frac{\sum_{j=1}^{m} f_{ij}}{\sum_{i=1}^{n} \sum_{j=1}^{m} f_{ij}}$$

式中 F_i——第 i 个零部件的功能评价系数；
　　　m——参加评分人数；
　　　n——零部件个数；
　　　f_{ij}——第 j 位评分人员给第 i 个零部件的功能评分。

② 计算成本系数 C_i　成本系数计算表达式：

$$C_i = \frac{c_i}{\sum_{i=1}^{n} c_i}$$

式中 C_i——第 i 个零部件的成本系数；
　　　c_i——第 i 个零部件现实成本；
　　　n——零部件个数。

③ 确定价值系数 V_i　计算公式：

$$V_i = \frac{F_i}{C_i}$$

④ 根据价值系数进行分析　根据上述计算公式，功能的价值系数不外乎以下几种结果。

a. $V_i = 1$：表示功能评价值等于功能现实成本，这表明评价对象的功能现实成本与实现功能所必需的最低成本大致相当，说明评价对象的价值为最佳，一般无需改进。

b. $V_i < 1$：此时功能现实成本大于功能评价值，表明评价对象的现实成本偏高，而功能要求不高，这时一种可能是由于存在着过剩的功能，另一种可能是功能虽无过剩，但实现功能的条件或方法不佳，以致使实现功能的成本大于功能的实际需要。应当考虑作为价值工程的研究对象。

c. $V_i > 1$：说明该部件功能比较重要，但分配的成本较少，即功能现实成本低于功能评价值。应具体分析，可能功能与成本分配已较理想，或者有不必要的功能，或者应该提高成本。

4）最适合区域法

最适合区域法也是一种通过计算价值系数选择价值工程对象的方法，计算价值系数的步骤与上述价值系数法相同，但在根据价值系数选择分析对象时，提出了一个最适合区域。

最适合区域如图 8-3 所示，由围绕标准线 $V=1$ 的两条曲线包络而成。选择对象时，首先将各零部件的价值系数在图上描点，然后把区域外的点优先选为分析对象，至于区域内的点则根据情况不作为重点对象或不选为对象。

构成最适合区域的两条曲线是这样确定的：曲线上任意一点 $Q(x_i, y_i)$ 至标准线 $V=1$ 的垂线 QP 与 OP 的乘积是一个常数 S。如图 8-4 所示，设 $QP = r$，$OP = l$，r 是 Q 点与标准线的垂直距离，l 是 P 点到 O 点的距离，则 $rl = S$（S 为常数）。P 为标准线上任一点（垂线 QP 与标准线 $V=1$ 交点），其坐标为 $\left(\frac{x_i + y_i}{2}, \frac{x_i + y_i}{2}\right)$。

经分析知：$r = \frac{1}{\sqrt{2}} |x_i - y_i|$；$l = \frac{1}{\sqrt{2}} |x_i + y_i|$

则有：$rl = \frac{1}{2} |x_i^2 - y_i^2| = S$

当 $y_i < x_i$ 时，$x_i^2 - y_i^2 = 2S$，故 $y_i = \sqrt{x_i^2 - 2S}$；

当 $y_i > x_i$ 时，$x_i^2 - y_i^2 = -2S$，故 $y_i = \sqrt{x_i^2 + 2S}$。

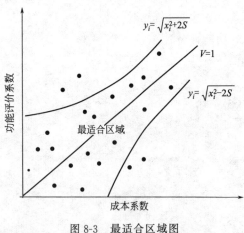

图 8-3　最适合区域图　　　　图 8-4　最适合区域包络曲线确定

5) 基点法

价值系数法是用对象的功能系数和费用系数的相对数来表示的，即某个对象的价值系数为：

$$(V_c)_i = \frac{F_{ci}}{C_{ci}} = \frac{\dfrac{F_i}{\sum F_i}}{\dfrac{C_i}{\sum C_i}} = \frac{F_i}{C_i} \times \frac{\sum C_i}{\sum F_i}$$

由上式可以看出，某对象的价值系数除与本身的功能得分 F_i 和费用 C_i 有关以外，还与全部对象的总费用及功能得分总和有关，如果某些零部件的功能与成本分配不合理，往往会造成其他零部件价值系数的虚假，即产生价值系数指示不准确的现象。基准点法就是为克服价值系数这种缺陷而提出的一种方法。基点法的计算公式为：

$$(V_c)_i = \frac{F_i}{C_i}\alpha$$

式中　$(V_c)_i$——无偏差价值系数；

　　　F_i——某对象功能评价系数（或重要系数）；

　　　C_i——某对象的成本系数；

　　　α——偏差矫正系数（基点偏差值）。

基点法实施的步骤为：

a. 求各零部件的功能评价系数（或功能重要系数）、成本系数和价值系数。

b. 从各零部件中找出某个成本与功能匹配的零部件为基点，并以它的功能评价系数和成本系数求出偏差矫正系数（基点偏差值）α，即

$$\alpha = \frac{C_I}{F_I}$$

式中　C_I，F_I——选定的某个成本与功能匹配的零部件的成本系数和价值系数。

c. 用偏差矫正系数 α 分别乘以各零部件原理的价值系数，从而得出无偏差的价值系数。

d. 根据无偏差的价值系数进行分析，方式同价值系数法。

8.2.2 信息资料收集

当价值工程活动的对象选定以后，就要进一步开展信息资料收集工作，这是价值工程不可缺少的重要环节。通过信息资料的收集，可以得到价值工程活动的依据、标准和对比的对象，价值工程成果的优劣自始至终都取决于信息资料的质量、数量及其适时性。

信息资料搜集首先要明确目的，制订计划，然后有组织地进行。要注意信息资料的完整程度和准确程度，并加以整理、分析。开展价值工程活动所需的信息资料，应视具体情况而定，一般应收集以下几方面的资料。

① 用户方面的信息资料 收集这方面的信息资料是为了充分了解用户对象产品的期待、要求。包括用户使用目的、使用环境和使用条件，用户对产品性能方面的要求，操作、维护和保养条件，对价格、配套零部件和服务方面的要求。

② 市场销售方面的信息资料 包括产品市场销售量变化情况，市场容量，同行业竞争对手的规模、经营特点、管理水平，产品的产量、质量、售价、市场占有率、技术服务、用户反映等。

③ 技术方面的信息资料 包括产品的各种功能，水平高低，实现功能的方式和方法。涉及本企业产品设计、工艺、制造等技术档案，国内外同类产品的技术资料，如同类产品的设计方案、设计特点、产品结构、加工工艺、设备、材料、标准、新技术、新工艺、新材料、能源及"三废"处理等情况。

④ 经济方面的信息资料 成本是计算价值的必要依据，是功能成本分析的主要内容。应了解同类产品的价格、成本及构成（包括生产费、销售费、运输费、零部件成本、外构件、"三废"处理等）。

⑤ 本企业的基本资料 包括企业的经营方针、内部供应、生产、组织、生产能力及限制条件、销售情况以及产品成本等方面的信息资料。

⑥ 环境保护方面的信息资料 包括环境保护的现状，"三废"状况，处理方法和国家法规标准。

⑦ 外协方面的信息资料 包括外协单位状况，外协件的品种、数量、质量、价格、交货期等。

⑧ 政府和社会有关部门的法规、条例等方面的信息资料 国家有关法规、条例、政策、环境保护、公害等有关影响产品的资料。

8.3 功能分析和评价

功能分析和评价是价值工程活动的核心，是价值工程活动能否取得成功的关键，通过产品功能、成本的定性和定量分析，弄清它们的相互关系可以科学地确定产品的必要功能，合理地分配成本，为创造、改善方案提供依据。

功能分析和评价的内容包括功能定义、功能分类和整理、功能评价。

8.3.1 功能分类

任何产品都具有使用价值，即功能，这是存在于产品中的一种本质。为了弄清功能的定义，根据功能的不同特性，可以先将功能分为以下几类。

① 按功能的重要程度分类　产品的功能一般可分为基本功能和辅助功能。基本功能就是要达到这种产品的目的所必不可少的功能，是产品的主要功能，如果不具备这种功能，这种产品就失去了其存在的价值。辅助功能是为了更有效地实现基本功能而添加的功能，是次要功能，是为了实现基本功能而附加的功能。

② 按功能的性质分类　功能可划分为使用功能和美学功能。使用功能从功能的内涵上反映其使用属性，而美学功能是从产品外观反映功能的艺术属性。

③ 按用户的需求分类　功能可分为必要功能和不必要功能。必要功能是指用户所要求的功能以及与实现用户所需求功能有关的功能，使用功能、美学功能、基本功能、辅助功能等均为必要功能；不必要功能是不符合用户要求的功能，又包括三类，一是多余功能，二是重复功能，三是过剩功能。因此，价值工程的功能，一般是指必要功能。

④ 按功能的量化标准分类　产品的功能可分为过剩功能与不足功能。过剩功能是指某些功能虽属必要，但满足需要有余，在数量上超过了用户要求或标准功能水平；不足功能是相对于过剩功能而言的，表现为产品整体功能或零部件功能水平在数量上低于标准功能水平，不能完全满足用户需要。

⑤ 按总体与局部分类　产品的功能可划分为总体功能和局部功能。总体功能和局部功能之间是目的与手段的关系，它以各局部功能为基础，又呈现出整体的新特征。

上述功能的分类不是功能分析的必要步骤，而是用以分辨确定各种功能的性质及其重要的程度。价值工程正是抓住产品功能这一本质，通过对产品功能的分析研究，正确、合理地确定产品的必备功能，消除多余的不必要功能，加强不足功能，削弱过剩功能；改进设计，降低产品成本。因此，可以说价值工程是以功能为中心，在可靠地实现必要的功能基础上来考虑降低产品成本的。

8.3.2　功能定义

功能定义就是根据收集到的情报和资料，透过对象产品或部件的物理特征（或现象），找出其效用或功用的本质东西，并逐项加以区分和规定效用，以简洁的语言描述出来。这里要求描述的是产品的"功能"，而不是对象的结构、外形或材质。因此，功能定义的过程就是解剖分析的过程，如图 8-5 所示。

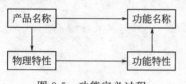

图 8-5　功能定义过程

功能定义的目的是：

a. 明确对象产品和组成产品各部件的功能，藉以弄清产品的特性。

b. 便于进行功能评价。因功能评价的对象是产品的功能，所以只有在给功能下定义后才能进行功能评价，通过评价弄清哪些是价值低的功能和有问题的功能，才有可能去实现价值工程的目的。

c. 便于构思方案。对功能下定义的过程实际上也是为对象产品改进设计的构思过程，为价值工程的方案创造工作阶段作了准备，有利于方案构思。

8.3.3　功能整理

功能整理就是按照一定的逻辑体系，把价值工程对象各组成部分的功能相互连接起来，从局部功能与整体功能的相互关系上分析对象的功能系统，找出各局部功能相互之间的逻辑关系，以明确产品的功能系统，从而为功能评价和方案构思提供依据。功能整理的目的是真正掌握对象的必要功能。

功能整理可以采用列表法和功能系统图两种方法，一般最常用的是画功能系统图。

功能系统图是突破了现有产品和零部件的框框所取得的结果，它是按照一定的原则方式，将定义的功能连接起来，从单个到局部，从局部到整体形成的一个完整的功能体系，是该产品的设计构思，其一般形式如图 8-6 所示。

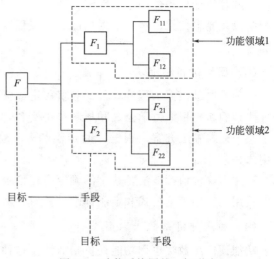

图 8-6　功能系统图的一般形式

在图 8-6 中，从整体功能由左向右逐级展开，最上位常常就是最重要的基本功能，它代表分析对象的最终目的。明确功能关系，就是搞清各功能间是上下关系还是平行关系，上下关系即上位功能与下位功能的关系，在位于不同级的相邻两个功能之间，左边的功能（上级）是右边功能（下级）的目标，而右边的功能（下级）是左边功能（上级）的手段；并列关系是指处于同等地位的两个或两个以上功能的关系，它们都是为了实现同一目的而必须具备的手段。

8.3.4　功能评价

功能评价是在功能定义和功能整理完成之后，在已定性确定问题的基础上进一步作定量的确定，即评定功能的价值。如前所述，价值 V 是功能与成本的比值，成本 C 是以货币形式表示，属于数量化的，问题是功能 F 也必须数量化，即都用货币表示后才能把两者直接进行比较。但由于功能性质的不同，其量度单位也就多种多样，且多是非定量的。因此，功能评价的基本问题是功能的数量化，把定性指标转化为数量指标，为功能与成本提供可比性。

求功能评价值的方法较多，主要有经验估算法、实际价值标准法、理论价值标准法和功能评价系数法等。

（1）经验估算法

这种方法是邀请若干名有经验的专家，根据收集到的有关信息资料，构思出几个实现各功能或功能区域的方案，然后每个人对构思出的方案进行成本估算，取其平均值，最后从各方案中取成本最低者。这种方法有时不一定很准确，但对经验丰富的人来说，还是比较实用的。

（2）实际价值标准法

这种方法是通过广泛的调查，在企业内外收集具有同样功能产品的成本，从中选择功能水平相同而成本最低的产品，以这个产品的成本作为功能评价值。

此方法一般适用于能具体测定性能的产品功能评价。使用时要先搜集具有同样功能的同类产品的各种指标和数据，如性能、质量、重量、可靠性、安全性、生产条件、生产批量、生产率以及成本数据，然后根据功能的实现程度、类似的生产条件以及相应的最低成本确定功能评价值。

（3）理论价值标准法

这种方法是根据工程计算公式和费用定额资料，对功能成本中的某些费用进行定量计算的方法。例如，根据力学公式和材料费用资料，可以计算承受一定荷载时，梁的最低费用；对于某个建筑施工方案，根据工时定额和人工费用资料，可以计算出某些加工功能的最低费用。

运用理论价值标准法，数字的确定有理论根据和公认标准，计算简便。但当功能成本中有些费用无法用理论公式和定额标准计算时，就不能完全依靠这种方法。

（4）功能评价系数法

功能评价系数法也称功能评价指数法，这种方法是根据功能系统图，确定各个功能的重要性程度，然后根据总体目标成本确定各个功能的功能评价值。

功能评价系数的确定实质上是确定权重，主要方法有：直接评分法、强制评分法、多比例评分法、环比评分法和逻辑流程评分法等。

① 直接评分法　由 m 位专家或用户对产品的 n 种功能要素的第 i 个功能 f_i，根据重要程度，采用 5 分制、10 分制或百分制进行评分，记为 f_{ij}，则功能评价系数 F_i 为：

$$F_i = \frac{\sum_{j=1}^{m} f_{ij}}{\sum_{i=1}^{n} \sum_{j=1}^{m} f_{ij}}$$

式中　F_i——第 i 个零部件的功能评价系数；

　　　m——参加评分人数；

　　　n——零部件个数；

　　　f_{ij}——第 j 位评分人员给第 i 个零部件的功能评分。

② 强制评分法　又称 FD 法，包括 01 评分法与 04 评分法两种。强制评分法适用于被评价对象在功能重要程度上的差异不大，并且评价对象子功能数目不太多的情况。

a. 01 评分方法。01 评分法是请 5~15 名对产品熟悉的人员参加功能的评价，首先按照功能重要程度一一对比打分，重要的打 1 分，相对不重要的打 0 分，如表 8-2 所示。表中，要分析的对象（零部件）自己与自己相比不得分，用"×"表示。最后，根据每个参与人员选择该零部件得到的功能重要性系数 W_i，进而可以得到该零部件的功能重要性系数平均值 W。计算表达式为：

$$W = \frac{\sum_{i=1}^{m} W_i}{m}$$

式中　m——参加功能评价的人数；

　　　W_i——某位参评人员对第 i 个零部件的功能重要程度所打分值。

为避免不重要的功能得零分，可将各功能累计得分加 1 分进行修正，用修正后的总分分别去除各功能累计得分即得到功能重要性系数。01 评分功能重要性系数计算如表 8-2 所示。

表 8-2　01 评分功能重要性系数计算表

零部件	A	B	C	D	E	功能总分	修正得分	功能重要性系数
A	×	1	1	0	1	3	4	0.267
B	0	×	1	0	1	2	3	0.200
C	0	0	×	0	1	1	2	0.133
D	1	1	1	×	1	4	5	0.333
E	0	0	0	0	×	0	1	0.067
合计						10	15	1.000

b. 04 评分法。04 法是为弥补 01 评分法中重要程度差别仅为 1 分而不能拉开档次的不足,将分档扩大为 4 级,当 f_i 与 f_j 相比较:f_i 很重要得 4 分,f_j 不重要得 0 分;f_i 较重要得 3 分,f_j 较不重要得 1 分;f_i 与 f_j 同等重要,各得 2 分;f_i 较不重要得 1 分,f_j 较重要得 3 分;f_i 不重要得 0 分,f_j 很重要得 4 分。04 评分功能重要性系数计算如表 8-3 所示。

表 8-3　04 评分功能重要性系数计算表

功能	f_1	f_2	f_3	f_4	f_5	功能总分	评价系数
f_1	×	0	0	4	4	8	0.200
f_2	4	×	3	4	3	14	0.350
f_3	4	1	×	3	3	11	0.275
f_4	0	0	1	×	2	3	0.075
f_5	0	1	1	2	×	4	0.100
合计						40	1.000

③ 多比例评分法　这种方法是强制评分法的延伸,是在对比评分时,按(0,1),(0.1,0.9),(0.2,0.8),(0.3,0.7),(0.4,0.6),(0.5,0.5)这 6 种比例来评定功能指数。若 f_i 功能相对于 f_j 功能的重要程度为 0.3,则 f_j 相对于 f_i 的重要程度为 0.7;若 f_i 相对于 f_j 的重要程度为 0.4,则 f_j 相对于 f_i 的重要程度为 0.6。多比例评分法功能重要性系数计算如表 8-4 所示。

表 8-4　多比例评分法功能重要性系数计算表

功能	f_1	f_2	f_3	f_4	f_5	功能总分	评价系数
f_1	×	0.3	0.2	0.9	0.6	2.0	0.200
f_2	0.7	×	0.8	0.9	0.9	3.3	0.330
f_3	0.8	0.2	×	0.7	0.8	2.5	0.250
f_4	0.1	0.1	0.3	×	0.3	0.8	0.080
f_5	0.4	0.1	0.2	0.7	×	1.4	0.140
合计						10	1.000

④ 环比评分法　环比评分法又称 DARE 法,这种方法是利用功能系统图中两个相邻功能因素之间的相关性进行比较而定出重要性系数,然后令最后一个功能因素的得分为 1,计算出每一个功能因素的得分,进而确定功能评价系数的方法,其评分方法如表 8-5 所示。

表 8-5　环比评分法功能重要性系数计算表

功能	重要度比值	修正重要度	备注	评价系数
f_1	0.5	1.5	1.5＝3.0×0.5	0.188
f_2	1.5	3.0	3.0＝2.0×1.5	0.375
f_3	4.0	2.0	2.0＝0.5×4.0	0.250
f_4	0.5	0.5	0.5＝1.0×0.5	0.063
f_5		1.0		0.124
合计		8		1.000

【例 8-1】 某产品由 A、B、C、D、E、F 共 6 个部分组成，其各个部分的功能评分以及现实成本资料如表 8-6，试进行价值工程分析，确定价值工程对象，如目标成本为 450 元，确定改进顺序。

表 8-6　某产品各个部分的功能评分及现实成本

评价对象	A	B	C	D	E	F	功能评分	现实成本/元
A	×	1	1	0	1	1	4	180
B	0	×	0	0	1	1	2	121
C	0	1	×	0	1	1	3	88
D	1	1	1	×	1	1	5	71
E	0	0	0	0	×	0	0	22
F	0	0	0	0	1	×	1	18

解　①计算各组成部分的功能系数、成本系数、价值系数，如表 8-7 所示。

表 8-7　各组成部分的功能系数、成本系数、价值系数

对象	功能评分	修正评分	功能系数	现实成本/元	成本系数	价值系数
A	4	5	0.238	180	0.360	0.661
B	2	3	0.143	121	0.242	0.591
C	3	4	0.190	88	0.176	1.080
D	5	6	0.286	71	0.142	2.014
E	0	1	0.048	22	0.044	1.091
F	1	2	0.095	18	0.036	2.639
合计		21	1.000	500	1.000	

②对价值系数进行分析，确定价值工程对象。

A、B 部件的价值系数均小于 1，说明其实际成本大于目标成本，即成本比重大于其功能比重，应列为改进对象，考虑降低实际成本。

D、F 部件的价值系数均较大于 1，即功能比重大于其成本比重，应进一步分析，如存在过剩功能，应考虑降低功能水平，删除过多剩余功能；如该功能确实很重要，但若功能保证程度不足，则应适当提高成本的投入。

C、E 部件的价值指数基本接近 1，说明功能成本比大致平衡，可以认为功能的目前实际成本合理无需改进。

③改进方法顺序。

根据价值分析确定了 A，B，D，F 为改进对象，对新方案进行成本估算，确定新的目标成本，目标成本按价值系数等于 1 计算，即将其按功能系数的大小分摊到各个零部件上求

得目标成本，各部分的成本改进值见表 8-8。

表 8-8 各部分的成本改进值   单元：元

部件	功能系数(1)	实际成本(2)	目标成本 (3)=(1)×450	改进期望值 (6)=(3)-(2)
A	0.238	180	107.10	-72.9
B	0.143	121	64.35	-56.65
C	0.190	88	85.5	-2.5
D	0.286	71	128.7	57.7
E	0.048	22	21.6	-0.40
F	0.095	18	42.75	24.75

从表中可以看出成本改进顺序依次为 A、D、B、F。对 A、B 部件应降低成本，D、F 部件成本适当增加，以实现功能成本分布更加合理。

【例 8-2】 某项目有两种施工方案 A、B，A 方案成本 350 万元，B 方案成本 420 万元，经相关评审人员对方案的功能进行评分，功能评分结果 A 方案得分 60 分，B 方案得分 90 分，试从价值工程的角度分析哪个方案为优。

解 如两种施工方案均能满足目标要求，则从价值工程角度出发，价值系数越大，方案越优。两种施工方案的功能系数和价值系数见表 8-9。

表 8-9 两种施工方案的功能系数和价值系数

方案	施工成本/万元	成本系数	功能得分	功能系数	价值系数
A	350	0.455	60	0.429	0.943
B	420	0.545	80	0.571	1.048
合计	770	1.000	140	1.000	

B 方案的价值系数比 A 方案大，故采用 B 方案较优。

8.4 方案创新及评价

在对功能进行评价后，就要进入方案的改进和创新阶段，功能分析与评价主要解决哪些对象需要改进的问题，而方案的创新则要解决怎样提高价值的问题，这是决定价值工程实际效果的关键。

8.4.1 方案创新

价值工程活动成功的关键在于针对产品存在的问题提出解决的方案，完成产品的改进。方案创新是以提高对象功能价值为出发点，根据已建立的功能流程图和功能目标成本，运用创造性的思维方法，加工已获得的信息资料，创造出实用效果好、经济效益高的方案。方案创新的方法很多，其共同点是充分发挥参与者的创造力、智慧，集思广益，价值工程中常用的方案创新的方法有头脑风暴法（BS 法）、哥顿法和德尔菲法等。

(1) 头脑风暴法（BS 法）

头脑风暴法（Brain Storming，简称 BS 法）也称畅谈会法，这种方法由熟悉研究对象的若干名专家开小组会方式进行，具体做法是事先通知议题，开会时主持人作风民主、善于启发思考，要求应邀参加会议的各方畅所欲言。会议一般应遵循以下原则：

a. 鼓励专家在会上自由奔放地思考，希望提出不同的方案，多多益善；

b. 对所提方案不加任何评价，不反驳别人的意见，并且希望与会者在别人建议方案的基础上进行补充和完善；

c. 会议有记录，会后对所提的各种设想进行整理。

(2) 哥顿法（模糊目标法）

这种方法是美国人哥顿（Gorden）在 20 世纪 60 年代提出来的，它也是以开会的形式提方案，其特点是与会人员会前不知道议题，在开会讨论时也只是抽象地讨论，不接触具体的实质性问题，以免束缚与会人员的思想，待讨论到一定程度以后才把要研究的对象提出来，在联想基础上提出具体的新方案，以作进一步研究。

(3) 德尔菲法（专家函询法）

这种方法不采用开会的形式，而是由主管人员或部门把已构思的方案以信函的方式分发给有关的专业人员，征询他们的意见，然后将意见汇总，统计和整理之后再分发下去，希望再次补充修改，如此反复若干次，把原来比较分散的意见在一定程度上使内容集中一致，形成统一的集体结论，作为新的代替方案。这种方法专家彼此不见面，在几次反复中，组织者仅提供信息，并不说明这些方案是由谁提出的，故各位专家可以无顾虑地大胆提出建议。

8.4.2 方案评价和选择

方案评价和选择是对在方案创造阶段提出的众多设想方案的优缺点和可行性进行系统分析、比较、论证和评价，并在评价过程中进一步完善有希望的方案，最终选出价值最高的可行方案的决策过程。方案评价包括概略评价和详细评价两个阶段，其评价内容都包括技术评价、经济评价、社会评价以及综合评价，如图 8-7 所示。

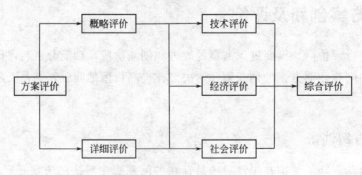

图 8-7 方案评价内容构成

在对方案进行评价时，无论是概略评价还是详细评价，一般可先做技术评价，再分别进行经济评价和社会评价，最后进行综合评价。

(1) 概略评价

概略评价是对方案创新阶段提出的各个方案设想进行初步评价，目的是淘汰那些明显不可行的方案，筛选出少数几个价值较高的方案，以供详细评价做进一步的分析。概略评价可采用定性分析方法，概略评价的内容包括以下几个方面。

① 技术可行性方面　应分析和研究创新方案能否满足所要求的功能及其本身在技术上能否实现。

② 经济可行性方面　应分析和研究产品成本能否降低、降低的幅度大小以及实现目标成本的可能性。

③ 社会评价方面　应分析研究创新方案对社会利害影响的大小。

④ 综合评价方面　应分析和研究创新方案能否使价值工程活动对象的功能和价值有所提高。

(2) 详细评价

详细评价是从已具体制订，有些则经过试验的方案中，选出准备实施的最优方案。这种评价要取得全面确切的评价结果作为方案审批的依据，它一般是将各提案和原方案一起评价经济性、技术特性等方面的优劣，这是多目标决策问题。详细评价的内容包括以下几个方面。

① 技术可行性方面　主要以用户需要的功能为依据，对创新方案的必要功能条件实现的程度做出分析评价。特别是对产品或零部件，一般要对功能的实现程度（包括性能、质量、寿命等）、可靠性、维修性、操作性、安全性以及系统的协调性等进行评价。

② 经济可行性方面　主要考虑成本、利润、企业经营的要求；创新方案的适用期限与数量；实施方案所需费用、节约额与投资回收期以及实现方案所需的生产条件等。

③ 社会评价方面　主要研究和分析创新方案给国家和社会带来的影响（如环境污染、生态平衡、国民经济效益等）。

④ 综合评价方面　是根据以上三方面的内容，对整个创新方案整体价值的大小所做的综合评定。一般首先要根据方案性质确定综合评价目标，然后分析各个方案对每一评价项目的满足程度；最后再根据方案对各评价项目的满足程度来权衡利弊，判断各方案的总体价值，从而选出总体价值最大的方案，即技术上先进、经济上合理和社会上有利的最优方案。

(3) 方案综合评价方法

常用的综合评价定量方法很多，这里仅介绍较常用的功能加权法和理想系数法。

① 功能加权法　这种方法选择若干熟悉方案的人员参加综合评价，首先求出功能加权的系数，再由各评价人员对各个方案功能满足的程度做出评分，将评分值与功能加权系数相乘得出每一方案的功能评分总值，最后分别计算各方案的功能系数、成本系数和价值系数，根据价值的大小做出方案的选择。

【例 8-3】　根据业主的使用要求，某工程项目设计人员提出了三个设计方案。有关专家决定从五个方面（分别以 $f_1 \sim f_5$ 表示）对不同方案的功能进行评价，并对各项功能的重要性采用环比评分如下：f_5 为基本数 1，f_4 对 f_5 的重要性系数为 0.5，f_3 对 f_4 的重要性系数为 4.0，f_2 对 f_3 的重要性系数为 1.5，f_1 对 f_2 的重要性系数为 0.5。各方案单位面积造价及专家对三个方案的各功能满足程度的评分结果见表 8-10。

表 8-10 各方案单位面积造价及专家对三个方案的各功能满足程度的评分

项目	A	B	C
f_1	9	8	9
f_2	8	7	8
f_3	8	10	10
f_4	7	6	8
f_5	10	9	8
单方造价/(元/m²)	1680	1720	1590

问题：① 选择最佳设计方案；

② 在确定某一设计方案后，设计人员按限额设计要求确定建筑安装工程目标成本额为14000万元。然后以主要分部工程为对象进一步开展价值工程分析，各分部工程功能评分值及目前成本如下。A 基础分部工程功能得分为21，目前成本为3854万元；B 主体分部工程功能得分为35，目前成本为4633万元；C 安装分部工程功能得分为28，目前成本为4364万元；D 装修分部工程功能得分为32，目前成本为3219万元。试分析各功能项目的功能评价系数、目标成本及应降低额，并确定功能改进顺序。

解 ① 选择方案。

首先确定各功能重要程度的权重，计算如表 8-11 所示。

表 8-11 各功能重要程度的权重

功能	重要度比值	修正重要度	备注	权重
f_1	0.5	1.5	1.5=3.0×0.5	0.188
f_2	1.5	3.0	3.0=2.0×1.5	0.375
f_3	4.0	2.0	2.0=0.5×4.0	0.250
f_4	0.5	0.5	0.5=1.0×0.5	0.063
f_5		1.0		0.124
合计		8		1.000

计算 A、B、C 三个方案的功能评价得分如下。

A 方案功能得分为：0.188×9+0.375×8+0.250×8+0.063×7+0.124×10=8.373
B 方案功能得分为：0.188×8+0.375×7+0.250×10+0.063×6+0.124×9=8.123
C 方案功能得分为：0.188×9+0.375×8+0.250×10+0.063×8+0.124×8=8.688

计算 A、B、C 三个方案的价值系数，如表 8-12 所示。

表 8-12 三个方案的价值系数

方案	功能得分	功能评价系数	单方造价/(元/m²)	成本系数	价值系数
A	8.373	0.332	1680	0.337	0.985
B	8.123	0.323	1720	0.344	0.939
C	8.688	0.345	1590	0.319	1.082
合计	25.184	1.000	4990	1.000	

A 方案价值系数较大,因三个方案均可行,故价值系数大者为优,即 C 最优。

② 计算所采用设计方案的各分部工程的功能评价系数、目标成本及应降低额,如表 8-13 所示。

表 8-13 所采用设计方案的各分部工程的功能评价系数、目标成本及应降低额

分部工程	功能得分	功能系数	目标成本/万元	现实成本/万元	降低额/万元
A_1:基础分部	21	0.18	2520	3854	−1334
B_1:主体分部	35	0.30	4200	4633	−433
C_1:安装分部	28	0.24	3360	4364	−1004
D_1:装修分部	32	0.28	3920	3219	701
合计	116	1.00	14000		

从表中可以看出成本改进顺序依次为 A、C、D、B。对 A、C、B 部件应降低成本,D 部件成本适当增加,以实现功能成本分布更加合理。

② 理想系数法 理想系数法的工作步骤一般分以下几步:

a. 对各方案在各项功能指标上进行评分,并计算功能满意度系数 X:

$$X = \frac{\sum P_i}{n P_{max}}$$

式中 P_i——各方案满足功能得分;

P_{max}——满足功能的最高得分;

n——需满足的功能数。

b. 对各方案的经济性进行评价,并计算经济满意度系数 Y:

$$Y = \frac{C^* - C}{C^*}$$

式中 C^*——理想成本(一般将原方案成本作基数);

C——新方案的预计成本。

c. 根据理想系数 K 对方案进行综合评价:

$$理想系数\ K = \sqrt{XY}$$

一般情况下,$0 < K < 1$,在各方案中选 K 值最高的方案为最优。

通过评价选择的最优方案送决策机构审批后方可实施,在实施过程中要进行跟踪,及时解决遇到的问题,待方案全部实现后,应对价值工程的活动成果做出评价,以利于不断提高工作水平。

复习思考题

1. 什么是价值工程?价值工程中的价值含义是什么?提高价值有哪些途径?
2. 什么是寿命周期和寿命期成本?价值工程中为什么要考虑寿命周期成本?
3. 什么是功能?功能如何分类?
4. 功能分析的目的是什么?
5. 什么是功能评价?常用的评价方法有哪些?
6. 什么是价值工程对象的选择?ABC 分析法及最适合区域法的基本思路是什么?

第 9 章 设备更新的经济分析

设备是生产的重要物质和技术基础,它是衡量一个国家生产技术水平的重要标志,也是判断一个企业的技术能力、开发能力和创新能力的重要标准。设备在使用或闲置过程中,会发生磨损,当设备因物理损坏、陈旧落后或技术进步不能继续使用或不宜继续使用时,就需要进行设备更新。设备更新源于设备的磨损,研究设备更新主要是从两个方面考虑:一是确定设备的最佳使用年限(即经济寿命);二是判断设备更新的时机(即比较旧设备继续使用与新设备替代的经济性,以判断更新是否合理)。

9.1 设备的磨损与更新

9.1.1 设备的磨损

(1) 设备的有形磨损

设备的有形磨损又称为物质磨损,是指设备在使用(或闲置)过程中所发生的设备实体的内在磨损。设备有形磨损又分为第Ⅰ类有形磨损和第Ⅱ类有形磨损。

① 第Ⅰ类有形磨损(物理磨损) 设备在外力作用下(如摩擦、受到冲击、超负荷或交变应力作用、受热不均匀等)造成的实体磨损、变形或损坏称为第Ⅰ类有形磨损。产生第Ⅰ类有形磨损的原因有摩擦磨损、机械磨损和热损伤。

第Ⅰ类有形磨损可使设备精度降低,劳动生产率下降。当这种有形磨损达到一定程度时,整个设备的功能就会下降,导致设备故障频发、废品率升高、使用费剧增,甚至难以继续正常工作,丧失使用价值。

② 第Ⅱ类有形磨损(化学磨损) 设备在自然力作用下(生锈、腐蚀、老化等)造成的磨损称为第Ⅱ类有形磨损。这种磨损与生产过程的使用无关,甚至在一定程度上还同使用程度成反比。因设备闲置或封存不用同样也会产生有形磨损,如金属件生锈、腐蚀、橡胶件老化等。可见设备闲置时间长了,会自然丧失精度和工作能力,失去使用价值。

设备的有形磨损达到一定程度时,就会使设备的生产率下降,生产费用增加;有形磨损达到比较严重的程度时,设备就不能继续正常工作,甚至会发生事故,提前失去工作能力或者需要支付很大的修理费进行维修，造成经济上的损失。因此，有形磨损的技术后果是设备使用价值的降低甚至完全丧失，经济后果是设备原始价值的部分降低甚至完全贬值。

(2) 设备的无形磨损

无形磨损也称为经济磨损，它是由于非使用和非自然力作用所引起的设备价值上的一种损失。它不表现为设备实体的变化和损坏，而表现为设备原始价值的贬值。

设备无形磨损按其成因不同分为第Ⅰ类无形磨损和第Ⅱ类无形磨损。

① 第Ⅰ类无形磨损（设备绝对价值的降低） 第Ⅰ类无形磨损是受技术进步的影响，设备制造工艺不断改进，劳动生产率不断提高，使生产同样结构、同样性能的设备所需的社会必要劳动时间相应减少，成本不断降低，因而设备的市场价格也不断降低，这样就使原来购买的设备相应地贬值了。第Ⅰ类无形磨损的后果只是现有设备原始价值部分贬值，设备本身的技术特性和功能即使用价值并未发生变化，故不会影响现有设备的使用。

② 第Ⅱ类无形磨损（设备相对价值的降低） 第Ⅱ类无形磨损是受技术进步的影响，社会上出现了结构更先进、技术更完善、生产效率更高、耗费原材料和能源更少的新型设备，而使原有机器设备在技术上显得陈旧落后造成的。它的后果不仅是使原有设备价值降低，而且会使原有设备局部或全部丧失其使用功能。

(3) 设备的综合磨损

一般情况下，设备在使用过程中发生的磨损实际上是由有形磨损和无形磨损同时作用而产生的，称之为综合磨损。设备在运行或闲置中的有形磨损不可避免，不同的只是具体设备在不同的条件下表现的有形磨损的程度不一样，同时由于科学技术的进步是连续无间断的，无法确定技术进步的起点和终点，因此，技术进步引起的设备磨损在任何情况下对任何设备都存在，只是不同设备的技术发展不平衡表现出的无形磨损的程度不同而已。因此，对于任何特定的设备，两种磨损必然同时发生。两种磨损的共同点是两者都会引起设备原始价值的贬值，但不同的是有形磨损比较严重的设备，在修复补偿之前，往往不能正常运转，大大降低了作用性能；而遭受无形磨损的设备，如果其有形磨损程度比较小，则无论其无形磨损的程度如何，均不会影响正常使用，但其经济性能必定发生变化，需要经过经济分析以决定是否继续使用。

(4) 设备磨损的补偿

由于设备有形磨损和无形磨损的存在，对设备的使用价值产生了不同程度的影响，为维持设备正常工作需要的特性和功能，必须对已遭受磨损的设备进行及时合理的补偿。设备磨损的补偿有技术补偿和经济补偿两种。

① 设备磨损的技术补偿 根据设备磨损的程度、类型的不同，相应地就有修理、现代化改装和更新等几种技术补偿方式，其目的在于减轻设备的物质、技术劣化，保障设备良好的技术状态，防止设备故障停机等造成损失。

a. 设备修理。一台设备常常是由不同材质的众多零部件组成的，这些零部件在设备运营的过程中承担的功能不同，工作条件不同，受磨损的程度也不同。有的零件已经磨损必须更换，而有的则磨损较小，仍然可以继续使用。为了消除这些经常性的有形磨损和排除设备运行的各种故障，保证设备在其寿命期内维持必要的性能，通常需要进行设备的修理，修理是设备有形磨损的局部补偿。

b. 现代化改装。设备的现代化改装是指利用现代的技术成果来改装现有的旧设备，通过改进旧设备的结构或给旧设备换上新的部件来提高现有设备的技术水平和效率,使其赶上技术进步的步伐。由于这种方法是在旧设备的基础上进行的,因此现代化改装也是设备有形磨损的局部补偿。

c.设备更新。设备更新有两种形式:一种是用相同的设备去更换有形磨损严重、不能继续使用的旧设备,它属于有形磨损的完全补偿;另一种是用技术上更先进、效率更高、原料消耗更少的新设备来更换旧设备,它属于无形磨损的完全补偿。

② 设备磨损的经济补偿 设备磨损的经济补偿是通过提取折旧来实现的,设备的折旧是伴随设备损耗发生的价值转移。设备投入使用后,其实物形态逐渐磨损,对应的价值逐步转移到产品中,构成产品的成本,待产品销售后再将这部分价值收回。对设备提取的折旧主要用于设备的更新。

设备磨损形式与补偿方式的关系如图 9-1 所示。

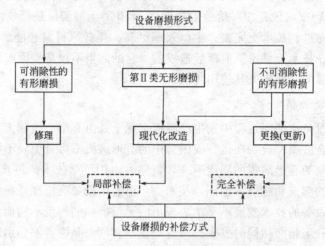

图 9-1 设备磨损形式与其补偿方式的相互关系

从设备磨损形式与其补偿方式的相互关系图中可以看出:若设备使用价值的降低主要是由有形磨损引起的,磨损较轻,可通过修理进行补偿,若磨损太重无法修复,或虽能修复但精度不能保证,则通过更新进行补偿;若设备使用价值的降低主要是由无形磨损引起的,则采取现代化改装或更新方式进行补偿,若设备虽遭受无形磨损但使用价值并没有改变,不必进行补偿。

9.1.2 设备的更新

(1) 设备更新

设备更新是指对技术上或者经济上不宜继续使用的设备,用相同的新设备更换或者用新型的设备对旧设备进行替代。即设备更新有两种形式:一是用相同的设备去更换有形磨损严重而不能继续使用的旧设备,这种更新只解决设备的损坏问题,不具有技术更新的性质;二是用技术更先进、结构更完善、效率更高、性能更好、耗费能源和原材料更少的新型设备来替换那些在物理上不能继续使用或者在经济上不宜继续使用的旧设备,具有技术更新的性质。

设备更新的经济分析就是对设备磨损补偿选择什么样的方式和时机等进行经济分析论

证。设备更新同技术方案选择一样，应遵循有关的技术政策，进行技术论证和经济分析，做出最佳的选择。如果因设备暂时故障而草率做出报废的决定，或者片面追求现代化，一味购买最新式设备，都会造成资本的流失；而如果延缓设备更新，失去设备更新的最佳时机，同时竞争对手又积极利用现代化设备降低产品成本和提高产品质量时，则企业必定会丧失竞争能力。因此，识别设备在什么时间不能再有效地使用，应该怎么更新和何时更新等，是设备更新分析需要解决的重要问题。

(2) 设备的寿命期

设备的寿命是指设备从投入使用开始直到设备在技术上或经济上不宜使用为止的时间。由于设备在使用（或闲置）过程中，受无形磨损和有形磨损的影响，设备寿命具有不同的形态，一般可有以下几个方面的含义，它们是决定设备何时进行更新的重要依据。

① 自然寿命　即物理寿命，它是指设备从全新状态下投入使用之日起，直到即使通过大修也不能保持正常工作以致无法继续使用为止的全部时间过程。自然寿命是反映设备物理性能由开始使用至完全丧失的变化过程，自然寿命主要取决于设备有形磨损的速度。

② 使用寿命　使用寿命是指某种设备从安装之日起至特定所有者予以处理（转让或卖掉）为止所经历的全部时间过程，即设备为其设备拥有者服务的时间。使用寿命反映的是设备的所属权性质，当所属权不发生变化时，设备的寿命依然存在，而当所属权发生变化后，对前面所有者讲其寿命终结了，对后面所有者讲其寿命依然继续，即在设备的自然寿命期内，因设备转让，它可能有若干个拥有者，那么就有若干个使用寿命。

自然寿命和使用寿命与其本身产出的效益及耗费的支出并无关系，这两种类型的寿命期所包含的经济意义较少，一般通过设备的直观反映或转让协议即可知道大致寿命期。

③ 折旧寿命　即设备的折旧年限，它是指按国家和有关主管部门的规定，将设备的原值通过折旧方式转入产品成本，直到设备的折旧余额达到或者接近于零为止所经历的时间过程。折旧寿命的终结并不意味着设备性能的终结，只表示在价值上补偿完结。

④ 技术寿命　它是指从设备以全新状态投入使用开始，随着技术进步和性能更好的新型设备出现，使其因技术落后而丧失使用价值（尽管它可能在物理上还可继续使用）为止所经历的全部时间过程，即设备能够维持其使用价值的时间过程。技术寿命的长短，主要取决于无形磨损的速度，一般短于自然寿命。技术进步速度越快，设备的技术寿命越短。

如果新设备的出现所可能带来的收益大于现有设备的收益，便预示现有设备将不再适合继续使用，应予以更新。

⑤ 经济寿命　它是指设备从开始使用之日起至经济上无法继续使用或因技术落后而被替代之时为止的时间过程。经济寿命是由有形磨损和无形磨损共同决定的，对于经济寿命的估计，必须以在此期间内没有其他更优良的设备出现，并能获得较大收益为前提，一般可通过计算使用期内年平均使用成本最低的期限来确定。设备使用的年数越多，每年分摊的设备购置成本越低，从这一方面看，使用时间越长越好，但另一方面，随着使用年限的延长，设备的运行费用及使用费用将不断递增，在整个变化过程中，前者那部分越来越低的成本，将被后者越来越高的那部分成本所抵消，在两种相互消长的变化过程中，必定有某一时点会使年平均总成本达到最低，这个最低值所对应的年限就是经济寿命。在设备更新分析中，经济寿命是确定设备最优更新期的主要依据。

设备更新的时机，一般取决于设备的技术寿命和经济寿命。

9.2 设备的经济寿命分析

研究设备更新问题具有重要的实际意义,其中心内容是如何确定一个设备的最优更新期限,也就是用什么样的设备,在什么时间更新现有设备在经济上最为有利。

9.2.1 经济寿命的静态计算方法

(1) 匀速劣化数值法

一般而言,随着设备使用期限的增加,年运营成本每年以某种速度在递增,这种运营成本的逐年递增称为设备的劣化。

现假定每年运营成本的增量是均等的,即运营成本呈线性增长。假定运营成本均发生在年末,设每年运营成本增加额为 λ,若设备使用期限为 n 年,P 为设备原值,L_n 为设备在第 n 年末的残值,C_1 为第 1 年的运营成本。

则设备第 j 年的运营成本为

$$C_j = C_1 + (j-1)\lambda$$

n 年内设备的年等额总成本为:

$$AC_n = \frac{P-L_n}{n} + \frac{1}{n}\sum_{j=1}^{n}C_j = \frac{P-L_n}{n} + \frac{n-1}{2}\lambda + C_1$$

设 L_n 为一常数,若使 AC_n 最小,则令:

$$\frac{d(AC_n)}{dn} = -\frac{P-L_n}{n^2} + \frac{\lambda}{2} = 0$$

则: $n = \sqrt{\frac{2(P-L_n)}{\lambda}}$,解出的 n 即为设备的经济寿命 m。

【例 9-1】 设有一台设备,购置费为 10000 元,预计残值 800 元,运营成本初始值为 700 元,年运行成本每年增长 300 元,求该设备的经济寿命。

解 该设备的经济寿命 $m = \sqrt{\frac{2(10000-800)}{300}} = 7.83 \approx 8$(年)

(2) 费用平均法

设备在使用过程中,每年的运行费用实际上不可能总是保持等额的增长,此时就可以采用年费用平均法来计算其经济寿命。

设备的年度平均总成本由平均年度资产消耗和年使用费组成,前者随使用年限的增长而逐渐变小,而后者随使用年限的增长而逐渐变大,年度平均总成本最低所对应的年限就是该设备的经济寿命。

n 年内设备的总成本为:

$$TC_n = P - L_n + \sum_{j=1}^{n}C_j$$

则 n 年内设备的年等额总成本为:

$$AC_n = \frac{TC_n}{n} = \frac{P-L_n}{n} + \frac{1}{n}\sum_{j=1}^{n}C_j$$

式中　n——设备使用年限，在设备经济寿命计算中，n 是一个自变量；
　　　TC_n——设备使用年限内的总成本；
　　　AC_n——n 年内设备的年等额总成本；
　　　P——设备购置成本，即设备原值；
　　　C_j——在 n 年使用期间的第 j 年度设备的运营成本；
　　　L_n——设备在第 n 年末的残值。

在所有设备的使用期限内，能使设备年等额总成本 AC_n 最低的那个使用期限就是设备的经济寿命。因此，可通过计算不同使用年限的年等额总成本 AC_n 来确定设备的经济寿命。

若设备的经济寿命为 m 年，则应满足下列条件：
$$AC_{m-1} \geqslant AC_m, AC_{m+1} \geqslant AC_m$$

【例 9-2】 某型号的设备购置费为 30 万元，在使用中有如表 9-1 所示的统计资料，如果不考虑资金的时间价值，试计算其经济寿命。

表 9-1　某型号设备使用中的统计资料

使用年度 j	1	2	3	4	5	6	7
j 年度运营成本/元	50000	60000	70000	90000	110000	140000	170000
n 年末残值/元	160000	80000	40000	20000	10000	10000	10000

解　该型号设备在不同使用期限的年等额总成本 AC_n 如表 9-2 所示。

表 9-2　某型号设备年等额总成本计算表　　　　　　　　单位：元

使用期限 n	资产消耗成本 $P-L_n$	年均资产消耗成本 $\dfrac{P-L_n}{n}$	年度运营成本 C_j	运营成本累计 $\sum_{j=1}^{n} C_j$	年均运营成本 $\dfrac{1}{n}\sum_{j=1}^{n} C_j$	年平均总成本 AC_n ⑦＝③＋⑥
①	②	③	④	⑤	⑥	⑦
1	140000	140000	50000	50000	50000	190000
2	220000	110000	60000	110000	55000	165000
3	260000	86667	70000	180000	60000	146667
4	280000	70000	90000	270000	67500	137500
5	290000	58000	110000	380000	76000	134000
6	290000	48333	140000	520000	86667	135000
7	290000	41429	170000	690000	98571	140000

从结果来看，该型号设备使用 5 年时，其年等额总成本最低（$AC_5 = 134000$ 元），使用期限大于或小于 5 年时，其年等额总成本均大于 13400 元，故该设备的经济寿命为 5 年。

9.2.2　设备经济寿命的动态计算方法

当利率不为零，计算经济寿命需考虑资金时间价值。按照如图 9-2 所示的现金流量图，一台设备在 n 年内的总成本现值 TC_n 及年度平均成本 AC_n 可按下式计算。

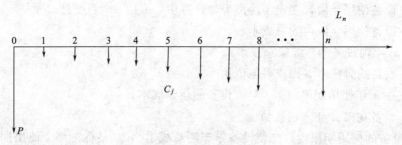

图 9-2 现金流量图

n 年内设备的总成本现值为:

$$TC_n = P - L_n(P/F,i,n) + \sum_{j=1}^{n} C_j(P/F,i,j)$$

n 年内设备的年等额总成本为:

$$AC_n = TC_n(A/P,i,n)$$

式中 n——设备使用年限;

j——设备使用年度;

TC_n——设备使用年限内的总成本;

AC_n——n 年内设备的年等额总成本;

P——设备购置成本,即设备原值;

C_j——在 n 年使用期间的第 j 年度设备的运营成本;

L_n——设备在第 n 年末的残值。

故可通过计算不同使用年限的年等额总成本 AC_n 来确定设备的经济寿命,如果设备的经济寿命为 m 年,则应满足:$AC_{m-1} \geqslant AC_m$,$AC_{m+1} \geqslant AC_m$。

【例 9-3】 某设备购置费为 20000 元,每年的使用费用及年末的残值见表 9-3,设利率为 10%,求该设备的经济寿命。

表 9-3 某设备每年的使用费用及年末的残值 单位:元

服务年限	1	2	3	4	5	6	7	8	9	10
年使用费	2200	3300	4400	5500	6600	7700	8800	9900	11000	12100
年末残值	10000	9000	8000	7000	6000	5000	4000	3000	2000	1000

解 列表计算(表 9-4)。

表 9-4 计算结果 单位:元

使用年限 n	残值 L_n	现值系数 (P/F)	资产消耗成本 $P-L_n×③$	年使用费 C_j	$\sum C_j×③$	TC_n ④+⑥	资金恢复系数 (A/P)	AC_n ⑦×⑧
①	②	③	④	⑤	⑥	⑦	⑧	⑨
1	10000	0.9091	10909	2200	2000	12909	1.1000	14200
2	9000	0.8264	12562	3300	4727	17289	0.5762	9962
3	8000	0.7513	13990	4400	8033	22023	0.4021	8856
4	7000	0.6830	15219	5500	11790	27009	0.3155	8521

续表

使用年限 n	残值 L_n	现值系数 (P/F)	资产消耗成本 $P-L_n×③$	年使用费 C_j	$\sum C_j ×③$	TC_n ④+⑥	资金恢复系数 (A/P)	AC_n ⑦×⑧
5	6000	0.6209	16275	6600	15888	32163	0.2638	8486
6	5000	0.5645	17178	7700	20234	37412	0.2296	8590
7	4000	0.5132	17947	8800	24750	42697	0.2054	8770
8	3000	0.4665	18601	9900	29368	47969	0.1874	8989
9	2000	0.4241	19152	11000	34033	53185	0.1736	9233
10	1000	0.3855	19614	12100	38699	58313	0.1627	9488

从表中计算可看出，其中第 5 年的年度平均成本最低，因此该设备的经济寿命为 5 年。

9.2.3 设备大修理的经济界限

设备虽然通过大修理可以延长其物理寿命，但是在大修决策时，要注意修理是有限度的，长期无休止的修理，会导致设备性能劣化的加深，使其根本恢复不到原有的性能水平，严重阻碍技术进步，有时还会形成一个庞大的修理队伍，使费用大幅度增加。

如图 9-3 所示，OA 表示设备的初始性能水平，OA_1 表示设备的基本性能水平。设备在使用过程中其性能是沿着 AB 线下降的，如不及时大修，设备的寿命很可能会很短。如在 B 点（即到第一个大修期限时）进行大修，其性能又可恢复到 B_1 点。自 B_1 点继续使用，其性能又继续劣化，当降到 C 点时，又进行第二次修理，其性能可恢复到 C_1 点，但经过使用后又会下降，如此多次直到 G 点，设备就不能再修理了，其物理寿命宣告结束。从图上可以看出，大修后的设备无论是从生产率、精确度、速度等方面，还是从使用中的技术故障频率、有效运行时间等方面，都比同类型的新设备逊色，其综合质量会有某种程度的降低。另外要注意的一点是大修理的间隔周期会随着设备使用时间的延长而越来越短。因此从经济角度出发，为了提高设备的经济效益，降低设备使用费用，必须确定设备的大修理的经济界限。

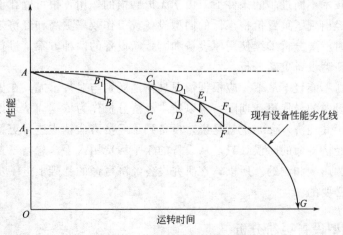

图 9-3 修理与设备性能劣化

设备在寿命期满前所需的大修理费用总额可能是个相当可观的数字，有时甚至可能超过设备原值数倍。当一次大修理的费用加该时期设备的残值大于或者等于新设备价值时，十分明显，这样的大修理在经济上是不合理的。因此，进行大修理的最低经济界限为：

$$R \leqslant P - L$$

式中　R——该次大修理费用；
　　　P——同种设备的重置价值（即同一种新设备在大修理时刻的市场价格）；
　　　L——旧设备被替换时的残值。

但是，满足上述必要条件的大修理，在经济上仍有可能是不合理的。如果设备在大修后，生产技术特性与同种新设备没有区别的话，则 $R \leqslant P - L$ 可以作为衡量大修理的经济性的必要和充分条件。但是，由于设备经过大修后，到下一次的大修理的间隔期缩短，而且修理后的设备与新设备相比技术故障多，设备停歇时间长，日常维护和小修理费用增加，因此修理的质量对单位产品成本高低有很大影响，有时用先进的新设备生产单位产品的成本会更低。于是，需要补充一个条件，使用经过大修理的设备生产的产品成本在任何情况下都不能超过相同的新设备生产的单位产品的成本，即：

$$C_j \leqslant C_0$$

式中　C_j——大修理后设备生产单位产品的成本；
　　　C_0——用具有相同用途的新设备生产单位产品的成本。

9.3 设备更新的技术经济分析

设备更新是修理以外的另一种设备综合磨损的补偿方式。设备更新分析就是确定正在使用的设备什么时候应该以及是否应该用更经济的设备来替代或者改进现有设备，对企业来说，设备更新问题的决策是很重要的。设备更新有两种情况：一种是有些设备在其整个使用期内并不会过时，即在一定时期内还没有更先进的设备出现，在这种情况下，设备在使用过程中避免不了有形磨损的作用，结果引起设备的维修费用，特别是大修费以及其他运行费用的不断增加，这时立即进行原型设备的替换，在经济上是合理的，这是原型设备更新问题；第二种是在技术不断进步的条件下，由于无形磨损的作用，很可能在设备尚未使用到其经济寿命，就已经出现了重置价格很低的同型设备或工作效率更高和经济效益更好的更新型的同类设备，这时就要分析继续使用原设备和购置新设备的两种方案，进行选择，确定设备是否更新，这是新型设备更新分析。

对于设备更新不能轻率从事，应根据情况具体地区别与对待，尤其在做更新决策时，关键是要确定一个设备的最优更新期限，应以技术经济分析作为依据。从理论上讲，设备合理的更新时间应等于其经济寿命，也就是说，设备到了经济寿命就应进行更新，但是应该指出的是研究设备的经济寿命的时候，只是从设备的年平均费用入手，忽略了技术进步和资金等因素对设备更新的影响和制约。所以，在研究设备经济寿命的基础上进一步研究设备的更新时机问题是很有必要的。

9.3.1 原型设备更新分析

设备原型更新是指设备在使用期内不发生技术上的过时和陈旧，没有更好的新型设备出现的情况,也就是说在设备达到经济寿命年限前技术上仍然先进,不存在技术上提前报废的问题。当该设备到达经济寿命年限时,再继续使用,经济上已经不合算,于是可以用原型设备进行替换。这类原型设备更新的时机应以其经济寿命年限为佳。

9.3.2 新型设备更新分析

在科学技术日新月异的条件下,由于无形磨损的作用,很可能在设备经营成本尚未升高到该用原型设备替代之前,就已出现工作效率更高和经济效果更好的设备,所谓新型设备更新分析,就是假定企业现有设备可被其经济寿命期内等额年总成本最低的设备取代。

新型设备更新分析时,应注意四个方面的因素。

① 设备更新分析只考虑未来发生的现金流量,不应考虑沉没成本 设备经过磨损,其实物资产的价值有所降低。设备经过折旧后所剩下的账面价值,并不等于其当前的市场价值,即更新旧设备往往会产生一笔沉没成本。

$$沉没成本 = 旧设备账面价值 - 当前市场价值(残值)$$
$$或沉没成本 = (旧设备原值 - 历年折旧费) - 当前市场价值(残值)$$

沉没成本与是否选择新设备进行设备更新的决策无关,它不计入工程经济分析的现金流中。因此,设备更新分析中的一个重要的特点,就是在分析中只考虑今后所发生的现金流量,对以前发生的现金流量及沉没成本,因为它们都属于不可恢复的费用,与更新决策无关,故不需再参与经济计算。

② 设备更新分析应站在第三方的立场分析问题 使用现金流量方法时,应站在一个客观的第三方立场上去比较,而不是站在旧资产所有者的立场上考虑问题。即若要保留旧资产,首先要付出相当于旧资产当前市场价值的现金,才能取得旧资产的使用权。这是设备更新分析的另一个重要概念。

③ 只比较设备的费用 通常在比较更新方案时,假定设备产生的收益是相同的,因此只对它们的费用进行比较。

④ 设备更新分析以费用年值法为主 由于不同设备方案的服务寿命不同,因此通常都采用年值法进行比较。

【例 9-4】 假定某工厂在 4 年前以原始费用 2200 元买了机器 A,估计还可使用 6 年,第 6 年末估计残值为 200 元,年度使用费为 700 元。现在市场上出现了机器 B,原始费用为 2400 元,估计可使用 10 年,第 10 末残值为 300 元,年度使用费为 400 元。现采用两个方案:方案甲继续使用机器 A;方案乙把机器 A 出售,然后购买机器 B,机器 A 目前市场售价可得 600 元,如规定基准收益率为 12%,比较方案甲、乙。

错误解法 按照两个方案的直接现金流量图(图 9-4),计算:

$$AC_甲 = 700 - 200 \times (A/F, 12\%, 6) = 700 - 200 \times 0.1232 = 675 (元)$$
$$AC_乙 = (2400 - 600) \times (A/P, 12\%, 10) + 400 - 300 \times (A/F, 12\%, 10)$$
$$= 1800 \times 0.1770 + 400 - 300 \times 0.0570 = 702 (元)$$

按照这样的计算方法,方案甲在 6 年内每年比方案乙节约费用 702 - 675 = 27 元。因为把机器 A 的残值(售价)分摊在 10 年的期间,而实际上它只应该分摊到 6 年的期间,此外,把旧机器(机器 A)的售价作为新机器(机器 B)的收入不妥当,因为这笔收入不是由

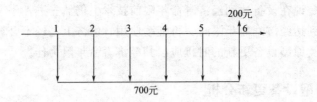

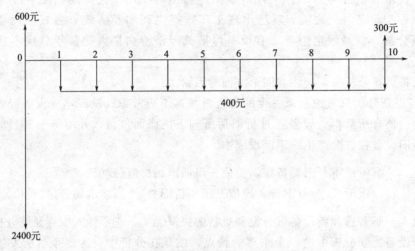

(a) 方案甲的直接现金流量

(b) 方案乙的直接现金流量

图 9-4 方案甲、乙的直接现金流量图

新机器本身带来的。

正确解法 1 站在第三方客观的立场上，即通过购买机器 A 或者机器 B 对两个方案进行比较，其现金流量如图 9-5 所示。计算：

$$AC_甲 = 600 \times (A/P, 12\%, 6) + 700 - 200 \times (A/F, 12\%, 6)$$
$$= 600 \times 0.2432 + 700 - 200 \times 0.1232 = 821 （元）$$
$$AC_乙 = 2400 \times (A/P, 12\%, 10) + 400 - 300 \times (A/F, 12\%, 10)$$
$$= 2400 \times 0.1770 + 700 - 300 \times 0.0570 = 1108 （元）$$

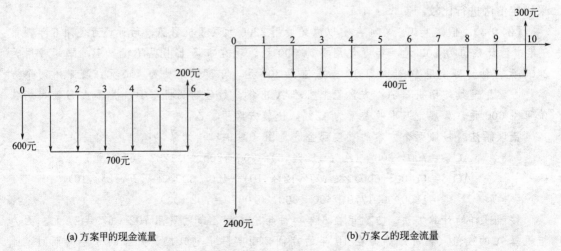

(a) 方案甲的现金流量   (b) 方案乙的现金流量

图 9-5 方案甲、乙的现金流量图

由此可见，方案甲比方案乙的年均使用成本低，继续使用机器 A，不更新。

正确解法 2 另一种计算方法是求出年度费用与新设备相等的旧设备价值。设 x 代表机器 A 的现在应值的价值，其年度费用与机器 B 的年度费用相等，则

$$x(A/P,12\%,6)+700-200\times(A/F,12\%,6)=2400\times(A/P,12\%,10)+400-300\times(A/F,12\%,10)$$

解得：$x=1778$（元）

这就是说，同机器 B 比较，机器 A 应值 1778 元。但其目前售价只是 600 元，因此，它应该保留，不需更新。

9.3.3 设备更新时机分析

用新型设备更新旧设备，除了经济上是否可行外，还存在何时更新最佳的问题，这就是更新时机决策，如果今后的情况非常难以预料，可采用逐年比较新旧设备成本的方法，这就是边际成本法，是更新时机决策常见的确定方法。边际成本法的步骤如下。

（1）计算新设备的年均总成本

$$AC_n=[P-L_n(P/F,i,n)](A/P,i,n)+\sum C_j(P/F,i,n)(A/P,i,n)$$

式中　n——新设备可使用年限；

AC_n——n 年内设备的年等额总成本；

P——新设备购置成本，即设备原值；

L_n——新设备在第 n 年末的残值；

C_j——在 n 年使用期间的第 j 年度设备的运营成本；

i——基准利率。

（2）计算旧设备的年度边际成本

$$MC_n=C_n+(L_{n-1}-L_n)+L_{n-1}i$$

式中　MC_n——第 n 年旧设备的年度边际成本；

C_n——第 n 年旧设备的经营成本；

L_n，L_{n-1}——第 n，$n-1$ 年旧设备的残值；

i——基准利率。

（3）分析比较

当 $MC_n \geqslant AC_n$ 时，应更新新设备；当 $MC_n \leqslant AC_n$ 时，应继续保持旧设备。

【**例 9-5**】 某企业现有一台旧设备，估计尚可使用 3 年，若继续使用时其每年的经营成本及残值如表 9-5 所示。现市场上出现了一种更先进的新设备可以考虑替代，新设备购置费 60000 元，估计经济寿命 12 年，残值约为原值的 10%，每年经营成本为 13750 元，试确定旧设备的最佳更新期，基准利率为 12%。

表 9-5　旧设备继续使用时的基本数据　　　　　　　　　　　　　　　　单位：元

年度	0	1	2	3
残值	10000	7500	5500	3500
年经营成本		11500	16500	21500

解 ① 新设备的年均总成本：

$$AC_{新}=[60000-60000\times 10\%\times(P/F,12\%,12)]\times(A/P,12\%,12)+13750$$
$$=[(60000-6000)\times 0.2567]\times 0.1614+13750=15987（元）$$

② 若继续使用旧设备时，其每年的边际成本见表9-6。

表 9-6 旧设备继续使用时每年的边际成本   单位：元

年度	L_n	$L_{n-1}-L_n$	$L_{n-1}\times 12\%$	C_n	边际成本 MC_n
1	7500	2500	1200	11500	15200
2	5500	4500	900	16500	21900
3	3500	6500	660	21500	28660

从表中计算结果可以看出：若继续使用旧设备，其第一年的边际成本低于新设备的年均总成本，但从第二年起它的边际成本大于新设备的年均总成本。因此可以得出结论：旧设备只应保留继续使用1年，第2年应更新。

9.3.4 设备租赁的经济分析

设备租赁是设备投资的一种方式，是指设备的使用者向出租者按合同规定定期地支付一定的费用而取得设备使用权的一种方式。设备租赁的方式一般常见的有两种：一是经营租赁，其租赁特点是任何一方可以随时通知对方在规定时间内取消或终止租约，临时使用的设备通常采用这种方式；二是融资租赁也称金融租赁或资本租赁，融资租赁与分期付款购入设备相类似，实质上是承租者通过设备租赁公司筹集设备投资的一种方式。在融资租赁方式下，设备是由出租人完全按照承租人的要求选定的，在大多数情况下，出租人在租期内分期回收全部成本、利息和利润，租赁期满后，出租人通过收取名义货价的形式，将租赁物件的所有权转移给承租人。

设备租赁决策分析是在租赁设备前，对是采用购置设备还是租赁设备应做好设备租赁的经济分析，即对两方案在经济上进行比较优选，其方法与设备更新方案选择无实质上的差别。

【例 9-6】 某企业需要一台设备，其购置费为200000元，使用寿命为10年，期末残值为20000元。这种设备也可租到，每年租赁费为25000元，年运行费用都是每年12000元。企业所得税率为25%，采用直线折旧法，设基准利率$i=10\%$，试问企业采用哪种方案有利？

解 设备的年折旧费为

$$年折旧=\frac{200000-20000}{10}=18000（元）$$

采用购置方案，年折旧费18000元计入总成本，而租赁方案，每年25000元计入总成本，因此采用购置方案的所得税金比采用租赁方案多付$(25000-18000)\times 25\%=1750$元。

采用年值法，购买设备的年均总成本为：

$$AC_{购买}=200000\times(A/P,10\%,10)-20000\times(A/F,10\%,10)+12000+1750$$
$$=200000\times 0.1627-20000\times 0.0627+13750=45036（元）$$

租赁设备的年均总成本为：

$$AC_{租赁}=25000+12000=37000（元）$$

由以上计算可知，宜采用租赁设备。

复习思考题

1. 什么是设备的有形磨损与无形磨损，各有何特点？对设备磨损的补偿方式有哪些？
2. 设备寿命可划分为哪些种类？
3. 设备更新分析有何特点？
4. 设备更新方案比选时，为什么不考虑沉没成本？
5. 某设备原始价值为 8000 元，可用 5 年，有关数据如表 9-7 所示，计算①不考虑资金时间价值时的设备的经济寿命；②考虑资金时间价值时设备的经济寿命。已知基准收益率为 10%。

表 9-7 某设备各年发生的费用   单位：元

设备使用年限	1	2	3	4	5
运行成本初始值	600	600	600	600	600
运行成本劣化值		200	400	600	800
年末残值	5500	4500	3500	2500	1000

6. 某企业 4 年前出 2200 元购置了设备 A，目前设备 A 的剩余寿命为 6 年，寿命终了时的残值为 200 元，设备 A 每年的运营费用为 700 元。目前，有一个设备制造厂出售与设备 A 具有相同功效的设备 B，设备 B 售价 2400 元，寿命为 10 年，残值为 300 元，每年运营费用为 400 元。如果企业购买设备 B，设备制造厂愿出价 600 元购买旧设备 A。设基准折现率为 12%，试判断现在公司应保留设备 A，还是用设备 B 更新设备 A。

7. 某企业需要使用计算机，根据目前的市场情况，有两种方案可供选择。一种方案是投资 29000 元购置一台计算机，估计计算机的服务寿命为 6 年，6 年末残值 5800 元，运行费每天 50 元，年维修费 2800 元。另一种方案是租用计算机，每天租赁费 160 元。如果公司一年中用机的天数估计为 200 天，政府规定的所得税率为 25%，采用直线折旧法计提折旧，基准贴现率为 8%，试确定该企业是采用购置方案还是租赁方案。

8. 某企业有一条通往码头的道路，需要进行大修理，大修理费用估计为 600 万元，经过大修理后，这一道路可继续使用三年，每年的修理费用 50 万元，该企业也可以考虑把原有道路完全翻新，估计造价为 12000 万元，可使用 20 年，每年需维修费用 4 万元，该企业规定的基准收益率为 12%，试比较两个方案。

9. 两年前花 80000 元购买了一台设备，设备在 5 年服务期内的年度使用费：第一年为 3000 元，以后每年增加 2000 元；目前的残值为 40000 元，以后每年贬值 5000 元。现有同样功能的新设备的原始费用为 50000 元，可使用 10 年。年度使用费固定为 3000 元，任何时候的残值均为零。基准折现率为 10%，新旧设备随时都可以更换，应选择哪种设备？

10. 某工厂需要安装污水处理设备，现有两种方案，A 方案：购置较便宜的设备只需 15 万元，每年运行费为 6 万元，寿命为 10 年，但 10 年后仍需再购置一台同样设备替代原设备才能满足污水处理需要。B 方案：购置质量较为高的设备，需投资 30 万元，其运行费前 10 年为 4 万元，后 10 年每年为 6 万元，该设备的寿命为 20 年。两种设备的残值均为 0，基准收益率为 12%，则折算成年度费用，哪个方案较优？若折算成现值，哪个方案较优，较优的设备能便宜多少？

复利因子表

复利系数表（$i=5\%$）

年份	$(F/P,i,n)$	$(P/F,i,n)$	$(F/A,i,n)$	$(A/F,i,n)$	$(A/P,i,n)$	$(P/A,i,n)$
1	1.0500	0.9524	1.0000	1.0000	1.0500	0.9524
2	1.1025	0.9070	2.0500	0.4878	0.5378	1.8594
3	1.1576	0.8638	3.1525	0.3172	0.3672	2.7232
4	1.2155	0.8227	4.3101	0.2320	0.2820	3.5460
5	1.2763	0.7835	5.5256	0.1810	0.2310	4.3295
6	1.3401	0.7462	6.8019	0.1470	0.1970	5.0757
7	1.4071	0.7107	8.1420	0.1228	0.1728	5.7864
8	1.4775	0.6768	9.5491	0.1047	0.1547	6.4632
9	1.5513	0.6446	11.0266	0.0907	0.1407	7.1078
10	1.6289	0.6139	12.5779	0.0795	0.1295	7.7217
11	1.7103	0.5847	14.2068	0.0704	0.1204	8.3064
12	1.7959	0.5568	15.9171	0.0628	0.1128	8.8633
13	1.8856	0.5303	17.7130	0.0565	0.1065	9.3936
14	1.9799	0.5051	19.5986	0.0510	0.1010	9.8986
15	2.0789	0.4810	21.5786	0.0463	0.0963	10.3797
16	2.1829	0.4581	23.6575	0.0423	0.0923	10.8378
17	2.2920	0.4363	25.8404	0.0387	0.0887	11.2741
18	2.4066	0.4155	28.1324	0.0355	0.0855	11.6896
19	2.5270	0.3957	30.5390	0.0327	0.0827	12.0853
20	2.6533	0.3769	33.0660	0.0302	0.0802	12.4622
21	2.7860	0.3589	35.7193	0.0280	0.0780	12.8212
22	2.9253	0.3418	38.5052	0.0260	0.0760	13.1630
23	3.0715	0.3256	41.4305	0.0241	0.0741	13.4886
24	3.2251	0.3101	44.5020	0.0225	0.0725	13.7986
25	3.3864	0.2953	47.7271	0.0210	0.0710	14.0939
26	3.5557	0.2812	51.1135	0.0196	0.0696	14.3752

年份	$(F/P,i,n)$	$(P/F,i,n)$	$(F/A,i,n)$	$(A/F,i,n)$	$(A/P,i,n)$	$(P/A,i,n)$
27	3.7335	0.2678	54.6691	0.0183	0.0683	14.6430
28	3.9201	0.2551	58.4026	0.0171	0.0671	14.8981
29	4.1161	0.2429	62.3227	0.0160	0.0660	15.1411
30	4.3219	0.2314	66.4388	0.0151	0.0651	15.3725
31	4.5380	0.2204	70.7608	0.0141	0.0641	15.5928
32	4.7649	0.2099	75.2988	0.0133	0.0633	15.8027
33	5.0032	0.1999	80.0638	0.0125	0.0625	16.0025
34	5.2533	0.1904	85.0670	0.0118	0.0618	16.1929
35	5.5160	0.1813	90.3203	0.0111	0.0611	16.3742
36	5.7918	0.1727	95.8363	0.0104	0.0604	16.5469
37	6.0814	0.1644	101.6281	0.0098	0.0598	16.7113
38	6.3855	0.1566	107.7095	0.0093	0.0593	16.8679
39	6.7048	0.1491	114.0950	0.0088	0.0588	17.0170
40	7.0400	0.1420	120.7998	0.0083	0.0583	17.1591
41	7.3920	0.1353	127.8398	0.0078	0.0578	17.2944
42	7.7616	0.1288	135.2318	0.0074	0.0574	17.4232
43	8.1497	0.1227	142.9933	0.0070	0.0570	17.5459
44	8.5572	0.1169	151.1430	0.0066	0.0566	17.6628
45	8.9850	0.1113	159.7002	0.0063	0.0563	17.7741
46	9.4343	0.1060	168.6852	0.0059	0.0559	17.8801
47	9.9060	0.1009	178.1194	0.0056	0.0556	17.9810
48	10.4013	0.0961	188.0254	0.0053	0.0553	18.0772
49	10.9213	0.0916	198.4267	0.0050	0.0550	18.1687
50	11.4674	0.0872	209.3480	0.0048	0.0548	18.2559

复利系数表（$i=6\%$）

年份	$(F/P,i,n)$	$(P/F,i,n)$	$(F/A,i,n)$	$(A/F,i,n)$	$(A/P,i,n)$	$(P/A,i,n)$
1	1.0600	0.9434	1.0000	1.0000	1.0600	0.9434
2	1.1236	0.8900	2.0600	0.4854	0.5454	1.8334
3	1.1910	0.8396	3.1836	0.3141	0.3741	2.6730
4	1.2625	0.7921	4.3746	0.2286	0.2886	3.4651
5	1.3382	0.7473	5.6371	0.1774	0.2374	4.2124
6	1.4185	0.7050	6.9753	0.1434	0.2034	4.9173
7	1.5036	0.6651	8.3938	0.1191	0.1791	5.5824
8	1.5938	0.6274	9.8975	0.1010	0.1610	6.2098
9	1.6895	0.5919	11.4913	0.0870	0.1470	6.8017
10	1.7908	0.5584	13.1808	0.0759	0.1359	7.3601

续表

年份	$(F/P,i,n)$	$(P/F,i,n)$	$(F/A,i,n)$	$(A/F,i,n)$	$(A/P,i,n)$	$(P/A,i,n)$
11	1.8983	0.5268	14.9716	0.0668	0.1268	7.8869
12	2.0122	0.4970	16.8699	0.0593	0.1193	8.3838
13	2.1329	0.4688	18.8821	0.0530	0.1130	8.8527
14	2.2609	0.4423	21.0151	0.0476	0.1076	9.2950
15	2.3966	0.4173	23.2760	0.0430	0.1030	9.7122
16	2.5404	0.3936	25.6725	0.0390	0.0990	10.1059
17	2.6928	0.3714	28.2129	0.0354	0.0954	10.4773
18	2.8543	0.3503	30.9057	0.0324	0.0924	10.8276
19	3.0256	0.3305	33.7600	0.0296	0.0896	11.1581
20	3.2071	0.3118	36.7856	0.0272	0.0872	11.4699
21	3.3996	0.2942	39.9927	0.0250	0.0850	11.7641
22	3.6035	0.2775	43.3923	0.0230	0.0830	12.0416
23	3.8197	0.2618	46.9958	0.0213	0.0813	12.3034
24	4.0489	0.2470	50.8156	0.0197	0.0797	12.5504
25	4.2919	0.2330	54.8645	0.0182	0.0782	12.7834
26	4.5494	0.2198	59.1564	0.0169	0.0769	13.0032
27	4.8223	0.2074	63.7058	0.0157	0.0757	13.2105
28	5.1117	0.1956	68.5281	0.0146	0.0746	13.4062
29	5.4184	0.1846	73.6398	0.0136	0.0736	13.5907
30	5.7435	0.1741	79.0582	0.0126	0.0726	13.7648
31	6.0881	0.1643	84.8017	0.0118	0.0718	13.9291
32	6.4534	0.1550	90.8898	0.0110	0.0710	14.0840
33	6.8406	0.1462	97.3432	0.0103	0.0703	14.2302
34	7.2510	0.1379	104.1838	0.0096	0.0696	14.3681
35	7.6861	0.1301	111.4348	0.0090	0.0690	14.4982
36	8.1473	0.1227	119.1209	0.0084	0.0684	14.6210
37	8.6361	0.1158	127.2681	0.0079	0.0679	14.7368
38	9.1543	0.1092	135.9042	0.0074	0.0674	14.8460
39	9.7035	0.1031	145.0585	0.0069	0.0669	14.9491
40	10.2857	0.0972	154.7620	0.0065	0.0665	15.0463
41	10.9029	0.0917	165.0477	0.0061	0.0661	15.1380
42	11.5570	0.0865	175.9505	0.0057	0.0657	15.2245
43	12.2505	0.0816	187.5076	0.0053	0.0653	15.3062
44	12.9855	0.0770	199.7580	0.0050	0.0650	15.3832
45	13.7646	0.0727	212.7435	0.0047	0.0647	15.4558
46	14.5905	0.0685	226.5081	0.0044	0.0644	15.5244
47	15.4659	0.0647	241.0986	0.0041	0.0641	15.5890

续表

年份	$(F/P,i,n)$	$(P/F,i,n)$	$(F/A,i,n)$	$(A/F,i,n)$	$(A/P,i,n)$	$(P/A,i,n)$
48	16.3939	0.0610	256.5645	0.0039	0.0639	15.6500
49	17.3775	0.0575	272.9584	0.0037	0.0637	15.7076
50	18.4202	0.0543	290.3359	0.0034	0.0634	15.7619

复利系数表（$i=7\%$）

年份	$(F/P,i,n)$	$(P/F,i,n)$	$(F/A,i,n)$	$(A/F,i,n)$	$(A/P,i,n)$	$(P/A,i,n)$
1	1.0700	0.9346	1.0000	1.0000	1.0700	0.9346
2	1.1449	0.8734	2.0700	0.4831	0.5531	1.8080
3	1.2250	0.8163	3.2149	0.3111	0.3811	2.6243
4	1.3108	0.7629	4.4399	0.2252	0.2952	3.3872
5	1.4026	0.7130	5.7507	0.1739	0.2439	4.1002
6	1.5007	0.6663	7.1533	0.1398	0.2098	4.7665
7	1.6058	0.6227	8.6540	0.1156	0.1856	5.3893
8	1.7182	0.5820	10.2598	0.0975	0.1675	5.9713
9	1.8385	0.5439	11.9780	0.0835	0.1535	6.5152
10	1.9672	0.5083	13.8164	0.0724	0.1424	7.0236
11	2.1049	0.4751	15.7836	0.0634	0.1334	7.4987
12	2.2522	0.4440	17.8885	0.0559	0.1259	7.9427
13	2.4098	0.4150	20.1406	0.0497	0.1197	8.3577
14	2.5785	0.3878	22.5505	0.0443	0.1143	8.7455
15	2.7590	0.3624	25.1290	0.0398	0.1098	9.1079
16	2.9522	0.3387	27.8881	0.0359	0.1059	9.4466
17	3.1588	0.3166	30.8402	0.0324	0.1024	9.7632
18	3.3799	0.2959	33.9990	0.0294	0.0994	10.0591
19	3.6165	0.2765	37.3790	0.0268	0.0968	10.3356
20	3.8697	0.2584	40.9955	0.0244	0.0944	10.5940
21	4.1406	0.2415	44.8652	0.0223	0.0923	10.8355
22	4.4304	0.2257	49.0057	0.0204	0.0904	11.0612
23	4.7405	0.2109	53.4361	0.0187	0.0887	11.2722
24	5.0724	0.1971	58.1767	0.0172	0.0872	11.4693
25	5.4274	0.1842	63.2490	0.0158	0.0858	11.6536
26	5.8074	0.1722	68.6765	0.0146	0.0846	11.8258
27	6.2139	0.1609	74.4838	0.0134	0.0834	11.9867
28	6.6488	0.1504	80.6977	0.0124	0.0824	12.1371
29	7.1143	0.1406	87.3465	0.0114	0.0814	12.2777
30	7.6123	0.1314	94.4608	0.0106	0.0806	12.4090
31	8.1451	0.1228	102.0730	0.0098	0.0798	12.5318

年份	$(F/P,i,n)$	$(P/F,i,n)$	$(F/A,i,n)$	$(A/F,i,n)$	$(A/P,i,n)$	$(P/A,i,n)$
32	8.7153	0.1147	110.2182	0.0091	0.0791	12.6466
33	9.3253	0.1072	118.9334	0.0084	0.0784	12.7538
34	9.9781	0.1002	128.2588	0.0078	0.0778	12.8540
35	10.6766	0.0937	138.2369	0.0072	0.0772	12.9477
36	11.4239	0.0875	148.9135	0.0067	0.0767	13.0352
37	12.2236	0.0818	160.3374	0.0062	0.0762	13.1170
38	13.0793	0.0765	172.5610	0.0058	0.0758	13.1935
39	13.9948	0.0715	185.6403	0.0054	0.0754	13.2649
40	14.9745	0.0668	199.6351	0.0050	0.0750	13.3317
41	16.0227	0.0624	214.6096	0.0047	0.0747	13.3941
42	17.1443	0.0583	230.6322	0.0043	0.0743	13.4524
43	18.3444	0.0545	247.7765	0.0040	0.0740	13.5070
44	19.6285	0.0509	266.1209	0.0038	0.0738	13.5579
45	21.0025	0.0476	285.7493	0.0035	0.0735	13.6055
46	22.4726	0.0445	306.7518	0.0033	0.0733	13.6500
47	24.0457	0.0416	329.2244	0.0030	0.0730	13.6916
48	25.7289	0.0389	353.2701	0.0028	0.0728	13.7305
49	27.5299	0.0363	378.9990	0.0026	0.0726	13.7668
50	29.4570	0.0339	406.5289	0.0025	0.0725	13.8007

复利系数表（$i=8\%$）

年份	$(F/P,i,n)$	$(P/F,i,n)$	$(F/A,i,n)$	$(A/F,i,n)$	$(A/P,i,n)$	$(P/A,i,n)$
1	1.0800	0.9259	1.0000	1.0000	1.0800	0.9259
2	1.1664	0.8573	2.0800	0.4808	0.5608	1.7833
3	1.2597	0.7938	3.2464	0.3080	0.3880	2.5771
4	1.3605	0.7350	4.5061	0.2219	0.3019	3.3121
5	1.4693	0.6806	5.8666	0.1705	0.2505	3.9927
6	1.5869	0.6302	7.3359	0.1363	0.2163	4.6229
7	1.7138	0.5835	8.9228	0.1121	0.1921	5.2064
8	1.8509	0.5403	10.6366	0.0940	0.1740	5.7466
9	1.9990	0.5002	12.4876	0.0801	0.1601	6.2469
10	2.1589	0.4632	14.4866	0.0690	0.1490	6.7101
11	2.3316	0.4289	16.6455	0.0601	0.1401	7.1390
12	2.5182	0.3971	18.9771	0.0527	0.1327	7.5361
13	2.7196	0.3677	21.4953	0.0465	0.1265	7.9038
14	2.9372	0.3405	24.2149	0.0413	0.1213	8.2442
15	3.1722	0.3152	27.1521	0.0368	0.1168	8.5595

续表

年份	(F/P,i,n)	(P/F,i,n)	(F/A,i,n)	(A/F,i,n)	(A/P,i,n)	(P/A,i,n)
16	3.4259	0.2919	30.3243	0.0330	0.1130	8.8514
17	3.7000	0.2703	33.7502	0.0296	0.1096	9.1216
18	3.9960	0.2502	37.4502	0.0267	0.1067	9.3719
19	4.3157	0.2317	41.4463	0.0241	0.1041	9.6036
20	4.6610	0.2145	45.7620	0.0219	0.1019	9.8181
21	5.0338	0.1987	50.4229	0.0198	0.0998	10.0168
22	5.4365	0.1839	55.4568	0.0180	0.0980	10.2007
23	5.8715	0.1703	60.8933	0.0164	0.0964	10.3711
24	6.3412	0.1577	66.7648	0.0150	0.0950	10.5288
25	6.8485	0.1460	73.1059	0.0137	0.0937	10.6748
26	7.3964	0.1352	79.9544	0.0125	0.0925	10.8100
27	7.9881	0.1252	87.3508	0.0114	0.0914	10.9352
28	8.6271	0.1159	95.3388	0.0105	0.0905	11.0511
29	9.3173	0.1073	103.9659	0.0096	0.0896	11.1584
30	10.0627	0.0994	113.2832	0.0088	0.0888	11.2578
31	10.8677	0.0920	123.3459	0.0081	0.0881	11.3498
32	11.7371	0.0852	134.2135	0.0075	0.0875	11.4350
33	12.6760	0.0789	145.9506	0.0069	0.0869	11.5139
34	13.6901	0.0730	158.6267	0.0063	0.0863	11.5869
35	14.7853	0.0676	172.3168	0.0058	0.0858	11.6546
36	15.9682	0.0626	187.1021	0.0053	0.0853	11.7172
37	17.2456	0.0580	203.0703	0.0049	0.0849	11.7752
38	18.6253	0.0537	220.3159	0.0045	0.0845	11.8289
39	20.1153	0.0497	238.9412	0.0042	0.0842	11.8786
40	21.7245	0.0460	259.0565	0.0039	0.0839	11.9246
41	23.4625	0.0426	280.7810	0.0036	0.0836	11.9672
42	25.3395	0.0395	304.2435	0.0033	0.0833	12.0067
43	27.3666	0.0365	329.5830	0.0030	0.0830	12.0432
44	29.5560	0.0338	356.9496	0.0028	0.0828	12.0771
45	31.9204	0.0313	386.5056	0.0026	0.0826	12.1084
46	34.4741	0.0290	418.4261	0.0024	0.0824	12.1374
47	37.2320	0.0269	452.9002	0.0022	0.0822	12.1643
48	40.2106	0.0249	490.1322	0.0020	0.0820	12.1891
49	43.4274	0.0230	530.3427	0.0019	0.0819	12.2122
50	46.9016	0.0213	573.7702	0.0017	0.0817	12.2335

复利系数表（$i=9\%$）

年份	$(F/P,i,n)$	$(P/F,i,n)$	$(F/A,i,n)$	$(A/F,i,n)$	$(A/P,i,n)$	$(P/A,i,n)$
1	1.0900	0.9174	1.0000	1.0000	1.0900	0.9174
2	1.1881	0.8417	2.0900	0.4785	0.5685	1.7591
3	1.2950	0.7722	3.2781	0.3051	0.3951	2.5313
4	1.4116	0.7084	4.5731	0.2187	0.3087	3.2397
5	1.5386	0.6499	5.9847	0.1671	0.2571	3.8897
6	1.6771	0.5963	7.5233	0.1329	0.2229	4.4859
7	1.8280	0.5470	9.2004	0.1087	0.1987	5.0330
8	1.9926	0.5019	11.0285	0.0907	0.1807	5.5348
9	2.1719	0.4604	13.0210	0.0768	0.1668	5.9952
10	2.3674	0.4224	15.1929	0.0658	0.1558	6.4177
11	2.5804	0.3875	17.5603	0.0569	0.1469	6.8052
12	2.8127	0.3555	20.1407	0.0497	0.1397	7.1607
13	3.0658	0.3262	22.9534	0.0436	0.1336	7.4869
14	3.3417	0.2992	26.0192	0.0384	0.1284	7.7862
15	3.6425	0.2745	29.3609	0.0341	0.1241	8.0607
16	3.9703	0.2519	33.0034	0.0303	0.1203	8.3126
17	4.3276	0.2311	36.9737	0.0270	0.1170	8.5436
18	4.7171	0.2120	41.3013	0.0242	0.1142	8.7556
19	5.1417	0.1945	46.0185	0.0217	0.1117	8.9501
20	5.6044	0.1784	51.1601	0.0195	0.1095	9.1285
21	6.1088	0.1637	56.7645	0.0176	0.1076	9.2922
22	6.6586	0.1502	62.8733	0.0159	0.1059	9.4424
23	7.2579	0.1378	69.5319	0.0144	0.1044	9.5802
24	7.9111	0.1264	76.7898	0.0130	0.1030	9.7066
25	8.6231	0.1160	84.7009	0.0118	0.1018	9.8226
26	9.3992	0.1064	93.3240	0.0107	0.1007	9.9290
27	10.2451	0.0976	102.7231	0.0097	0.0997	10.0266
28	11.1671	0.0895	112.9682	0.0089	0.0989	10.1161
29	12.1722	0.0822	124.1354	0.0081	0.0981	10.1983
30	13.2677	0.0754	136.3075	0.0073	0.0973	10.2737
31	14.4618	0.0691	149.5752	0.0067	0.0967	10.3428
32	15.7633	0.0634	164.0370	0.0061	0.0961	10.4062
33	17.1820	0.0582	179.8003	0.0056	0.0956	10.4644
34	18.7284	0.0534	196.9823	0.0051	0.0951	10.5178
35	20.4140	0.0490	215.7108	0.0046	0.0946	10.5668
36	22.2512	0.0449	236.1247	0.0042	0.0942	10.6118
37	24.2538	0.0412	258.3759	0.0039	0.0939	10.6530

续表

年份	$(F/P,i,n)$	$(P/F,i,n)$	$(F/A,i,n)$	$(A/F,i,n)$	$(A/P,i,n)$	$(P/A,i,n)$
38	26.4367	0.0378	282.6298	0.0035	0.0935	10.6908
39	28.8160	0.0347	309.0665	0.0032	0.0932	10.7255
40	31.4094	0.0318	337.8824	0.0030	0.0930	10.7574
41	34.2363	0.0292	369.2919	0.0027	0.0927	10.7866
42	37.3175	0.0268	403.5281	0.0025	0.0925	10.8134
43	40.6761	0.0246	440.8457	0.0023	0.0923	10.8380
44	44.3370	0.0226	481.5218	0.0021	0.0921	10.8605
45	48.3273	0.0207	525.8587	0.0019	0.0919	10.8812
46	52.6767	0.0190	574.1860	0.0017	0.0917	10.9002
47	57.4176	0.0174	626.8628	0.0016	0.0916	10.9176
48	62.5852	0.0160	684.2804	0.0015	0.0915	10.9336
49	68.2179	0.0147	746.8656	0.0013	0.0913	10.9482
50	74.3575	0.0134	815.0836	0.0012	0.0912	10.9617

复利系数表（$i=10\%$）

年份	$(F/P,i,n)$	$(P/F,i,n)$	$(F/A,i,n)$	$(A/F,i,n)$	$(A/P,i,n)$	$(P/A,i,n)$
1	1.1000	0.9091	1.0000	1.0000	1.1000	0.9091
2	1.2100	0.8264	2.1000	0.4762	0.5762	1.7355
3	1.3310	0.7513	3.3100	0.3021	0.4021	2.4869
4	1.4641	0.6830	4.6410	0.2155	0.3155	3.1699
5	1.6105	0.6209	6.1051	0.1638	0.2638	3.7908
6	1.7716	0.5645	7.7156	0.1296	0.2296	4.3553
7	1.9487	0.5132	9.4872	0.1054	0.2054	4.8684
8	2.1436	0.4665	11.4359	0.0874	0.1874	5.3349
9	2.3579	0.4241	13.5795	0.0736	0.1736	5.7590
10	2.5937	0.3855	15.9374	0.0627	0.1627	6.1446
11	2.8531	0.3505	18.5312	0.0540	0.1540	6.4951
12	3.1384	0.3186	21.3843	0.0468	0.1468	6.8137
13	3.4523	0.2897	24.5227	0.0408	0.1408	7.1034
14	3.7975	0.2633	27.9750	0.0357	0.1357	7.3667
15	4.1772	0.2394	31.7725	0.0315	0.1315	7.6061
16	4.5950	0.2176	35.9497	0.0278	0.1278	7.8237
17	5.0545	0.1978	40.5447	0.0247	0.1247	8.0216
18	5.5599	0.1799	45.5992	0.0219	0.1219	8.2014
19	6.1159	0.1635	51.1591	0.0195	0.1195	8.3649
20	6.7275	0.1486	57.2750	0.0175	0.1175	8.5136
21	7.4002	0.1351	64.0025	0.0156	0.1156	8.6487

年份	$(F/P,i,n)$	$(P/F,i,n)$	$(F/A,i,n)$	$(A/F,i,n)$	$(A/P,i,n)$	$(P/A,i,n)$
22	8.1403	0.1228	71.4027	0.0140	0.1140	8.7715
23	8.9543	0.1117	79.5430	0.0126	0.1126	8.8832
24	9.8497	0.1015	88.4973	0.0113	0.1113	8.9847
25	10.8347	0.0923	98.3471	0.0102	0.1102	9.0770
26	11.9182	0.0839	109.1818	0.0092	0.1092	9.1609
27	13.1100	0.0763	121.0999	0.0083	0.1083	9.2372
28	14.4210	0.0693	134.2099	0.0075	0.1075	9.3066
29	15.8631	0.0630	148.6309	0.0067	0.1067	9.3696
30	17.4494	0.0573	164.4940	0.0061	0.1061	9.4269
31	19.1943	0.0521	181.9434	0.0055	0.1055	9.4790
32	21.1138	0.0474	201.1378	0.0050	0.1050	9.5264
33	23.2252	0.0431	222.2515	0.0045	0.1045	9.5694
34	25.5477	0.0391	245.4767	0.0041	0.1041	9.6086
35	28.1024	0.0356	271.0244	0.0037	0.1037	9.6442
36	30.9127	0.0323	299.1268	0.0033	0.1033	9.6765
37	34.0039	0.0294	330.0395	0.0030	0.1030	9.7059
38	37.4043	0.0267	364.0434	0.0027	0.1027	9.7327
39	41.1448	0.0243	401.4478	0.0025	0.1025	9.7570
40	45.2593	0.0221	442.5926	0.0023	0.1023	9.7791
41	49.7852	0.0201	487.8518	0.0020	0.1020	9.7991
42	54.7637	0.0183	537.6370	0.0019	0.1019	9.8174
43	60.2401	0.0166	592.4007	0.0017	0.1017	9.8340
44	66.2641	0.0151	652.6408	0.0015	0.1015	9.8491
45	72.8905	0.0137	718.9048	0.0014	0.1014	9.8628
46	80.1795	0.0125	791.7953	0.0013	0.1013	9.8753
47	88.1975	0.0113	871.9749	0.0011	0.1011	9.8866
48	97.0172	0.0103	960.1723	0.0010	0.1010	9.8969
49	106.7190	0.0094	1057.1896	0.0009	0.1009	9.9063
50	117.3909	0.0085	1163.9085	0.0009	0.1009	9.9148

复利系数表（$i=11\%$）

年份	$(F/P,i,n)$	$(P/F,i,n)$	$(F/A,i,n)$	$(A/F,i,n)$	$(A/P,i,n)$	$(P/A,i,n)$
1	1.1100	0.9009	1.0000	1.0000	1.1100	0.9009
2	1.2321	0.8116	2.1100	0.4739	0.5839	1.7125
3	1.3676	0.7312	3.3421	0.2992	0.4092	2.4437
4	1.5181	0.6587	4.7097	0.2123	0.3223	3.1024
5	1.6851	0.5935	6.2278	0.1606	0.2706	3.6959

续表

年份	$(F/P,i,n)$	$(P/F,i,n)$	$(F/A,i,n)$	$(A/F,i,n)$	$(A/P,i,n)$	$(P/A,i,n)$
6	1.8704	0.5346	7.9129	0.1264	0.2364	4.2305
7	2.0762	0.4817	9.7833	0.1022	0.2122	4.7122
8	2.3045	0.4339	11.8594	0.0843	0.1943	5.1461
9	2.5580	0.3909	14.1640	0.0706	0.1806	5.5370
10	2.8394	0.3522	16.7220	0.0598	0.1698	5.8892
11	3.1518	0.3173	19.5614	0.0511	0.1611	6.2065
12	3.4985	0.2858	22.7132	0.0440	0.1540	6.4924
13	3.8833	0.2575	26.2116	0.0382	0.1482	6.7499
14	4.3104	0.2320	30.0949	0.0332	0.1432	6.9819
15	4.7846	0.2090	34.4054	0.0291	0.1391	7.1909
16	5.3109	0.1883	39.1899	0.0255	0.1355	7.3792
17	5.8951	0.1696	44.5008	0.0225	0.1325	7.5488
18	6.5436	0.1528	50.3959	0.0198	0.1298	7.7016
19	7.2633	0.1377	56.9395	0.0176	0.1276	7.8393
20	8.0623	0.1240	64.2028	0.0156	0.1256	7.9633
21	8.9492	0.1117	72.2651	0.0138	0.1238	8.0751
22	9.9336	0.1007	81.2143	0.0123	0.1223	8.1757
23	11.0263	0.0907	91.1479	0.0110	0.1210	8.2664
24	12.2392	0.0817	102.1742	0.0098	0.1198	8.3481
25	13.5855	0.0736	114.4133	0.0087	0.1187	8.4217
26	15.0799	0.0663	127.9988	0.0078	0.1178	8.4881
27	16.7386	0.0597	143.0786	0.0070	0.1170	8.5478
28	18.5799	0.0538	159.8173	0.0063	0.1163	8.6016
29	20.6237	0.0485	178.3972	0.0056	0.1156	8.6501
30	22.8923	0.0437	199.0209	0.0050	0.1150	8.6938
31	25.4104	0.0394	221.9132	0.0045	0.1145	8.7331
32	28.2056	0.0355	247.3236	0.0040	0.1140	8.7686
33	31.3082	0.0319	275.5292	0.0036	0.1136	8.8005
34	34.7521	0.0288	306.8374	0.0033	0.1133	8.8293
35	38.5749	0.0259	341.5896	0.0029	0.1129	8.8552
36	42.8181	0.0234	380.1644	0.0026	0.1126	8.8786
37	47.5281	0.0210	422.9825	0.0024	0.1124	8.8996
38	52.7562	0.0190	470.5106	0.0021	0.1121	8.9186
39	58.5593	0.0171	523.2667	0.0019	0.1119	8.9357
40	65.0009	0.0154	581.8261	0.0017	0.1117	8.9511

续表

年份	$(F/P,i,n)$	$(P/F,i,n)$	$(F/A,i,n)$	$(A/F,i,n)$	$(A/P,i,n)$	$(P/A,i,n)$
41	72.1510	0.0139	646.8269	0.0015	0.1115	8.9649
42	80.0876	0.0125	718.9779	0.0014	0.1114	8.9774
43	88.8972	0.0112	799.0655	0.0013	0.1113	8.9886
44	98.6759	0.0101	887.9627	0.0011	0.1111	8.9988
45	109.5302	0.0091	986.6386	0.0010	0.1110	9.0079
46	121.5786	0.0082	1096.1688	0.0009	0.1109	9.0161
47	134.9522	0.0074	1217.7474	0.0008	0.1108	9.0235
48	149.7970	0.0067	1352.6996	0.0007	0.1107	9.0302
49	166.2746	0.0060	1502.4965	0.0007	0.1107	9.0362
50	184.5648	0.0054	1668.7712	0.0006	0.1106	9.0417

复利系数表（$i=12\%$）

年份	$(F/P,i,n)$	$(P/F,i,n)$	$(F/A,i,n)$	$(A/F,i,n)$	$(A/P,i,n)$	$(P/A,i,n)$
1	1.1200	0.8929	1.0000	1.0000	1.1200	0.8929
2	1.2544	0.7972	2.1200	0.4717	0.5917	1.6901
3	1.4049	0.7118	3.3744	0.2963	0.4163	2.4018
4	1.5735	0.6355	4.7793	0.2092	0.3292	3.0373
5	1.7623	0.5674	6.3528	0.1574	0.2774	3.6048
6	1.9738	0.5066	8.1152	0.1232	0.2432	4.1114
7	2.2107	0.4523	10.0890	0.0991	0.2191	4.5638
8	2.4760	0.4039	12.2997	0.0813	0.2013	4.9676
9	2.7731	0.3606	14.7757	0.0677	0.1877	5.3282
10	3.1058	0.3220	17.5487	0.0570	0.1770	5.6502
11	3.4785	0.2875	20.6546	0.0484	0.1684	5.9377
12	3.8960	0.2567	24.1331	0.0414	0.1614	6.1944
13	4.3635	0.2292	28.0291	0.0357	0.1557	6.4235
14	4.8871	0.2046	32.3926	0.0309	0.1509	6.6282
15	5.4736	0.1827	37.2797	0.0268	0.1468	6.8109
16	6.1304	0.1631	42.7533	0.0234	0.1434	6.9740
17	6.8660	0.1456	48.8837	0.0205	0.1405	7.1196
18	7.6900	0.1300	55.7497	0.0179	0.1379	7.2497
19	8.6128	0.1161	63.4397	0.0158	0.1358	7.3658
20	9.6463	0.1037	72.0524	0.0139	0.1339	7.4694
21	10.8038	0.0926	81.6987	0.0122	0.1322	7.5620
22	12.1003	0.0826	92.5026	0.0108	0.1308	7.6446
23	13.5523	0.0738	104.6029	0.0096	0.1296	7.7184
24	15.1786	0.0659	118.1552	0.0085	0.1285	7.7843

续表

年份	$(F/P,i,n)$	$(P/F,i,n)$	$(F/A,i,n)$	$(A/F,i,n)$	$(A/P,i,n)$	$(P/A,i,n)$
25	17.0001	0.0588	133.3339	0.0075	0.1275	7.8431
26	19.0401	0.0525	150.3339	0.0067	0.1267	7.8957
27	21.3249	0.0469	169.3740	0.0059	0.1259	7.9426
28	23.8839	0.0419	190.6989	0.0052	0.1252	7.9844
29	26.7499	0.0374	214.5828	0.0047	0.1247	8.0218
30	29.9599	0.0334	241.3327	0.0041	0.1241	8.0552
31	33.5551	0.0298	271.2926	0.0037	0.1237	8.0850
32	37.5817	0.0266	304.8477	0.0033	0.1233	8.1116
33	42.0915	0.0238	342.4294	0.0029	0.1229	8.1354
34	47.1425	0.0212	384.5210	0.0026	0.1226	8.1566
35	52.7996	0.0189	431.6635	0.0023	0.1223	8.1755
36	59.1356	0.0169	484.4631	0.0021	0.1221	8.1924
37	66.2318	0.0151	543.5987	0.0018	0.1218	8.2075
38	74.1797	0.0135	609.8305	0.0016	0.1216	8.2210
39	83.0812	0.0120	684.0102	0.0015	0.1215	8.2330
40	93.0510	0.0107	767.0914	0.0013	0.1213	8.2438
41	104.2171	0.0096	860.1424	0.0012	0.1212	8.2534
42	116.7231	0.0086	964.3595	0.0010	0.1210	8.2619
43	130.7299	0.0076	1081.0826	0.0009	0.1209	8.2696
44	146.4175	0.0068	1211.8125	0.0008	0.1208	8.2764
45	163.9876	0.0061	1358.2300	0.0007	0.1207	8.2825
46	183.6661	0.0054	1522.2176	0.0007	0.1207	8.2880
47	205.7061	0.0049	1705.8838	0.0006	0.1206	8.2928
48	230.3908	0.0043	1911.5898	0.0005	0.1205	8.2972
49	258.0377	0.0039	2141.9806	0.0005	0.1205	8.3010
50	289.0022	0.0035	2400.0182	0.0004	0.1204	8.3045

复利系数表（$i=13\%$）

年份	$(F/P,i,n)$	$(P/F,i,n)$	$(F/A,i,n)$	$(A/F,i,n)$	$(A/P,i,n)$	$(P/A,i,n)$
1	1.1300	0.8850	1.0000	1.0000	1.1300	0.8850
2	1.2769	0.7831	2.1300	0.4695	0.5995	1.6681
3	1.4429	0.6931	3.4069	0.2935	0.4235	2.3612
4	1.6305	0.6133	4.8498	0.2062	0.3362	2.9745
5	1.8424	0.5428	6.4803	0.1543	0.2843	3.5172
6	2.0820	0.4803	8.3227	0.1202	0.2502	3.9975
7	2.3526	0.4251	10.4047	0.0961	0.2261	4.4226
8	2.6584	0.3762	12.7573	0.0784	0.2084	4.7988

续表

年份	$(F/P,i,n)$	$(P/F,i,n)$	$(F/A,i,n)$	$(A/F,i,n)$	$(A/P,i,n)$	$(P/A,i,n)$
9	3.0040	0.3329	15.4157	0.0649	0.1949	5.1317
10	3.3946	0.2946	18.4197	0.0543	0.1843	5.4262
11	3.8359	0.2607	21.8143	0.0458	0.1758	5.6869
12	4.3345	0.2307	25.6502	0.0390	0.1690	5.9176
13	4.8980	0.2042	29.9847	0.0334	0.1634	6.1218
14	5.5348	0.1807	34.8827	0.0287	0.1587	6.3025
15	6.2543	0.1599	40.4175	0.0247	0.1547	6.4624
16	7.0673	0.1415	46.6717	0.0214	0.1514	6.6039
17	7.9861	0.1252	53.7391	0.0186	0.1486	6.7291
18	9.0243	0.1108	61.7251	0.0162	0.1462	6.8399
19	10.1974	0.0981	70.7494	0.0141	0.1441	6.9380
20	11.5231	0.0868	80.9468	0.0124	0.1424	7.0248
21	13.0211	0.0768	92.4699	0.0108	0.1408	7.1016
22	14.7138	0.0680	105.4910	0.0095	0.1395	7.1695
23	16.6266	0.0601	120.2048	0.0083	0.1383	7.2297
24	18.7881	0.0532	136.8315	0.0073	0.1373	7.2829
25	21.2305	0.0471	155.6196	0.0064	0.1364	7.3300
26	23.9905	0.0417	176.8501	0.0057	0.1357	7.3717
27	27.1093	0.0369	200.8406	0.0050	0.1350	7.4086
28	30.6335	0.0326	227.9499	0.0044	0.1344	7.4412
29	34.6158	0.0289	258.5834	0.0039	0.1339	7.4701
30	39.1159	0.0256	293.1992	0.0034	0.1334	7.4957
31	44.2010	0.0226	332.3151	0.0030	0.1330	7.5183
32	49.9471	0.0200	376.5161	0.0027	0.1327	7.5383
33	56.4402	0.0177	426.4632	0.0023	0.1323	7.5560
34	63.7774	0.0157	482.9034	0.0021	0.1321	7.5717
35	72.0685	0.0139	546.6808	0.0018	0.1318	7.5856
36	81.4374	0.0123	618.7493	0.0016	0.1316	7.5979
37	92.0243	0.0109	700.1867	0.0014	0.1314	7.6087
38	103.9874	0.0096	792.2110	0.0013	0.1313	7.6183
39	117.5058	0.0085	896.1984	0.0011	0.1311	7.6268
40	132.7816	0.0075	1013.7042	0.0010	0.1310	7.6344
41	150.0432	0.0067	1146.4858	0.0009	0.1309	7.6410
42	169.5488	0.0059	1296.5289	0.0008	0.1308	7.6469
43	191.5901	0.0052	1466.0777	0.0007	0.1307	7.6522
44	216.4968	0.0046	1657.6678	0.0006	0.1306	7.6568
45	244.6414	0.0041	1874.1646	0.0005	0.1305	7.6609

续表

年份	$(F/P,i,n)$	$(P/F,i,n)$	$(F/A,i,n)$	$(A/F,i,n)$	$(A/P,i,n)$	$(P/A,i,n)$
46	276.4448	0.0036	2118.8060	0.0005	0.1305	7.6645
47	312.3826	0.0032	2395.2508	0.0004	0.1304	7.6677
48	352.9923	0.0028	2707.6334	0.0004	0.1304	7.6705
49	398.8813	0.0025	3060.6258	0.0003	0.1303	7.6730
50	450.7359	0.0022	3459.5071	0.0003	0.1303	7.6752

复利系数表（$i=14\%$）

年份	$(F/P,i,n)$	$(P/F,i,n)$	$(F/A,i,n)$	$(A/F,i,n)$	$(A/P,i,n)$	$(P/A,i,n)$
1	1.1400	0.8772	1.0000	1.0000	1.1400	0.8772
2	1.2996	0.7695	2.1400	0.4673	0.6073	1.6467
3	1.4815	0.6750	3.4396	0.2907	0.4307	2.3216
4	1.6890	0.5921	4.9211	0.2032	0.3432	2.9137
5	1.9254	0.5194	6.6101	0.1513	0.2913	3.4331
6	2.1950	0.4556	8.5355	0.1172	0.2572	3.8887
7	2.5023	0.3996	10.7305	0.0932	0.2332	4.2883
8	2.8526	0.3506	13.2328	0.0756	0.2156	4.6389
9	3.2519	0.3075	16.0853	0.0622	0.2022	4.9464
10	3.7072	0.2697	19.3373	0.0517	0.1917	5.2161
11	4.2262	0.2366	23.0445	0.0434	0.1834	5.4527
12	4.8179	0.2076	27.2707	0.0367	0.1767	5.6603
13	5.4924	0.1821	32.0887	0.0312	0.1712	5.8424
14	6.2613	0.1597	37.5811	0.0266	0.1666	6.0021
15	7.1379	0.1401	43.8424	0.0228	0.1628	6.1422
16	8.1372	0.1229	50.9804	0.0196	0.1596	6.2651
17	9.2765	0.1078	59.1176	0.0169	0.1569	6.3729
18	10.5752	0.0946	68.3941	0.0146	0.1546	6.4674
19	12.0557	0.0829	78.9692	0.0127	0.1527	6.5504
20	13.7435	0.0728	91.0249	0.0110	0.1510	6.6231
21	15.6676	0.0638	104.7684	0.0095	0.1495	6.6870
22	17.8610	0.0560	120.4360	0.0083	0.1483	6.7429
23	20.3616	0.0491	138.2970	0.0072	0.1472	6.7921
24	23.2122	0.0431	158.6586	0.0063	0.1463	6.8351
25	26.4619	0.0378	181.8708	0.0055	0.1455	6.8729
26	30.1666	0.0331	208.3327	0.0048	0.1448	6.9061
27	34.3899	0.0291	238.4993	0.0042	0.1442	6.9352
28	39.2045	0.0255	272.8892	0.0037	0.1437	6.9607
29	44.6931	0.0224	312.0937	0.0032	0.1432	6.9830

续表

年份	$(F/P,i,n)$	$(P/F,i,n)$	$(F/A,i,n)$	$(A/F,i,n)$	$(A/P,i,n)$	$(P/A,i,n)$
30	50.9502	0.0196	356.7868	0.0028	0.1428	7.0027
31	58.0832	0.0172	407.7370	0.0025	0.1425	7.0199
32	66.2148	0.0151	465.8202	0.0021	0.1421	7.0350
33	75.4849	0.0132	532.0350	0.0019	0.1419	7.0482
34	86.0528	0.0116	607.5199	0.0016	0.1416	7.0599
35	98.1002	0.0102	693.5727	0.0014	0.1414	7.0700
36	111.8342	0.0089	791.6729	0.0013	0.1413	7.0790
37	127.4910	0.0078	903.5071	0.0011	0.1411	7.0868
38	145.3397	0.0069	1030.9981	0.0010	0.1410	7.0937
39	165.6873	0.0060	1176.3378	0.0009	0.1409	7.0997
40	188.8835	0.0053	1342.0251	0.0007	0.1407	7.1050
41	215.3272	0.0046	1530.9086	0.0007	0.1407	7.1097
42	245.4730	0.0041	1746.2358	0.0006	0.1406	7.1138
43	279.8392	0.0036	1991.7088	0.0005	0.1405	7.1173
44	319.0167	0.0031	2271.5481	0.0004	0.1404	7.1205
45	363.6791	0.0027	2590.5648	0.0004	0.1404	7.1232
46	414.5941	0.0024	2954.2439	0.0003	0.1403	7.1256
47	472.6373	0.0021	3368.8380	0.0003	0.1403	7.1277
48	538.8065	0.0019	3841.4753	0.0003	0.1403	7.1296
49	614.2395	0.0016	4380.2819	0.0002	0.1402	7.1312
50	700.2330	0.0014	4994.5213	0.0002	0.1402	7.1327

复利系数表（$i=15\%$）

年份	$(F/P,i,n)$	$(P/F,i,n)$	$(F/A,i,n)$	$(A/F,i,n)$	$(A/P,i,n)$	$(P/A,i,n)$
1	1.1500	0.8696	1.0000	1.0000	1.1500	0.8696
2	1.3225	0.7561	2.1500	0.4651	0.6151	1.6257
3	1.5209	0.6575	3.4725	0.2880	0.4380	2.2832
4	1.7490	0.5718	4.9934	0.2003	0.3503	2.8550
5	2.0114	0.4972	6.7424	0.1483	0.2983	3.3522
6	2.3131	0.4323	8.7537	0.1142	0.2642	3.7845
7	2.6600	0.3759	11.0668	0.0904	0.2404	4.1604
8	3.0590	0.3269	13.7268	0.0729	0.2229	4.4873
9	3.5179	0.2843	16.7858	0.0596	0.2096	4.7716
10	4.0456	0.2472	20.3037	0.0493	0.1993	5.0188
11	4.6524	0.2149	24.3493	0.0411	0.1911	5.2337
12	5.3503	0.1869	29.0017	0.0345	0.1845	5.4206
13	6.1528	0.1625	34.3519	0.0291	0.1791	5.5831

续表

年份	$(F/P,i,n)$	$(P/F,i,n)$	$(F/A,i,n)$	$(A/F,i,n)$	$(A/P,i,n)$	$(P/A,i,n)$
14	7.0757	0.1413	40.5047	0.0247	0.1747	5.7245
15	8.1371	0.1229	47.5804	0.0210	0.1710	5.8474
16	9.3576	0.1069	55.7175	0.0179	0.1679	5.9542
17	10.7613	0.0929	65.0751	0.0154	0.1654	6.0472
18	12.3755	0.0808	75.8364	0.0132	0.1632	6.1280
19	14.2318	0.0703	88.2118	0.0113	0.1613	6.1982
20	16.3665	0.0611	102.4436	0.0098	0.1598	6.2593
21	18.8215	0.0531	118.8101	0.0084	0.1584	6.3125
22	21.6447	0.0462	137.6316	0.0073	0.1573	6.3587
23	24.8915	0.0402	159.2764	0.0063	0.1563	6.3988
24	28.6252	0.0349	184.1678	0.0054	0.1554	6.4338
25	32.9190	0.0304	212.7930	0.0047	0.1547	6.4641
26	37.8568	0.0264	245.7120	0.0041	0.1541	6.4906
27	43.5353	0.0230	283.5688	0.0035	0.1535	6.5135
28	50.0656	0.0200	327.1041	0.0031	0.1531	6.5335
29	57.5755	0.0174	377.1697	0.0027	0.1527	6.5509
30	66.2118	0.0151	434.7451	0.0023	0.1523	6.5660
31	76.1435	0.0131	500.9569	0.0020	0.1520	6.5791
32	87.5651	0.0114	577.1005	0.0017	0.1517	6.5905
33	100.6998	0.0099	664.6655	0.0015	0.1515	6.6005
34	115.8048	0.0086	765.3654	0.0013	0.1513	6.6091
35	133.1755	0.0075	881.1702	0.0011	0.1511	6.6166
36	153.1519	0.0065	1014.3457	0.0010	0.1510	6.6231
37	176.1246	0.0057	1167.4975	0.0009	0.1509	6.6288
38	202.5433	0.0049	1343.6222	0.0007	0.1507	6.6338
39	232.9248	0.0043	1546.1655	0.0006	0.1506	6.6380
40	267.8635	0.0037	1779.0903	0.0006	0.1506	6.6418
41	308.0431	0.0032	2046.9539	0.0005	0.1505	6.6450
42	354.2495	0.0028	2354.9969	0.0004	0.1504	6.6478
43	407.3870	0.0025	2709.2465	0.0004	0.1504	6.6503
44	468.4950	0.0021	3116.6334	0.0003	0.1503	6.6524
45	538.7693	0.0019	3585.1285	0.0003	0.1503	6.6543
46	619.5847	0.0016	4123.8977	0.0002	0.1502	6.6559
47	712.5224	0.0014	4743.4824	0.0002	0.1502	6.6573
48	819.4007	0.0012	5456.0047	0.0002	0.1502	6.6585
49	942.3108	0.0011	6275.4055	0.0002	0.1502	6.6596
50	1083.6574	0.0009	7217.7163	0.0001	0.1501	6.6605

复利系数表（$i=16\%$）

年份	$(F/P,i,n)$	$(P/F,i,n)$	$(F/A,i,n)$	$(A/F,i,n)$	$(A/P,i,n)$	$(P/A,i,n)$
1	1.1600	0.8621	1.0000	1.0000	1.1600	0.8621
2	1.3456	0.7432	2.1600	0.4630	0.6230	1.6052
3	1.5609	0.6407	3.5056	0.2853	0.4453	2.2459
4	1.8106	0.5523	5.0665	0.1974	0.3574	2.7982
5	2.1003	0.4761	6.8771	0.1454	0.3054	3.2743
6	2.4364	0.4104	8.9775	0.1114	0.2714	3.6847
7	2.8262	0.3538	11.4139	0.0876	0.2476	4.0386
8	3.2784	0.3050	14.2401	0.0702	0.2302	4.3436
9	3.8030	0.2630	17.5185	0.0571	0.2171	4.6065
10	4.4114	0.2267	21.3215	0.0469	0.2069	4.8332
11	5.1173	0.1954	25.7329	0.0389	0.1989	5.0286
12	5.9360	0.1685	30.8502	0.0324	0.1924	5.1971
13	6.8858	0.1452	36.7862	0.0272	0.1872	5.3423
14	7.9875	0.1252	43.6720	0.0229	0.1829	5.4675
15	9.2655	0.1079	51.6595	0.0194	0.1794	5.5755
16	10.7480	0.0930	60.9250	0.0164	0.1764	5.6685
17	12.4677	0.0802	71.6730	0.0140	0.1740	5.7487
18	14.4625	0.0691	84.1407	0.0119	0.1719	5.8178
19	16.7765	0.0596	98.6032	0.0101	0.1701	5.8775
20	19.4608	0.0514	115.3797	0.0087	0.1687	5.9288
21	22.5745	0.0443	134.8405	0.0074	0.1674	5.9731
22	26.1864	0.0382	157.4150	0.0064	0.1664	6.0113
23	30.3762	0.0329	183.6014	0.0054	0.1654	6.0442
24	35.2364	0.0284	213.9776	0.0047	0.1647	6.0726
25	40.8742	0.0245	249.2140	0.0040	0.1640	6.0971
26	47.4141	0.0211	290.0883	0.0034	0.1634	6.1182
27	55.0004	0.0182	337.5024	0.0030	0.1630	6.1364
28	63.8004	0.0157	392.5028	0.0025	0.1625	6.1520
29	74.0085	0.0135	456.3032	0.0022	0.1622	6.1656
30	85.8499	0.0116	530.3117	0.0019	0.1619	6.1772
31	99.5859	0.0100	616.1616	0.0016	0.1616	6.1872
32	115.5196	0.0087	715.7475	0.0014	0.1614	6.1959
33	134.0027	0.0075	831.2671	0.0012	0.1612	6.2034
34	155.4432	0.0064	965.2698	0.0010	0.1610	6.2098
35	180.3141	0.0055	1120.7130	0.0009	0.1609	6.2153
36	209.1643	0.0048	1301.0270	0.0008	0.1608	6.2201
37	242.6306	0.0041	1510.1914	0.0007	0.1607	6.2242

续表

年份	$(F/P,i,n)$	$(P/F,i,n)$	$(F/A,i,n)$	$(A/F,i,n)$	$(A/P,i,n)$	$(P/A,i,n)$
38	281.4515	0.0036	1752.8220	0.0006	0.1606	6.2278
39	326.4838	0.0031	2034.2735	0.0005	0.1605	6.2309
40	378.7212	0.0026	2360.7572	0.0004	0.1604	6.2335
41	439.3165	0.0023	2739.4784	0.0004	0.1604	6.2358
42	509.6072	0.0020	3178.7949	0.0003	0.1603	6.2377
43	591.1443	0.0017	3688.4021	0.0003	0.1603	6.2394
44	685.7274	0.0015	4279.5465	0.0002	0.1602	6.2409
45	795.4438	0.0013	4965.2739	0.0002	0.1602	6.2421
46	922.7148	0.0011	5760.7177	0.0002	0.1602	6.2432
47	1070.3492	0.0009	6683.4326	0.0001	0.1601	6.2442
48	1241.6051	0.0008	7753.7818	0.0001	0.1601	6.2450
49	1440.2619	0.0007	8995.3869	0.0001	0.1601	6.2457
50	1670.7038	0.0006	10435.6488	0.0001	0.1601	6.2463

复利系数表（$i=17\%$）

年份	$(F/P,i,n)$	$(P/F,i,n)$	$(F/A,i,n)$	$(A/F,i,n)$	$(A/P,i,n)$	$(P/A,i,n)$
1	1.1700	0.8547	1.0000	1.0000	1.1700	0.8547
2	1.3689	0.7305	2.1700	0.4608	0.6308	1.5852
3	1.6016	0.6244	3.5389	0.2826	0.4526	2.2096
4	1.8739	0.5337	5.1405	0.1945	0.3645	2.7432
5	2.1924	0.4561	7.0144	0.1426	0.3126	3.1993
6	2.5652	0.3898	9.2068	0.1086	0.2786	3.5892
7	3.0012	0.3332	11.7720	0.0849	0.2549	3.9224
8	3.5115	0.2848	14.7733	0.0677	0.2377	4.2072
9	4.1084	0.2434	18.2847	0.0547	0.2247	4.4506
10	4.8068	0.2080	22.3931	0.0447	0.2147	4.6586
11	5.6240	0.1778	27.1999	0.0368	0.2068	4.8364
12	6.5801	0.1520	32.8239	0.0305	0.2005	4.9884
13	7.6987	0.1299	39.4040	0.0254	0.1954	5.1183
14	9.0075	0.1110	47.1027	0.0212	0.1912	5.2293
15	10.5387	0.0949	56.1101	0.0178	0.1878	5.3242
16	12.3303	0.0811	66.6488	0.0150	0.1850	5.4053
17	14.4265	0.0693	78.9792	0.0127	0.1827	5.4746
18	16.8790	0.0592	93.4056	0.0107	0.1807	5.5339
19	19.7484	0.0506	110.2846	0.0091	0.1791	5.5845
20	23.1056	0.0433	130.0329	0.0077	0.1777	5.6278
21	27.0336	0.0370	153.1385	0.0065	0.1765	5.6648

续表

年份	$(F/P,i,n)$	$(P/F,i,n)$	$(F/A,i,n)$	$(A/F,i,n)$	$(A/P,i,n)$	$(P/A,i,n)$
22	31.6293	0.0316	180.1721	0.0056	0.1756	5.6964
23	37.0062	0.0270	211.8013	0.0047	0.1747	5.7234
24	43.2973	0.0231	248.8076	0.0040	0.1740	5.7465
25	50.6578	0.0197	292.1049	0.0034	0.1734	5.7662
26	59.2697	0.0169	342.7627	0.0029	0.1729	5.7831
27	69.3455	0.0144	402.0323	0.0025	0.1725	5.7975
28	81.1342	0.0123	471.3778	0.0021	0.1721	5.8099
29	94.9271	0.0105	552.5121	0.0018	0.1718	5.8204
30	111.0647	0.0090	647.4391	0.0015	0.1715	5.8294
31	129.9456	0.0077	758.5038	0.0013	0.1713	5.8371
32	152.0364	0.0066	888.4494	0.0011	0.1711	5.8437
33	177.8826	0.0056	1040.4858	0.0010	0.1710	5.8493
34	208.1226	0.0048	1218.3684	0.0008	0.1708	5.8541
35	243.5035	0.0041	1426.4910	0.0007	0.1707	5.8582
36	284.8991	0.0035	1669.9945	0.0006	0.1706	5.8617
37	333.3319	0.0030	1954.8936	0.0005	0.1705	5.8647
38	389.9983	0.0026	2288.2255	0.0004	0.1704	5.8673
39	456.2980	0.0022	2678.2238	0.0004	0.1704	5.8695
40	533.8687	0.0019	3134.5218	0.0003	0.1703	5.8713
41	624.6264	0.0016	3668.3906	0.0003	0.1703	5.8729
42	730.8129	0.0014	4293.0169	0.0002	0.1702	5.8743
43	855.0511	0.0012	5023.8298	0.0002	0.1702	5.8755
44	1000.4098	0.0010	5878.8809	0.0002	0.1702	5.8765
45	1170.4794	0.0009	6879.2907	0.0001	0.1701	5.8773
46	1369.4609	0.0007	8049.7701	0.0001	0.1701	5.8781
47	1602.2693	0.0006	9419.2310	0.0001	0.1701	5.8787
48	1874.6550	0.0005	11021.5002	0.0001	0.1701	5.8792
49	2193.3464	0.0005	12896.1553	0.0001	0.1701	5.8797
50	2566.2153	0.0004	15089.5017	0.0001	0.1701	5.8801

复利系数表（$i=18\%$）

年份	$(F/P,i,n)$	$(P/F,i,n)$	$(F/A,i,n)$	$(A/F,i,n)$	$(A/P,i,n)$	$(P/A,i,n)$
1	1.1800	0.8475	1.0000	1.0000	1.1800	0.8475
2	1.3924	0.7182	2.1800	0.4587	0.6387	1.5656
3	1.6430	0.6086	3.5724	0.2799	0.4599	2.1743
4	1.9388	0.5158	5.2154	0.1917	0.3717	2.6901
5	2.2878	0.4371	7.1542	0.1398	0.3198	3.1272

续表

年份	$(F/P,i,n)$	$(P/F,i,n)$	$(F/A,i,n)$	$(A/F,i,n)$	$(A/P,i,n)$	$(P/A,i,n)$
6	2.6996	0.3704	9.4420	0.1059	0.2859	3.4976
7	3.1855	0.3139	12.1415	0.0824	0.2624	3.8115
8	3.7589	0.2660	15.3270	0.0652	0.2452	4.0776
9	4.4355	0.2255	19.0859	0.0524	0.2324	4.3030
10	5.2338	0.1911	23.5213	0.0425	0.2225	4.4941
11	6.1759	0.1619	28.7551	0.0348	0.2148	4.6560
12	7.2876	0.1372	34.9311	0.0286	0.2086	4.7932
13	8.5994	0.1163	42.2187	0.0237	0.2037	4.9095
14	10.1472	0.0985	50.8180	0.0197	0.1997	5.0081
15	11.9737	0.0835	60.9653	0.0164	0.1964	5.0916
16	14.1290	0.0708	72.9390	0.0137	0.1937	5.1624
17	16.6722	0.0600	87.0680	0.0115	0.1915	5.2223
18	19.6733	0.0508	103.7403	0.0096	0.1896	5.2732
19	23.2144	0.0431	123.4135	0.0081	0.1881	5.3162
20	27.3930	0.0365	146.6280	0.0068	0.1868	5.3527
21	32.3238	0.0309	174.0210	0.0057	0.1857	5.3837
22	38.1421	0.0262	206.3448	0.0048	0.1848	5.4099
23	45.0076	0.0222	244.4868	0.0041	0.1841	5.4321
24	53.1090	0.0188	289.4945	0.0035	0.1835	5.4509
25	62.6686	0.0160	342.6035	0.0029	0.1829	5.4669
26	73.9490	0.0135	405.2721	0.0025	0.1825	5.4804
27	87.2598	0.0115	479.2211	0.0021	0.1821	5.4919
28	102.9666	0.0097	566.4809	0.0018	0.1818	5.5016
29	121.5005	0.0082	669.4475	0.0015	0.1815	5.5098
30	143.3706	0.0070	790.9480	0.0013	0.1813	5.5168
31	169.1774	0.0059	934.3186	0.0011	0.1811	5.5227
32	199.6293	0.0050	1103.4960	0.0009	0.1809	5.5277
33	235.5625	0.0042	1303.1253	0.0008	0.1808	5.5320
34	277.9638	0.0036	1538.6878	0.0006	0.1806	5.5356
35	327.9973	0.0030	1816.6516	0.0006	0.1806	5.5386
36	387.0368	0.0026	2144.6489	0.0005	0.1805	5.5412
37	456.7034	0.0022	2531.6857	0.0004	0.1804	5.5434
38	538.9100	0.0019	2988.3891	0.0003	0.1803	5.5452
39	635.9139	0.0016	3527.2992	0.0003	0.1803	5.5468
40	750.3783	0.0013	4163.2130	0.0002	0.1802	5.5482

续表

年份	$(F/P,i,n)$	$(P/F,i,n)$	$(F/A,i,n)$	$(A/F,i,n)$	$(A/P,i,n)$	$(P/A,i,n)$
41	885.4464	0.0011	4913.5914	0.0002	0.1802	5.5493
42	1044.8268	0.0010	5799.0378	0.0002	0.1802	5.5502
43	1232.8956	0.0008	6843.8646	0.0001	0.1801	5.5510
44	1454.8168	0.0007	8076.7603	0.0001	0.1801	5.5517
45	1716.6839	0.0006	9531.5771	0.0001	0.1801	5.5523
46	2025.6870	0.0005	11248.2610	0.0001	0.1801	5.5528
47	2390.3106	0.0004	13273.9480	0.0001	0.1801	5.5532
48	2820.5665	0.0004	15664.2586	0.0001	0.1801	5.5536
49	3328.2685	0.0003	18484.8251	0.0001	0.1801	5.5539
50	3927.3569	0.0003	21813.0937	0.0000	0.1800	5.5541

复利系数表（$i=19\%$）

年份	$(F/P,i,n)$	$(P/F,i,n)$	$(F/A,i,n)$	$(A/F,i,n)$	$(A/P,i,n)$	$(P/A,i,n)$
1	1.1900	0.8403	1.0000	1.0000	1.1900	0.8403
2	1.4161	0.7062	2.1900	0.4566	0.6466	1.5465
3	1.6852	0.5934	3.6061	0.2773	0.4673	2.1399
4	2.0053	0.4987	5.2913	0.1890	0.3790	2.6386
5	2.3864	0.4190	7.2966	0.1371	0.3271	3.0576
6	2.8398	0.3521	9.6830	0.1033	0.2933	3.4098
7	3.3793	0.2959	12.5227	0.0799	0.2699	3.7057
8	4.0214	0.2487	15.9020	0.0629	0.2529	3.9544
9	4.7854	0.2090	19.9234	0.0502	0.2402	4.1633
10	5.6947	0.1756	24.7089	0.0405	0.2305	4.3389
11	6.7767	0.1476	30.4035	0.0329	0.2229	4.4865
12	8.0642	0.1240	37.1802	0.0269	0.2169	4.6105
13	9.5964	0.1042	45.2445	0.0221	0.2121	4.7147
14	11.4198	0.0876	54.8409	0.0182	0.2082	4.8023
15	13.5895	0.0736	66.2607	0.0151	0.2051	4.8759
16	16.1715	0.0618	79.8502	0.0125	0.2025	4.9377
17	19.2441	0.0520	96.0218	0.0104	0.2004	4.9897
18	22.9005	0.0437	115.2659	0.0087	0.1987	5.0333
19	27.2516	0.0367	138.1664	0.0072	0.1972	5.0700
20	32.4294	0.0308	165.4180	0.0060	0.1960	5.1009
21	38.5910	0.0259	197.8474	0.0051	0.1951	5.1268
22	45.9233	0.0218	236.4385	0.0042	0.1942	5.1486
23	54.6487	0.0183	282.3618	0.0035	0.1935	5.1668
24	65.0320	0.0154	337.0105	0.0030	0.1930	5.1822

续表

年份	$(F/P,i,n)$	$(P/F,i,n)$	$(F/A,i,n)$	$(A/F,i,n)$	$(A/P,i,n)$	$(P/A,i,n)$
25	77.3881	0.0129	402.0425	0.0025	0.1925	5.1951
26	92.0918	0.0109	479.4306	0.0021	0.1921	5.2060
27	109.5893	0.0091	571.5224	0.0017	0.1917	5.2151
28	130.4112	0.0077	681.1116	0.0015	0.1915	5.2228
29	155.1893	0.0064	811.5228	0.0012	0.1912	5.2292
30	184.6753	0.0054	966.7122	0.0010	0.1910	5.2347
31	219.7636	0.0046	1151.3875	0.0009	0.1909	5.2392
32	261.5187	0.0038	1371.1511	0.0007	0.1907	5.2430
33	311.2073	0.0032	1632.6698	0.0006	0.1906	5.2462
34	370.3366	0.0027	1943.8771	0.0005	0.1905	5.2489
35	440.7006	0.0023	2314.2137	0.0004	0.1904	5.2512
36	524.4337	0.0019	2754.9143	0.0004	0.1904	5.2531
37	624.0761	0.0016	3279.3481	0.0003	0.1903	5.2547
38	742.6506	0.0013	3903.4242	0.0003	0.1903	5.2561
39	883.7542	0.0011	4646.0748	0.0002	0.1902	5.2572
40	1051.6675	0.0010	5529.8290	0.0002	0.1902	5.2582
41	1251.4843	0.0008	6581.4965	0.0002	0.1902	5.2590
42	1489.2664	0.0007	7832.9808	0.0001	0.1901	5.2596
43	1772.2270	0.0006	9322.2472	0.0001	0.1901	5.2602
44	2108.9501	0.0005	11094.4741	0.0001	0.1901	5.2607
45	2509.6506	0.0004	13203.4242	0.0001	0.1901	5.2611
46	2986.4842	0.0003	15713.0748	0.0001	0.1901	5.2614
47	3553.9162	0.0003	18699.5590	0.0001	0.1901	5.2617
48	4229.1603	0.0002	22253.4753	0.0000	0.1900	5.2619
49	5032.7008	0.0002	26482.6356	0.0000	0.1900	5.2621
50	5988.9139	0.0002	31515.3363	0.0000	0.1900	5.2623

复利系数表（$i=20\%$）

年份	$(F/P,i,n)$	$(P/F,i,n)$	$(F/A,i,n)$	$(A/F,i,n)$	$(A/P,i,n)$	$(P/A,i,n)$
1	1.2000	0.8333	1.0000	1.0000	1.2000	0.8333
2	1.4400	0.6944	2.2000	0.4545	0.6545	1.5278
3	1.7280	0.5787	3.6400	0.2747	0.4747	2.1065
4	2.0736	0.4823	5.3680	0.1863	0.3863	2.5887
5	2.4883	0.4019	7.4416	0.1344	0.3344	2.9906
6	2.9860	0.3349	9.9299	0.1007	0.3007	3.3255
7	3.5832	0.2791	12.9159	0.0774	0.2774	3.6046
8	4.2998	0.2326	16.4991	0.0606	0.2606	3.8372

续表

年份	$(F/P,i,n)$	$(P/F,i,n)$	$(F/A,i,n)$	$(A/F,i,n)$	$(A/P,i,n)$	$(P/A,i,n)$
9	5.1598	0.1938	20.7989	0.0481	0.2481	4.0310
10	6.1917	0.1615	25.9587	0.0385	0.2385	4.1925
11	7.4301	0.1346	32.1504	0.0311	0.2311	4.3271
12	8.9161	0.1122	39.5805	0.0253	0.2253	4.4392
13	10.6993	0.0935	48.4966	0.0206	0.2206	4.5327
14	12.8392	0.0779	59.1959	0.0169	0.2169	4.6106
15	15.4070	0.0649	72.0351	0.0139	0.2139	4.6755
16	18.4884	0.0541	87.4421	0.0114	0.2114	4.7296
17	22.1861	0.0451	105.9306	0.0094	0.2094	4.7746
18	26.6233	0.0376	128.1167	0.0078	0.2078	4.8122
19	31.9480	0.0313	154.7400	0.0065	0.2065	4.8435
20	38.3376	0.0261	186.6880	0.0054	0.2054	4.8696
21	46.0051	0.0217	225.0256	0.0044	0.2044	4.8913
22	55.2061	0.0181	271.0307	0.0037	0.2037	4.9094
23	66.2474	0.0151	326.2369	0.0031	0.2031	4.9245
24	79.4968	0.0126	392.4842	0.0025	0.2025	4.9371
25	95.3962	0.0105	471.9811	0.0021	0.2021	4.9476
26	114.4755	0.0087	567.3773	0.0018	0.2018	4.9563
27	137.3706	0.0073	681.8528	0.0015	0.2015	4.9636
28	164.8447	0.0061	819.2233	0.0012	0.2012	4.9697
29	197.8136	0.0051	984.0680	0.0010	0.2010	4.9747
30	237.3763	0.0042	1181.8816	0.0008	0.2008	4.9789
31	284.8516	0.0035	1419.2579	0.0007	0.2007	4.9824
32	341.8219	0.0029	1704.1095	0.0006	0.2006	4.9854
33	410.1863	0.0024	2045.9314	0.0005	0.2005	4.9878
34	492.2235	0.0020	2456.1176	0.0004	0.2004	4.9898
35	590.6682	0.0017	2948.3411	0.0003	0.2003	4.9915
36	708.8019	0.0014	3539.0094	0.0003	0.2003	4.9929
37	850.5622	0.0012	4247.8112	0.0002	0.2002	4.9941
38	1020.6747	0.0010	5098.3735	0.0002	0.2002	4.9951
39	1224.8096	0.0008	6119.0482	0.0002	0.2002	4.9959
40	1469.7716	0.0007	7343.8578	0.0001	0.2001	4.9966
41	1763.7259	0.0006	8813.6294	0.0001	0.2001	4.9972
42	2116.4711	0.0005	10577.3553	0.0001	0.2001	4.9976
43	2539.7653	0.0004	12693.8263	0.0001	0.2001	4.9980
44	3047.7183	0.0003	15233.5916	0.0001	0.2001	4.9984
45	3657.2620	0.0003	18281.3099	0.0001	0.2001	4.9986

续表

年份	$(F/P,i,n)$	$(P/F,i,n)$	$(F/A,i,n)$	$(A/F,i,n)$	$(A/P,i,n)$	$(P/A,i,n)$
46	4388.7144	0.0002	21938.5719	0.0000	0.2000	4.9989
47	5266.4573	0.0002	26327.2863	0.0000	0.2000	4.9991
48	6319.7487	0.0002	31593.7436	0.0000	0.2000	4.9992
49	7583.6985	0.0001	37913.4923	0.0000	0.2000	4.9993
50	9100.4382	0.0001	45497.1908	0.0000	0.2000	4.9995

复利系数表（$i=21\%$）

年份	$(F/P,i,n)$	$(P/F,i,n)$	$(F/A,i,n)$	$(A/F,i,n)$	$(A/P,i,n)$	$(P/A,i,n)$
1	1.2100	0.8264	1.0000	1.0000	1.2100	0.8264
2	1.4641	0.6830	2.2100	0.4525	0.6625	1.5095
3	1.7716	0.5645	3.6741	0.2722	0.4822	2.0739
4	2.1436	0.4665	5.4457	0.1836	0.3936	2.5404
5	2.5937	0.3855	7.5892	0.1318	0.3418	2.9260
6	3.1384	0.3186	10.1830	0.0982	0.3082	3.2446
7	3.7975	0.2633	13.3214	0.0751	0.2851	3.5079
8	4.5950	0.2176	17.1189	0.0584	0.2684	3.7256
9	5.5599	0.1799	21.7139	0.0461	0.2561	3.9054
10	6.7275	0.1486	27.2738	0.0367	0.2467	4.0541
11	8.1403	0.1228	34.0013	0.0294	0.2394	4.1769
12	9.8497	0.1015	42.1416	0.0237	0.2337	4.2784
13	11.9182	0.0839	51.9913	0.0192	0.2292	4.3624
14	14.4210	0.0693	63.9095	0.0156	0.2256	4.4317
15	17.4494	0.0573	78.3305	0.0128	0.2228	4.4890
16	21.1138	0.0474	95.7799	0.0104	0.2204	4.5364
17	25.5477	0.0391	116.8937	0.0086	0.2186	4.5755
18	30.9127	0.0323	142.4413	0.0070	0.2170	4.6079
19	37.4043	0.0267	173.3540	0.0058	0.2158	4.6346
20	45.2593	0.0221	210.7584	0.0047	0.2147	4.6567
21	54.7637	0.0183	256.0176	0.0039	0.2139	4.6750
22	66.2641	0.0151	310.7813	0.0032	0.2132	4.6900
23	80.1795	0.0125	377.0454	0.0027	0.2127	4.7025
24	97.0172	0.0103	457.2249	0.0022	0.2122	4.7128
25	117.3909	0.0085	554.2422	0.0018	0.2118	4.7213
26	142.0429	0.0070	671.6330	0.0015	0.2115	4.7284
27	171.8719	0.0058	813.6759	0.0012	0.2112	4.7342
28	207.9651	0.0048	985.5479	0.0010	0.2110	4.7390
29	251.6377	0.0040	1193.5129	0.0008	0.2108	4.7430

年份	$(F/P,i,n)$	$(P/F,i,n)$	$(F/A,i,n)$	$(A/F,i,n)$	$(A/P,i,n)$	$(P/A,i,n)$
30	304.4816	0.0033	1445.1507	0.0007	0.2107	4.7463
31	368.4228	0.0027	1749.6323	0.0006	0.2106	4.7490
32	445.7916	0.0022	2118.0551	0.0005	0.2105	4.7512
33	539.4078	0.0019	2563.8467	0.0004	0.2104	4.7531
34	652.6834	0.0015	3103.2545	0.0003	0.2103	4.7546
35	789.7470	0.0013	3755.9379	0.0003	0.2103	4.7559
36	955.5938	0.0010	4545.6848	0.0002	0.2102	4.7569
37	1156.2685	0.0009	5501.2787	0.0002	0.2102	4.7578
38	1399.0849	0.0007	6657.5472	0.0002	0.2102	4.7585
39	1692.8927	0.0006	8056.6321	0.0001	0.2101	4.7591
40	2048.4002	0.0005	9749.5248	0.0001	0.2101	4.7596
41	2478.5643	0.0004	11797.9250	0.0001	0.2101	4.7600
42	2999.0628	0.0003	14276.4893	0.0001	0.2101	4.7603
43	3628.8659	0.0003	17275.5521	0.0001	0.2101	4.7606
44	4390.9278	0.0002	20904.4180	0.0000	0.2100	4.7608
45	5313.0226	0.0002	25295.3458	0.0000	0.2100	4.7610
46	6428.7574	0.0002	30608.3684	0.0000	0.2100	4.7612
47	7778.7964	0.0001	37037.1257	0.0000	0.2100	4.7613
48	9412.3437	0.0001	44815.9221	0.0000	0.2100	4.7614
49	11388.9358	0.0001	54228.2658	0.0000	0.2100	4.7615
50	13780.6123	0.0001	65617.2016	0.0000	0.2100	4.7616

复利系数表（$i=22\%$）

年份	$(F/P,i,n)$	$(P/F,i,n)$	$(F/A,i,n)$	$(A/F,i,n)$	$(A/P,i,n)$	$(P/A,i,n)$
1	1.2200	0.8197	1.0000	1.0000	1.2200	0.8197
2	1.4884	0.6719	2.2200	0.4505	0.6705	1.4915
3	1.8158	0.5507	3.7084	0.2697	0.4897	2.0422
4	2.2153	0.4514	5.5242	0.1810	0.4010	2.4936
5	2.7027	0.3700	7.7396	0.1292	0.3492	2.8636
6	3.2973	0.3033	10.4423	0.0958	0.3158	3.1669
7	4.0227	0.2486	13.7396	0.0728	0.2928	3.4155
8	4.9077	0.2038	17.7623	0.0563	0.2763	3.6193
9	5.9874	0.1670	22.6700	0.0441	0.2641	3.7863
10	7.3046	0.1369	28.6574	0.0349	0.2549	3.9232
11	8.9117	0.1122	35.9620	0.0278	0.2478	4.0354
12	10.8722	0.0920	44.8737	0.0223	0.2423	4.1274
13	13.2641	0.0754	55.7459	0.0179	0.2379	4.2028

续表

年份	$(F/P,i,n)$	$(P/F,i,n)$	$(F/A,i,n)$	$(A/F,i,n)$	$(A/P,i,n)$	$(P/A,i,n)$
14	16.1822	0.0618	69.0100	0.0145	0.2345	4.2646
15	19.7423	0.0507	85.1922	0.0117	0.2317	4.3152
16	24.0856	0.0415	104.9345	0.0095	0.2295	4.3567
17	29.3844	0.0340	129.0201	0.0078	0.2278	4.3908
18	35.8490	0.0279	158.4045	0.0063	0.2263	4.4187
19	43.7358	0.0229	194.2535	0.0051	0.2251	4.4415
20	53.3576	0.0187	237.9893	0.0042	0.2242	4.4603
21	65.0963	0.0154	291.3469	0.0034	0.2234	4.4756
22	79.4175	0.0126	356.4432	0.0028	0.2228	4.4882
23	96.8894	0.0103	435.8607	0.0023	0.2223	4.4985
24	118.2050	0.0085	532.7501	0.0019	0.2219	4.5070
25	144.2101	0.0069	650.9551	0.0015	0.2215	4.5139
26	175.9364	0.0057	795.1653	0.0013	0.2213	4.5196
27	214.6424	0.0047	971.1016	0.0010	0.2210	4.5243
28	261.8637	0.0038	1185.7440	0.0008	0.2208	4.5281
29	319.4737	0.0031	1447.6077	0.0007	0.2207	4.5312
30	389.7579	0.0026	1767.0813	0.0006	0.2206	4.5338
31	475.5046	0.0021	2156.8392	0.0005	0.2205	4.5359
32	580.1156	0.0017	2632.3439	0.0004	0.2204	4.5376
33	707.7411	0.0014	3212.4595	0.0003	0.2203	4.5390
34	863.4441	0.0012	3920.2006	0.0003	0.2203	4.5402
35	1053.4018	0.0009	4783.6447	0.0002	0.2202	4.5411
36	1285.1502	0.0008	5837.0466	0.0002	0.2202	4.5419
37	1567.8833	0.0006	7122.1968	0.0001	0.2201	4.5426
38	1912.8176	0.0005	8690.0801	0.0001	0.2201	4.5431
39	2333.6375	0.0004	10602.8978	0.0001	0.2201	4.5435
40	2847.0378	0.0004	12936.5353	0.0001	0.2201	4.5439
41	3473.3861	0.0003	15783.5730	0.0001	0.2201	4.5441
42	4237.5310	0.0002	19256.9591	0.0001	0.2201	4.5444
43	5169.7878	0.0002	23494.4901	0.0000	0.2200	4.5446
44	6307.1411	0.0002	28664.2779	0.0000	0.2200	4.5447
45	7694.7122	0.0001	34971.4191	0.0000	0.2200	4.5449
46	9387.5489	0.0001	42666.1312	0.0000	0.2200	4.5450
47	11452.8096	0.0001	52053.6801	0.0000	0.2200	4.5451
48	13972.4277	0.0001	63506.4897	0.0000	0.2200	4.5451
49	17046.3618	0.0001	77478.9175	0.0000	0.2200	4.5452
50	20796.5615	0.0000	94525.2793	0.0000	0.2200	4.5452

复利系数表（$i=23\%$）

年份	$(F/P,i,n)$	$(P/F,i,n)$	$(F/A,i,n)$	$(A/F,i,n)$	$(A/P,i,n)$	$(P/A,i,n)$
1	1.2300	0.8130	1.0000	1.0000	1.2300	0.8130
2	1.5129	0.6610	2.2300	0.4484	0.6784	1.4740
3	1.8609	0.5374	3.7429	0.2672	0.4972	2.0114
4	2.2889	0.4369	5.6038	0.1785	0.4085	2.4483
5	2.8153	0.3552	7.8926	0.1267	0.3567	2.8035
6	3.4628	0.2888	10.7079	0.0934	0.3234	3.0923
7	4.2593	0.2348	14.1708	0.0706	0.3006	3.3270
8	5.2389	0.1909	18.4300	0.0543	0.2843	3.5179
9	6.4439	0.1552	23.6690	0.0422	0.2722	3.6731
10	7.9259	0.1262	30.1128	0.0332	0.2632	3.7993
11	9.7489	0.1026	38.0388	0.0263	0.2563	3.9018
12	11.9912	0.0834	47.7877	0.0209	0.2509	3.9852
13	14.7491	0.0678	59.7788	0.0167	0.2467	4.0530
14	18.1414	0.0551	74.5280	0.0134	0.2434	4.1082
15	22.3140	0.0448	92.6694	0.0108	0.2408	4.1530
16	27.4462	0.0364	114.9834	0.0087	0.2387	4.1894
17	33.7588	0.0296	142.4295	0.0070	0.2370	4.2190
18	41.5233	0.0241	176.1883	0.0057	0.2357	4.2431
19	51.0737	0.0196	217.7116	0.0046	0.2346	4.2627
20	62.8206	0.0159	268.7853	0.0037	0.2337	4.2786
21	77.2694	0.0129	331.6059	0.0030	0.2330	4.2916
22	95.0413	0.0105	408.8753	0.0024	0.2324	4.3021
23	116.9008	0.0086	503.9166	0.0020	0.2320	4.3106
24	143.7880	0.0070	620.8174	0.0016	0.2316	4.3176
25	176.8593	0.0057	764.6054	0.0013	0.2313	4.3232
26	217.5369	0.0046	941.4647	0.0011	0.2311	4.3278
27	267.5704	0.0037	1159.0016	0.0009	0.2309	4.3316
28	329.1115	0.0030	1426.5719	0.0007	0.2307	4.3346
29	404.8072	0.0025	1755.6835	0.0006	0.2306	4.3371
30	497.9129	0.0020	2160.4907	0.0005	0.2305	4.3391
31	612.4328	0.0016	2658.4036	0.0004	0.2304	4.3407
32	753.2924	0.0013	3270.8364	0.0003	0.2303	4.3421
33	926.5496	0.0011	4024.1287	0.0002	0.2302	4.3431
34	1139.6560	0.0009	4950.6783	0.0002	0.2302	4.3440
35	1401.7769	0.0007	6090.3344	0.0002	0.2302	4.3447
36	1724.1856	0.0006	7492.1113	0.0001	0.2301	4.3453
37	2120.7483	0.0005	9216.2969	0.0001	0.2301	4.3458

续表

年份	$(F/P,i,n)$	$(P/F,i,n)$	$(F/A,i,n)$	$(A/F,i,n)$	$(A/P,i,n)$	$(P/A,i,n)$
38	2608.5204	0.0004	11337.0451	0.0001	0.2301	4.3462
39	3208.4801	0.0003	13945.5655	0.0001	0.2301	4.3465
40	3946.4305	0.0003	17154.0456	0.0001	0.2301	4.3467
41	4854.1095	0.0002	21100.4761	0.0000	0.2300	4.3469
42	5970.5547	0.0002	25954.5856	0.0000	0.2300	4.3471
43	7343.7823	0.0001	31925.1403	0.0000	0.2300	4.3472
44	9032.8522	0.0001	39268.9225	0.0000	0.2300	4.3473
45	11110.4082	0.0001	48301.7747	0.0000	0.2300	4.3474
46	13665.8021	0.0001	59412.1829	0.0000	0.2300	4.3475
47	16808.9365	0.0001	73077.9850	0.0000	0.2300	4.3476
48	20674.9919	0.0000	89886.9215	0.0000	0.2300	4.3476
49	25430.2401	0.0000	110561.9135	0.0000	0.2300	4.3477
50	31279.1953	0.0000	135992.1536	0.0000	0.2300	4.3477

复利系数表（$i=24\%$）

年份	$(F/P,i,n)$	$(P/F,i,n)$	$(F/A,i,n)$	$(A/F,i,n)$	$(A/P,i,n)$	$(P/A,i,n)$
1	1.2400	0.8065	1.0000	1.0000	1.2400	0.8065
2	1.5376	0.6504	2.2400	0.4464	0.6864	1.4568
3	1.9066	0.5245	3.7776	0.2647	0.5047	1.9813
4	2.3642	0.4230	5.6842	0.1759	0.4159	2.4043
5	2.9316	0.3411	8.0484	0.1242	0.3642	2.7454
6	3.6352	0.2751	10.9801	0.0911	0.3311	3.0205
7	4.5077	0.2218	14.6153	0.0684	0.3084	3.2423
8	5.5895	0.1789	19.1229	0.0523	0.2923	3.4212
9	6.9310	0.1443	24.7125	0.0405	0.2805	3.5655
10	8.5944	0.1164	31.6434	0.0316	0.2716	3.6819
11	10.6571	0.0938	40.2379	0.0249	0.2649	3.7757
12	13.2148	0.0757	50.8950	0.0196	0.2596	3.8514
13	16.3863	0.0610	64.1097	0.0156	0.2556	3.9124
14	20.3191	0.0492	80.4961	0.0124	0.2524	3.9616
15	25.1956	0.0397	100.8151	0.0099	0.2499	4.0013
16	31.2426	0.0320	126.0108	0.0079	0.2479	4.0333
17	38.7408	0.0258	157.2534	0.0064	0.2464	4.0591
18	48.0386	0.0208	195.9942	0.0051	0.2451	4.0799
19	59.5679	0.0168	244.0328	0.0041	0.2441	4.0967
20	73.8641	0.0135	303.6006	0.0033	0.2433	4.1103
21	91.5915	0.0109	377.4648	0.0026	0.2426	4.1212

续表

年份	$(F/P,i,n)$	$(P/F,i,n)$	$(F/A,i,n)$	$(A/F,i,n)$	$(A/P,i,n)$	$(P/A,i,n)$
22	113.5735	0.0088	469.0563	0.0021	0.2421	4.1300
23	140.8312	0.0071	582.6298	0.0017	0.2417	4.1371
24	174.6306	0.0057	723.4610	0.0014	0.2414	4.1428
25	216.5420	0.0046	898.0916	0.0011	0.2411	4.1474
26	268.5121	0.0037	1114.6336	0.0009	0.2409	4.1511
27	332.9550	0.0030	1383.1457	0.0007	0.2407	4.1542
28	412.8642	0.0024	1716.1007	0.0006	0.2406	4.1566
29	511.9516	0.0020	2128.9648	0.0005	0.2405	4.1585
30	634.8199	0.0016	2640.9164	0.0004	0.2404	4.1601
31	787.1767	0.0013	3275.7363	0.0003	0.2403	4.1614
32	976.0991	0.0010	4062.9130	0.0002	0.2402	4.1624
33	1210.3629	0.0008	5039.0122	0.0002	0.2402	4.1632
34	1500.8500	0.0007	6249.3751	0.0002	0.2402	4.1639
35	1861.0540	0.0005	7750.2251	0.0001	0.2401	4.1644
36	2307.7070	0.0004	9611.2791	0.0001	0.2401	4.1649
37	2861.5567	0.0003	11918.9861	0.0001	0.2401	4.1652
38	3548.3303	0.0003	14780.5428	0.0001	0.2401	4.1655
39	4399.9295	0.0002	18328.8731	0.0001	0.2401	4.1657
40	5455.9126	0.0002	22728.8026	0.0000	0.2400	4.1659
41	6765.3317	0.0001	28184.7152	0.0000	0.2400	4.1661
42	8389.0113	0.0001	34950.0469	0.0000	0.2400	4.1662
43	10402.3740	0.0001	43339.0581	0.0000	0.2400	4.1663
44	12898.9437	0.0001	53741.4321	0.0000	0.2400	4.1663
45	15994.6902	0.0001	66640.3758	0.0000	0.2400	4.1664
46	19833.4158	0.0001	82635.0660	0.0000	0.2400	4.1665
47	24593.4356	0.0000	102468.4818	0.0000	0.2400	4.1665
48	30495.8602	0.0000	127061.9174	0.0000	0.2400	4.1665
49	37814.8666	0.0000	157557.7776	0.0000	0.2400	4.1666
50	46890.4346	0.0000	195372.6442	0.0000	0.2400	4.1666

复利系数表（$i=25\%$）

年份	$(F/P,i,n)$	$(P/F,i,n)$	$(F/A,i,n)$	$(A/F,i,n)$	$(A/P,i,n)$	$(P/A,i,n)$
1	1.2500	0.8000	1.0000	1.0000	1.2500	0.8000
2	1.5625	0.6400	2.2500	0.4444	0.6944	1.4400
3	1.9531	0.5120	3.8125	0.2623	0.5123	1.9520
4	2.4414	0.4096	5.7656	0.1734	0.4234	2.3616
5	3.0518	0.3277	8.2070	0.1218	0.3718	2.6893

续表

年份	$(F/P,i,n)$	$(P/F,i,n)$	$(F/A,i,n)$	$(A/F,i,n)$	$(A/P,i,n)$	$(P/A,i,n)$
6	3.8147	0.2621	11.2588	0.0888	0.3388	2.9514
7	4.7684	0.2097	15.0735	0.0663	0.3163	3.1611
8	5.9605	0.1678	19.8419	0.0504	0.3004	3.3289
9	7.4506	0.1342	25.8023	0.0388	0.2888	3.4631
10	9.3132	0.1074	33.2529	0.0301	0.2801	3.5705
11	11.6415	0.0859	42.5661	0.0235	0.2735	3.6564
12	14.5519	0.0687	54.2077	0.0184	0.2684	3.7251
13	18.1899	0.0550	68.7596	0.0145	0.2645	3.7801
14	22.7374	0.0440	86.9495	0.0115	0.2615	3.8241
15	28.4217	0.0352	109.6868	0.0091	0.2591	3.8593
16	35.5271	0.0281	138.1085	0.0072	0.2572	3.8874
17	44.4089	0.0225	173.6357	0.0058	0.2558	3.9099
18	55.5112	0.0180	218.0446	0.0046	0.2546	3.9279
19	69.3889	0.0144	273.5558	0.0037	0.2537	3.9424
20	86.7362	0.0115	342.9447	0.0029	0.2529	3.9539
21	108.4202	0.0092	429.6809	0.0023	0.2523	3.9631
22	135.5253	0.0074	538.1011	0.0019	0.2519	3.9705
23	169.4066	0.0059	673.6264	0.0015	0.2515	3.9764
24	211.7582	0.0047	843.0329	0.0012	0.2512	3.9811
25	264.6978	0.0038	1054.7912	0.0009	0.2509	3.9849
26	330.8722	0.0030	1319.4890	0.0008	0.2508	3.9879
27	413.5903	0.0024	1650.3612	0.0006	0.2506	3.9903
28	516.9879	0.0019	2063.9515	0.0005	0.2505	3.9923
29	646.2349	0.0015	2580.9394	0.0004	0.2504	3.9938
30	807.7936	0.0012	3227.1743	0.0003	0.2503	3.9950
31	1009.7420	0.0010	4034.9678	0.0002	0.2502	3.9960
32	1262.1774	0.0008	5044.7098	0.0002	0.2502	3.9968
33	1577.7218	0.0006	6306.8872	0.0002	0.2502	3.9975
34	1972.1523	0.0005	7884.6091	0.0001	0.2501	3.9980
35	2465.1903	0.0004	9856.7613	0.0001	0.2501	3.9984
36	3081.4879	0.0003	12321.9516	0.0001	0.2501	3.9987
37	3851.8599	0.0003	15403.4396	0.0001	0.2501	3.9990
38	4814.8249	0.0002	19255.2994	0.0001	0.2501	3.9992
39	6018.5311	0.0002	24070.1243	0.0000	0.2500	3.9993
40	7523.1638	0.0001	30088.6554	0.0000	0.2500	3.9995

续表

年份	$(F/P,i,n)$	$(P/F,i,n)$	$(F/A,i,n)$	$(A/F,i,n)$	$(A/P,i,n)$	$(P/A,i,n)$
41	9403.9548	0.0001	37611.8192	0.0000	0.2500	3.9996
42	11754.9435	0.0001	47015.7740	0.0000	0.2500	3.9997
43	14693.6794	0.0001	58770.7175	0.0000	0.2500	3.9997
44	18367.0992	0.0001	73464.3969	0.0000	0.2500	3.9998
45	22958.8740	0.0000	91831.4962	0.0000	0.2500	3.9998
46	28698.5925	0.0000	114790.3702	0.0000	0.2500	3.9999
47	35873.2407	0.0000	143488.9627	0.0000	0.2500	3.9999
48	44841.5509	0.0000	179362.2034	0.0000	0.2500	3.9999
49	56051.9386	0.0000	224203.7543	0.0000	0.2500	3.9999
50	70064.9232	0.0000	280255.6929	0.0000	0.2500	3.9999

参考文献

[1] 夏才安,何若象.工程项目评价与管理.北京:化学工业出版社,2014.
[2] 毛义华.建筑工程经济.杭州:浙江大学出版社,2012.
[3] 黄有良,徐向阳,等.工程经济学.南京:东南大学出版社,2015.
[4] 全国一级建造师执业资格考试用书编写委员会.建设工程经济.北京:中国建筑工业出版社,2014.
[5] 国家发展改革委员会和建设部,发改投资〔2006〕1325号文.建设项目经济评价方法与参数,2006.
[6] 杜葵.工程经济学.重庆:重庆大学出版社,2011.
[7] 刘晓君.工程经济学.北京:中国建筑工业出版社,2015.
[8] [美]朴赞锡(Chan S. Park).工程经济学原理.李南,等译.北京:机械工业出版社,2015.
[9] 刘亚臣.建筑工程经济.北京:中国建筑工业出版社,2011.
[10] 李娜,张柯峰.建筑工程经济.西安:西安交通大学出版社,2011.
[11] 武育秦.建筑工程经济与管理.武汉:武汉理工大学出版社,2008.
[12] 郑连庆.建筑工程经济与管理.广州:华南理工大学出版社,2006.